静岡大学人文学部研究叢書 26

静岡大学考古学研究報告第 2 冊

手越向山遺跡の研究

――東海東部における弥生時代中期畠状遺構・方形周溝墓の調査――

2011 年 4 月

静岡大学人文学部考古学研究室

六一書房

左上：畠状遺構覆土・方形周構墓盛土堆積状況（第 31 図 C-C′ セクション、西から）、右上：畠状遺構覆土と e4 層（第 31 図 A-A′ セクション、西から）、左下：e1′ 層平面検出状況（B-5 グリッド付近、南東から）、右下：e4 層検出状況（D-4 グリッド付近、南東から）

畠状遺構採取試料の研磨スラブ（附編 4 参照）

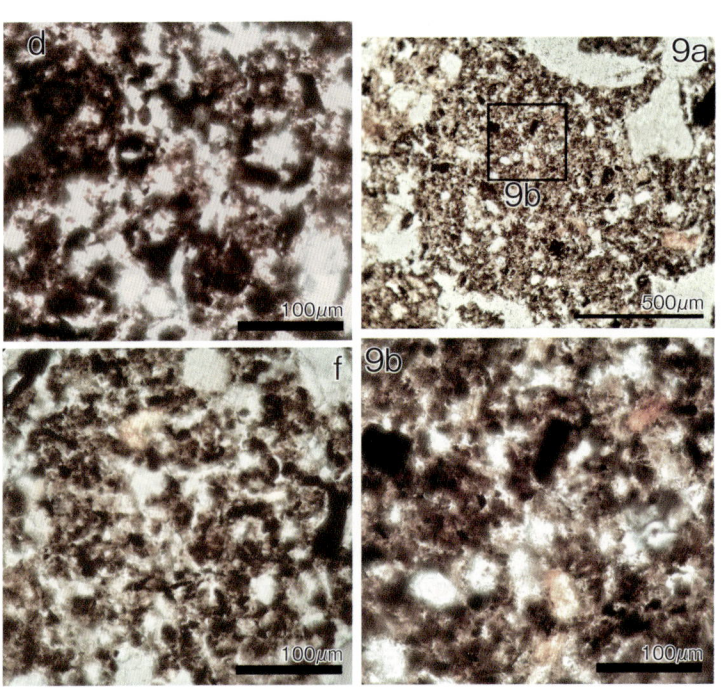

左上：黒ボク土壌を耕起した調査地近傍の現代畑地作土 Ap 層の薄片写真。左下：調査地の一部に分布する未攪乱の黒ボク土壌 A 層の薄片写真。右上：弥生時代の畑地作土と推定される攪乱堆積物（e1 層）。数個の粗大粒団（二次粒団）の集合。右下はその拡大写真。未攪乱の黒ボク土壌に比べ、微小粒団の形状がより不整形で、分布パターンが乱れ、不均質に凝集する部分がある。現代の畑地作土も同様の構造で、ともに黒色化した植物片が多く含まれる。附編 4、図 4、5、6 参照。

は し が き

　静岡大学考古学研究室では、1955年の文理学部史学研究室創設以来、静岡県内を中心に数多くの遺跡の発掘調査を行ってきました。磐田市西貝塚、菊川市白岩遺跡、掛川市春林院古墳、静岡市東山田瓦窯など、原始・古代の各時期にわたる遺跡の調査とそこから導き出された文化・社会像は、戦後のあらたな原始・古代史の形成に大きな影響を与えました。現在のスタッフとなった1990年代以降もその伝統は引き継がれ、田方郡戸田村（当時）井田松江古墳群や清水市（当時）神明山1号墳、藤枝市荘館山古墳群などの調査を行い、地元の自治体と協力してその成果を報告書にまとめてきました。一方、2007年3月には、研究室の名を冠した独自の調査研究報告書として、『有度山麓における後期古墳の研究Ⅰ』が静岡大学考古学研究報告第1冊として上梓されるに至りました。

　ここに『手越向山遺跡の研究』と題した本書は、静岡市西部の佐渡山東斜面に位置する手越向山遺跡の調査内容と研究成果の一部を収録し、静岡大学考古学研究報告第2冊としてお届けするものです。手越向山遺跡は、弥生時代中期前葉の「丸子式土器」の標識遺跡として知られる佐渡遺跡に隣接する遺跡であり、考古学研究室では2006年度より継続して5次にわたる発掘調査を実施してきました。調査では、弥生時代中期後半の方形周溝墓の発見とその下層の畠状遺構の発見という、二つの大きな成果を得ることができましたが、その急斜面の立地における「畠」と考えられる類例に乏しい遺構の調査は、まさに試行錯誤の連続でした。その成果をまとめる作業もまた、試行錯誤の途上にありますが、本書はその重要性にかんがみ、現時点での調査内容と研究成果をまとめて報告するものです。手越向山遺跡の調査は、私たちが予想しなかったいくつかの成果をもたらしましたが、本報告が日本列島の農耕文化形成期の研究に新たな視点を形成する一助となれば幸いです。

　本報告にいたる調査と研究の過程では、静岡大学人文学部競争的経費および科学研究費補助金、財団法人髙梨学術奨励基金より助成を賜ることができました。また、本書の刊行にあたっては、佐藤誠二・静岡大学人文学部長に刊行助成のご高配を賜り、六一書房・八木環一社長には出版を快諾していただきました。あらためて篤く感謝の意を表したいと思います。

2011年4月

静岡大学人文学部　篠　原　和　大

例　言

1. 本書は、静岡市駿河区手越向山 45 の 23 に所在する手越向山遺跡の発掘調査の成果および関連する調査・研究の成果をまとめて報告書としたものである。
2. 本書の刊行にあたっては、2011 年度・静岡大学人文学部学部長裁量経費の交付を受けた。
3. 調査は、静岡大学人文学部競争的配分経費の補助を受けて、静岡大学考古学研究室が実施した。また、本調査は、篠原和大が科学研究費補助金を受けて実施した調査・研究の成果を含んでいる。詳細は第 2 章に記した。
4. 現地での発掘調査およびその後の整理作業は、滝沢誠(静岡大学人文学部教授)の指導のもと、篠原和大(静岡大学人文学部准教授)が担当し、主に静岡大学考古学研究室構成員が参加して作業にあたった。現地踏査を含めた調査、整理作業は、2005 年～2010 年に実施した。詳細は第 2 章に記した。
5. 本書における方位は座標北を示し、本書のグリットと世界測地系座標との対応を第 2 章に示した。レベル高は海抜を示す。
6. 現地での調査にあたっては、地権者である石上敏明氏、管理者である中西利夫氏をはじめとして、大畑敏明氏、牧野保彦氏、小豆川清氏、勝山修司氏らにご協力をいただいた。記して謝意を表したい。
7. 発掘調査および資料整理において、次の調査・自然科学分析を委託・依頼した。
   プラントオパール・花粉分析　　　株式会社古環境研究所　松田隆二氏
   土壌標本作製・分析　　　　　　　松田順一郎氏(史跡鴻池新田会所管理事務所)
   土層剥ぎ取り標本作製　　　　　　静岡県埋蔵文化財調査研究所　西尾太加二氏・大森信宏氏
   植物遺体選別・同定　　　　　　　株式会社パレオ・ラボ　佐々木由香氏・バンダリ スダルシャン氏
   石材同定　　　　　　　　　　　　伊藤通玄氏(静岡大学名誉教授)
8. 発掘調査および整理作業にあたっては、次の諸氏・諸機関のご指導、ご協力を賜った。記して謝意を表したい。
   浅田博造、天石夏実、新井正樹、伊丹徹、市原壽文、伊藤寿夫、伊藤通玄、池田治、植松章八、遠藤英子、大森信宏、岡村渉、恩田知美、亀井翼、河合修、川崎志乃、菊田宗、菊池吉修、栗野克巳、黒沢浩、小泉祐紀、佐藤由紀男、静岡県教育委員会文化課、静岡市文化財課、静岡市立登呂博物館、静岡県埋蔵文化財調査研究所、鈴木悦之、高橋直子、谷口肇、中川律子、中嶋郁夫、中野宥、中村豊、中山誠二、萩野谷正宏、長谷川秀厚、早瀬賢、平野吾郎、廣瀬時習、福島志野、保坂和博、松井一明、山岡拓也、山崎頼人、山田昌久、横谷朋子、吉田企貴、渡井英誉、(五十音順、敬称略)
9. 本書の執筆は、おもに静岡大学考古学研究室の構成員(当時を含む)が分担しておこない、各文末に執筆担当を記した。なお、10. に記した 2 冊の概要報告書の内容を転載した部分があるが、字句の修正

にとどめた部分の執筆担当はそのまま記し、内容に修正を加えた部分は、修正者の名を加えた。
10. 静岡大学考古学研究室では、『佐渡山周辺の考古学Ⅱ静岡市手越向山遺跡(第1次・第2次)発掘調査概要報告書』(2008年3月)、『佐渡山周辺の考古学Ⅲ静岡市手越向山遺跡(第3次・第4次)発掘調査概要報告書』(2009年3月)の2冊の概要報告書を刊行しているが、本書の記述をもって現時点の認識とする。
11. 本書の編集は、篠原がおこなった。
12. 発掘調査に関わる出土遺物、記録類は、静岡大学人文学部考古学研究室が保管している。

手越向山遺跡の研究
―― 東海東部における弥生時代中期畠状遺構・方形周溝墓の調査 ――

目　次

はしがき

例言

第1章　序　説 …………………………………………………………………………………………… 1
　第1節　佐渡山周辺の考古学
　　1）佐渡山周辺の考古学
　　2）初期農耕への視点
　第2節　遺跡の環境
　　1）佐渡山周辺の環境と手越向山遺跡
　　2）佐渡山周辺の歴史的環境
第2章　調査の概要 ……………………………………………………………………………………… 9
　第1節　調査の目的と調査に至る経緯
　第2節　遺跡の位置と調査の方法
　第3節　調査の経過と調査の組織
　第4節　調査日誌抄
第3章　調査の成果 ……………………………………………………………………………………… 23
　第1節　第1次～第5次調査の概要 ………………………………………………………………… 23
　　1）第1次調査
　　2）第2次調査
　　3）第3次調査
　　4）第4次調査
　　5）第5次調査
　第2節　方形周溝墓の調査 …………………………………………………………………………… 38
　　1）方形周溝墓の調査の概要
　　2）周溝と墳丘の構造
　　3）埋葬施設の構造
　　4）出土遺物
　第3節　畠状遺構の調査 ……………………………………………………………………………… 50
　　1）畠状遺構の調査の概要

2）第3次調査における畠状遺構の確認
　　3）第4次調査における畠状遺構調査の方法
　　4）畠状遺構の覆土の構造
　　5）畠状遺構の下部構造
　　6）出土遺物
　第4節　その他の遺構と遺物……………………………………………………………………67
　　1）その他の遺構
　　2）手越向山遺跡出土遺物
第4章　畠状遺構の自然科学的分析……………………………………………………………73
　　1）畠状遺構周辺の微化石分析
　　2）畠状遺構覆土の水洗選別調査と検出された植物種実分析
　　3）畠状遺構覆土の自然科学的分析
第5章　考察・論考…………………………………………………………………………………79
　第1節　丸子式土器の検討と手越向山遺跡の位置
　第2節　佐渡山周辺の弥生時代石器について
　第3節　急傾斜面における空間利用について〜土木工学的視点からの検討〜
　第4節　手越向山遺跡畠状遺構の構造と特徴
　第5節　手越向山遺跡の方形周溝墓について
第6章　調査の総括……………………………………………………………………………… 113
参考文献

附編………………………………………………………………………………………………… 117
　附編1　手越向山遺跡(第2次調査)における自然科学分析
　附編2　手越向山遺跡(第4次調査)における自然科学分析
　附編3　手越向山遺跡の畠状遺構から出土した炭化種実
　附編4　畑地作土と推定される堆積物の微細堆積相

図版
報告書抄録

挿図目次

第1章
　第1図　佐渡山・手越向山遺跡の位置
　第2図　佐渡山周辺の遺跡(1/15,000)
第2章
　第3図　手越向山遺跡の位置(1/10,000)
　第4図　手越向山遺跡周辺図(1/4000)

　第5図　調査地点周辺見取り図
　第6図　調査・測量基準杭配置図および国土座標(1/100)
　第7図　基本土層図
　第8図　手越向山遺跡調査地点と調査区(1/200)

vi　目　次

第 3 章
第 1 節
　第 9 図　第 1 次調査トレンチ設定図(1/250)
　第10図　第 1 トレンチ・第 2 トレンチ(第 1 次調査時作成図)(1/80)
　第11図　第 2 次調査トレンチ設定図(1/125)
　第12図　第 2 次調査区全体図(方形周溝墓平面図)(1/50)
　第13図　第 2 次調査第 1 トレンチセクション図(1/50)
　第14図　第 3 次調査トレンチ設定図(1/100)
　第15図　第 3 次調査区全体図(方形周溝墓平面図)(1/50)
　第16図　第 3 次調査第 1 トレンチ西壁セクション図(1/50)
　第17図　第 3 次調査第 1 トレンチ東壁セクション図(1/50)
　第18図　第 4 次調査トレンチ設定図(1/100)
　第19図　第 5 次調査トレンチ設定図(1/100)
　第20図　第 5 次調査区全体図・セクション図(1/40)
第 2 節
　第21図　方形周溝墓全体図(1/50)
　第22図　方形周溝墓東西方向セクション図(1/50)
　第23図　方形周溝墓南北セクション図(1/50)
　第24図　方形周溝墓西溝遺物出土状況図(1/20)
　第25図　第 1 主体部(1/30)
　第26図　第 2 主体部(1/20)
　第27図　方形周溝墓出土遺物
第 3 節
　第28図　第 3 次調査畠状遺構調査状況(1/20)
　第29図　畠状遺構下部構造検出グリッドおよび溝状遺構番号(1/50)
　第30図　第 4 次調査区および畠状遺構全体図(1/50)
　第31図　畠状遺構セクション図(1/50)
　第32図　畠状遺構平面図(1/40)
　第33図　e4層検出状況(D-4グリッド付近1/20)
　第34図　テラス状遺構及びe4層分布推定図(1/50)
　第35図　e1′層検出状況(上：B-5グリッド付近、下：B-7・C-7グリッド付近1/30)
　第36図　掘削痕検出状況図(B-6グリッド付近、C-7グリッド付近、C-5グリッド付近1/20)
第 4 節
　第37図　SX04、SP01、SP02、SP03平面図および土層断面図
　第38図　手越向山遺跡調査出土遺物(1/2)
第 4 章
　第39図　分析試料採取地点
第 5 章
第 1 節
　第40図　遠江地域の丸子式土器変遷図
　第41図　佐渡遺跡・セイゾウ山遺跡出土土器
　第42図　瀬名遺跡・西山遺跡出土土器
　第43図　十五所遺跡・油田遺跡・渋沢遺跡出土土器
第 2 節
　第44図　セイゾウ山遺跡出土石器
　第45図　佐渡遺跡出土石器①
　第46図　佐渡遺跡出土石器②
　第47図　セイゾウ山遺跡・佐渡遺跡出土石器
第 4 節
　第48図　畠状遺構形成過程復元図
　第49図　弥生時代畠遺構の諸例
　第50図　西山遺跡・セイゾウ山遺跡調査状況
第 5 節
　第51図　手越向山遺跡方形周溝墓想定復元図
　第52図　静岡清水平野の方形周溝墓諸例
　第53図　静岡清水平野弥生時代中期後半の主要遺跡と方形周溝墓の分布

表目次

表1　佐渡山周辺遺跡一覧
表2　手越向山遺跡出土土器観察表
表3　手越向山遺跡石器観察表
表4　佐渡山周辺の石器観察表

写真目次

写真1　セイゾウ山背後の丘陵より佐渡山・静岡清水平野を望む
写真2　佐渡山周辺空中写真(国土地理院空中写真1946年米軍撮影)
写真3　採集土壌水洗選別作業風景(左:水洗・浮遊物回収、右:回収物選別)
写真4　丸太材による土留め(静岡市駿河区手越)
写真5　道路拡幅事業による段切り(三重県松阪市飯南町仁柿峠)
写真6　畠状遺構断面(静岡市駿河区手越)

図版目次

図版1　第1次調査
　1．第1次調査風景(西から)
　2．手越向山遺跡調査前の調査地点状況(2006年6月　西から)
図版2　第1次調査
　1．調査地点状況(調査前　南西から)
　2．調査地点状況(調査前　北西から)
図版3　第1次調査
　1．第1トレンチ遺構確認状況(南から)
　2．第1トレンチ全景(調査後　南から)
　3．第1トレンチSX01確認状況(西から)
　4．第1トレンチSX03完掘状況(南西から)
　5．第1トレンチ北側遺構(南西から)
図版4　第1次調査
　1．第1トレンチ西壁セクション北(東から)
　2．第1トレンチ西壁セクション南(東から)
図版5　第1次調査
　1．第1トレンチ北側(南西から)
　2．第1トレンチ西壁セクション北(東から)
　3．第1トレンチ西壁セクション南(東から)
　4．第1トレンチSP01セクション(東から)
　5．第1トレンチSP01完掘状況(南から)
図版6　第1次調査
　1．第2トレンチ遺構確認状況(南から)
　2．第2トレンチ全景(南から)
　3．第2トレンチSP02確認状況(南から)
　4．第2トレンチSP02完掘状況(西から)
　5．第2トレンチSP03断面(西から)
　6．第2トレンチSP03完掘状況(西から)
図版7　第1次調査
　1．第2トレンチ西壁セクション全景(北東から)
　2．第2トレンチ西壁セクション中(北東から)
図版8　第2次調査
　1．第2次調査区遠景(遺構確認時　南から)
　2．B区遺構検出状況(南から)
図版9　第2次調査
　1．A区遺構検出状況(南から)
　2．A区遺構検出状況(西から)
図版10　第2次調査
　1．第2次調査区(完掘状況　南西から)
　2．第2次調査区全景(方形周溝墓調査状況　南から)
図版11　第2次調査
　1．第1トレンチ西壁セクション(方形周溝墓北

　　　　側　東から）
　　2．方形周溝墓西溝北セクション(南から)
　　3．方形周溝墓西溝南セクション(北から)
　　4．方形周溝墓東溝北セクション(南から)
　　5．方形周溝墓東溝南セクション(北から)
図版12　第2次調査
　　1．方形周溝墓西溝遺物出土状況(北東から)
　　2．方形周溝墓西溝遺物出土状況(東から)
図版13　第2次調査
　　1．方形周溝墓北溝・西溝状況(南から)
　　2．方形周溝墓北西コーナー付近状況(西から)
図版14　第2次調査
　　1．方形周溝墓西溝状況(南から)
　　2．方形周溝墓東溝・北溝状況(東から)
　　3．方形周溝墓東溝状況(南から)
図版15　第2次調査
　　1．第1主体部検出状況(南から)
　　2．第1主体部検出状況(西から)
図版16　第2次調査
　　1．第1主体部南北断面(東から)
　　2．第1主体部棺痕検出状況(南から)
図版17　第2次調査
　　1．A区主体部棺痕検出状況(近景　南から)
　　2．第1主体部棺内東西セクション(南から)
　　3．第1主体部東西セクション(南から)
　　4．第1主体部棺内完掘状況(南から)
　　5．第1主体部棺内完掘状況(南から)
図版18　第2次調査
　　1．A区主体部棺内完掘状況(南から)
　　2．第1主体部棺内完掘状況(西から)
　　3．A区SX04検出状況(西から)
　　4．A区SX04完掘状況(西から)
図版19　第2次調査
　　1．第1トレンチ西壁土層(サンプル採取前)状況
　　　(東から)
　　2．第1トレンチ西壁土層サンプル採取状況
　　　(東から)

図版20　第3次調査
　　1．第3次調査区遠景(南から)
　　2．第3次調査区全景(南から)
図版21　第3次調査
　　1．第1主体部棺外調査状況(南から)
　　2．第1主体部西側セクション(東から)
　　3．第1主体部棺外調査状況(西から)
　　4．第1主体部茶色土残存状況(東から)
　　5．第1主体部完掘状況(南から)
図版22　第3次調査
　　1．第1主体部完掘状況(南から)
　　2．第1主体部完掘状況(南西から)
　　3．第1主体部完掘状況(東から)
図版23　第3次調査
　　1．第2主体部(SX01　南から)
　　2．第2主体部確認状況(東から)
　　3．第2主体部東西セクション(南から)
図版24　第3次調査
　　1．第2主体部完掘状況(南から)
　　2．第2主体部完掘状況(東から)
図版25　第3次調査
　　1．第1トレンチ西壁セクション(南東から)
　　2．第1トレンチ東壁セクション(南西から)
図版26　第3次調査
　　1．A区畠状遺構検出状況(西から)
　　2．A区畠状遺構検出状況(南西から)
　　3．A区畠状遺構検出状況(南西から)
図版27　第3次調査
　　1．A区畠状遺構サブトレンチ完掘状況(西から)
　　2．A区畠状遺構サブトレンチ完掘状況(南から)
図版28　第4次調査
　　1．第4次調査区全景(南から)
　　2．土層剥ぎ取り標本作成風景(北西から)
図版29　第4次調査
　　1．方形周溝墓全景・畠状遺構検出状況
　　2．方形周溝墓西溝完掘状況(南から)
　　3．方形周溝墓東溝完掘状況(南から)

図版30　第4次調査
- 1．東溝南端セクション(北から)
- 2．A'区3層下面検出状況(南から)
- 3．A'区土器出土状況(南から)
- 4．A'区3″層上面検出状況(南から)

図版31　第4次調査
- 1．A区西壁セクション(東から)
- 2．A区西壁セクション(東から)
- 3．A区西壁セクション(東から)

図版32　第4次調査
- 1．A区東壁セクション(西から)
- 2．A区東壁セクション北(西から)
- 3．A区東壁セクション中央(西から)
- 4．A区東壁セクション南(西から)

図版33　第4次調査
- 1．第1トレンチ東壁セクション(西から)
- 2．A区e1'層検出状況(南東から)

図版34　第4次調査
- 1．A区e1'層検出状況(南から)
- 2．A区e1'層検出状況(東から)

図版35　第4次調査
- 1．第1トレンチe1'層検出状況(南西から)
- 2．第1トレンチe1'層検出状況(西から)

図版36　第4次調査
- 1．畠状遺構下部溝状遺構確認状況(南から)
- 2．畠状遺構下部溝状遺構確認状況(東から)

図版37　第4次調査
- 1．畠状遺構下部溝状遺構完掘状況(南から)
- 2．畠状遺構下部溝状遺構完掘状況(東から)

図版38　第4次調査
- 1．畠状遺構下部溝状遺構完掘状況(南から)
- 2．A'区南側e4層上面検出(南から)
- 3．A'区南側e4層下層検出(南から)
- 4．A'区南側e4層上面検出(東から)
- 5．A'区南側e4層下層検出(東から)

図版39　第4次調査
- 1．B-5グリッド付近掘削痕(左:確認状況、右:完掘状況)
- 2．C-7グリッド付近掘削痕(左:確認状況、右:完掘状況)
- 3．C-5グリッド付近掘削痕(左上:確認状況、右上:半裁状況、左下:縦断面、右下:完掘状況)

図版40　第5次調査
- 1．調査前状況(南から)
- 2．第2トレンチ北壁セクション(南から)
- 3．第2トレンチ完掘状況(南から)
- 4．第3トレンチ完掘状況(南から)
- 5．第2トレンチ東壁セクション(西から)
- 6．SX05(上:調査状況、下:完掘状況)

図版41　手越向山遺跡出土遺物
- 1．方形周溝墓出土壺形土器
- 2．土師器・須恵器・有舌尖頭器・打製石斧

図版42　手越向山遺跡出土遺物
- 1．手越向山遺跡出土土器(表　約1/2)
- 2．手越向山遺跡出土土器(裏　約1/2)

図版43　佐渡山周辺の弥生石器
- 1．佐渡山周辺の弥生石器①(表　1/3)
- 2．佐渡山周辺の弥生石器①(裏　1/3)

図版44　佐渡山周辺の弥生石器
- 1．佐渡山周辺の弥生石器②(表　1/3)
- 2．佐渡山周辺の弥生石器②(裏　1/3)

図版45　佐渡山周辺の弥生石器
- 1．佐渡山周辺の弥生石器③(表　1/3)
- 2．佐渡山周辺の弥生石器③(裏　1/3)

図版46　佐渡山周辺の弥生石器
- 1．佐渡山周辺の弥生石器④(表　1/3)
- 2．佐渡山周辺の弥生石器④(裏　1/3)

第1章　序説

第1節　佐渡山周辺の考古学

1）佐渡山周辺の考古学

佐渡山　佐渡山は、静岡市街地の西約1km、安倍川西岸に位置する標高104.1mの山である。山頂付近からは静岡・清水平野を一望し、さらには、南東に日本平を有する有度山塊と駿河湾、東に富士の霊峰を望むことができる。手越向山遺跡は、この佐渡山東側の斜面に位置する。

静岡市北西部は、赤石山地南東部から高草山へと連なる山岳地帯であり、これを下刻する安倍川は藁科川と合流して大量の土砂を運び、現在の静岡清水平野の西側を形成している。安倍川と藁科川の合流地点付近の西岸には、山塊に連なる標高352mの徳願寺山がそびえるが、その南東麓からは低い手越丘陵が南に向かって延びており、その先端に佐渡山は位置する。やや南北に長い三角錐をなすその山体は、安倍川下流域の平野部や有度山東麓からも容易に確認できる際立った存在である。佐渡山の南西約1kmには、丸子の低地部を挟んで標高105.4mの丸子セイゾウ山が位置する。この佐渡山とセイゾウ山を門柱とするように、西側に向かってはやや奥深い丸子地区の谷部が広がり、その南縁を丸子川が流れている。旧東海道は、現在の静岡市街の駿府から安倍川を渡り、手越の丘陵をこえるか、佐渡山の麓を通って丸子宿に至り、さらに谷奥から宇津ノ谷峠を越えて志太平野の岡部宿に至ったとされる。佐渡山は古来交通の目標であり、古代以来有度郡として括られた静岡清水平野南西部において、安倍川をはさんだ東西を結び付ける陸標的存在であったと思われる。

佐渡山周辺の考古学　私たちが、手越向山遺跡の調査に至った端緒は、佐渡山とセイゾウ山で発見され

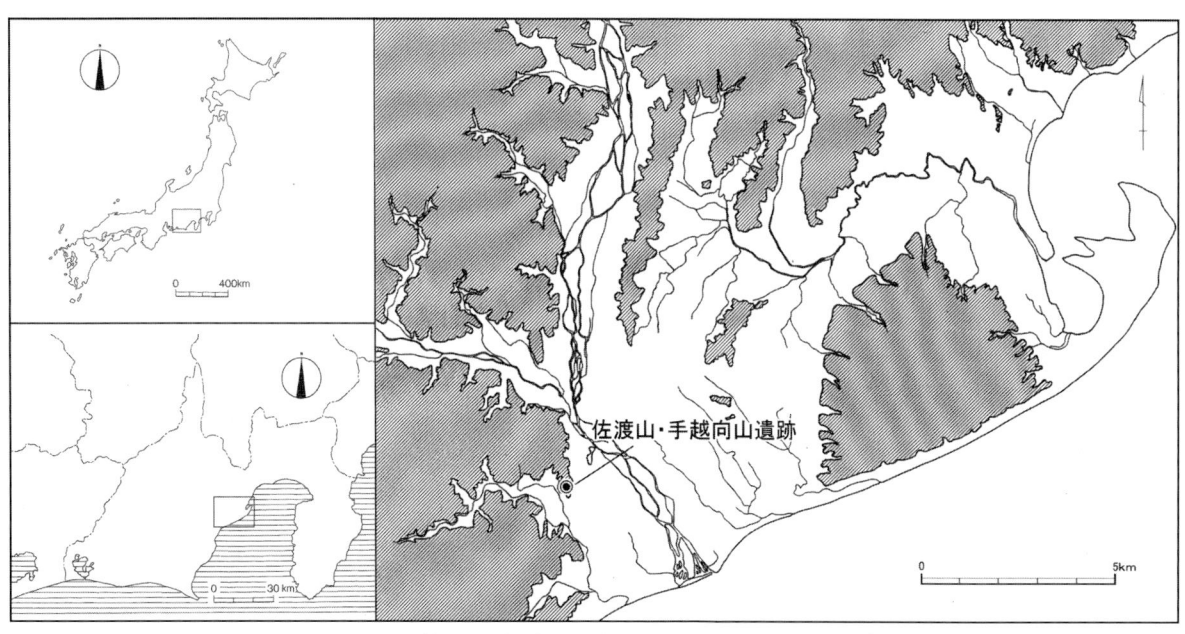

第1図　佐渡山・手越向山遺跡の位置

写真1　セイゾウ山背後の丘陵より佐渡山・静岡清水平野を望む

ていた弥生時代中期初頭とされる丸子式土器を出す遺跡とそこから出土した大型の打製石斧（石鍬）にあった。安本博氏らによって、その最初の調査がおこなわれたのは、1938年（昭和13年）に溯る（安本・加藤1938、安本1939）。

　佐渡山が位置する安倍川西岸域は、静岡清水平野北西縁にあって、縄文時代以降の数多くの遺跡が存在する。特に、佐渡山周辺の丘陵部には数多くの古墳が存在し、旧静岡市史では、丸子大鑪、向敷地金山、猿郷に位置した横穴式石室墳の記載があり（静岡市1931）、1936年には、猿郷、佐渡などの石器時代遺物が大澤和夫氏によって紹介されている（大澤1936）。この安倍川西岸地域の最初の総合的な遺跡の分布調査は、安本博・加藤明秀氏によっておこなわれ、早くも1938年に報告がなされる（安本・加藤前掲）。これをきっかけに、佐渡山遺跡・セイゾウ山遺跡の調査（安本前掲）、後藤守一氏らによる向敷地古墳（徳願寺山1号墳）の調査（三木1939）が相次いだ。

　戦後、静岡は登呂遺跡の発掘に沸いたが、1949年（昭和24年）、登呂遺跡第5次調査の最中、調査を担当していた杉原荘介氏らが佐渡遺跡の発掘をおこない、半完形の壺など丸子式土器に関連する資料を得ている（杉原1962）。その後、1963年には市原壽文氏がセイゾウ山遺跡の発掘調査をおこない、丸子式期と考えられる竪穴状の遺構の一部を検出した（田辺1990）。

　1968年、農道の開削によって発見された楠ヶ沢7号墳の発掘調査がおこなわれたのを皮切りに、以降は、道路の開削や農地改良を契機とした発掘調査が、静岡市登呂博物館や静岡市教育委員会によっておこなわれるようになった。また、1977年と1984年には、「向敷地～手越地区遺跡分布調査」が登呂博物館・中野宥氏らによっておこなわれた（静岡市登呂博物館1984）。楠ヶ沢古墳群は、1982年までに2・3・7号墳の調査がおこなわれ（静岡市教育委員会1986）、1984年には佐渡山2号墳（同1984）、同年西山遺跡（同1985）、1986年から1993年にかけて平城古墳群・平城遺跡（同1992a、1995）、1996年に宗小路古墳群の調査（同1996）がおこなわれた。これらの調査の多くは、古墳時代後期の横穴式石室墳を明らかにしたものであったが、楠ヶ沢古墳群下層では弥生時代後期の住居跡を検出し、西山遺跡では縄文中期、弥生中期前葉の遺構・遺物、平城遺跡では縄文時代の資料を得るなど、縄文時代・弥生時代の資料も徐々に蓄積され

た。また、佐渡山周辺には 3 基の前方後円墳が確認されるにいたっていたが、1991 年に猿郷 1 号墳（同 1992 b）、1993 年に宗小路 1 号墳、1997 年に徳願寺山 1 号墳の調査（静岡県教育委員会 2001）が、それぞれ前方後円墳の範囲確認、保全を目的として実施されている。

静岡大学考古学研究室では、後述するように「佐渡山周辺の考古学」としてプロジェクトを計画し、2005 年 7 月から 8 月にかけて、向敷地～手越地区における丘陵部を中心とした分布調査を実施して向山古墳群の一部の測量調査をおこなった（静岡大学考古学研究室 2006）。分布調査の主たる目的は、前述のように佐渡山周辺の大型の石鍬をともなう丸子式土器期の遺跡の存在状況を確認することにあったが、これを契機として、2007 年から 2010 年の 5 次にわたる手越向山遺跡の発掘調査を実施する運びとなった。

丸子式土器と佐渡遺跡・セイゾウ山遺跡　丸子式土器は、安本博氏のセイゾウ山遺跡の報告において提唱され、杉原荘介氏によって弥生中期初頭とする位置づけがおこなわれた土器型式である。セイゾウ山遺跡は、「丸子区細工所セイゾウ山遺跡」として報告されており、杉原氏はこれを丸子遺跡と呼んでいる。佐渡遺跡もまた、安本氏・杉原氏らによって調査されているが、それらの内容を簡単に紹介しておきたい。

セイゾウ山遺跡の最初の調査資料については、安本博氏の詳細な報告がある（安本前掲）。それによれば、発掘により、土器、磨製石剣、石鍬、石鏃のほか樫・胡桃果実などの炭化物を採集したとさている。記録では、1939 年 11 月 9 日に試掘をおこない、「大型の打製石斧、即石鍬の貴重なる石器二個を出土せり。二個丁寧に並び、その側に打製石鏃‐柳刃、逆刺各一個を出土せることは注目に値す」と述べ、翌日さらに掘り進めて石剣の出土をみているが、石鍬についての記載では、「石剣の位置より東一米の所に二個山頂に先端を向けて出土す」とある。これが正しければ、大型の石鍬 2 点と石剣は祭祀的な埋納を示している可能性も考えられよう。土器については、写真と拓図が掲げられて分類されているが、縄文のある土器（現在の平沢式系の土器）と条痕調整の土器が含まれており、これらの出土土器を丸子式土器と呼ぶことを提唱している。

杉原氏の調査は、登呂遺跡の調査にあたって、この地域の弥生土器の編年を整備する目的があったと考えられるが、セイゾウ山遺跡については適当な調査地点が無く、佐渡山山頂からやや下った北東部斜面を調査し、黒色土中の遺物包含層やピット状の部分から遺物を得たとされる（杉原前掲）。これらの資料には底部に籾痕をもつハケ調整の壺や土器片、扁平片刃石斧片などがある。

このほかに、丸子式土器に関連する資料が得られた遺跡の調査としては、上記した市原壽文氏の調査と西山遺跡の調査がある。前者については、静岡県史に資料の一部が公表されているが（田辺前掲）、セイゾウ山遺跡の西側斜面部に炉跡が付帯する竪穴状遺構を検出しており、初めてこの時期に関する居住域の存在が示されたものといえる。西山遺跡では、南向きの斜面部から居住に関連するとみられる土坑やテラス状遺構を検出し、土坑からは丸子式土器の新しい部分に関連するまとまった資料が得られている。また、これらに近接して検出された性格不明遺構とされた不整形な溝群や段状の地山面は縄文時代のものと考えられているが、今回、手越向山遺跡で検出した畠状遺構と関連するものである可能性も考えられる。

2）初期農耕への視点

セイゾウ山遺跡や佐渡遺跡で出土した大型の石鍬は、それが丘陵地で出土することからも、畑作やそれに類する農耕と関連することが想起される。安本博氏は、セイゾウ山の石鍬について、台湾の民俗例を引いてそれが傾斜地の開墾に使われたことを想定し、農耕に関連することをすでに示唆している（安本前掲）。

一方、杉原荘介氏は、弥生文化の農耕具は鉄器で加工された木製品であるとの立場から、石鍬を「農耕具」とすることには否定的な考えを示している（杉原前掲）。この問題は、その後この地域では関連する資料の増加が無かったこともあり、あまり取り上げられてこなかった。

　列島の農耕形成については、1977年の板付遺跡水田の発見以降、水稲耕作の導入の状況が、明らかになっていく一方で、西日本の縄文時代後半期の栽培作物関連資料が増加し、本格的な水稲耕作導入以前に、畑作を含めた穀物栽培を想定することが一般的になっていった（宮本2000、寺沢2000など）。こうした動向を受けて東日本の弥生文化研究も進められているが、中山誠二氏が示すように、穀物栽培関連の資料が現れ出す農耕の「波及」と灌漑型水田を営む農耕の「定着」の間に顕著なずれがあることが考えられている（中山1999）。後者の低地を占拠して本格的な稲作に対応した農耕集落を形成する遺跡は、東海東部から関東地域では弥生時代中期中葉を画期として以降に出現することが示されているが（石川2001など）、そのような変動が広範囲に起こった背景として、その前段階の様相が注目される。これに関連して、縄文時代から弥生時代前半期の栽培植物資料を追究する研究が土器圧痕のレプリカ法などによって急速に進められつつあるが（中山2010ほか）、1999年から2004年にかけて調査された神奈川県中屋敷遺跡の弥生時代前期後半の土坑からイネ・アワ・キビの炭化穀類のほか堅果類や獣骨などが検出されたことは、私たちの調査にとってもきわめて刺激的であった（昭和女子大中屋敷遺跡発掘調査団2008）。

　静岡清水平野では、登呂遺跡の調査以後も各地で低地部の弥生遺跡が調査され、特に水田遺構の具体例を多く有している。このことは、この地域を事例として列島中部における農耕文化形成の具体的なモデルを提示することが可能であると考えられた。こうした視点から資料を追究すると、低地部での具体的な農耕活動に関連する資料の初現は、瀬名遺跡（静岡県埋蔵文化財研究所1991ほか）の弥生時代水田の下層から発見された丸子式土器と打製石斧類に求められた（篠原2005）。このような点から、佐渡山周辺の丸子式土器と石鍬の文化の消長が、有東遺跡や瀬名遺跡などの本格的な水稲耕作文化の出現と関係することも想起されたのである。

　私たちが、今また、佐渡山周辺に目を向けた背景には、このような視点があった。　　　　　（篠原和大）

第2節　遺跡の環境

1）佐渡山周辺の環境と手越向山遺跡

　静岡市西部の安倍川西岸の山地帯は、中央構造線と糸魚川‐静岡構造線に挟まれた赤石山地の南東縁に位置する。赤石山地の主体は、中生代から古第三期の四万十帯とその東側の古第三期瀬戸川層群からなっているが、その南東縁の十枚山構造線と糸魚川‐静岡構造線の間の細長い地域は竜爪層群とよばれる新第三期の火成岩層からなっている。したがって、静岡清水平野北部の竜爪山から賤機丘陵に至る安倍川東岸の細長い丘陵地と佐渡山周辺の徳願寺山一帯および高草山の南東部は、粗面玄武岩からなる竜爪層群に属している。

　佐渡山周辺は、安倍川西岸の山地帯を安倍川とその支流の藁科川や丸子川が浸食した地形になっており、佐渡山は徳願寺山南東麓から細長くのびる手越丘陵の南端に位置する。上記のように、佐渡山周辺の地質は粗面玄武岩であり、周辺の基盤層は黄褐色の粗面玄武岩の風化崩積土からなっていて、灰白色の風化礫を多く含んでいる。手越丘陵の平城遺跡（静岡市教育委員会1995ほか）では、その上部に暗茶褐色土が形成

されて縄文時代中期頃までの遺構・遺物が見られ、さらにその上部にいわゆる黒ボク土の黒色土の発達が見られる。手越向山遺跡でも、この黒ボク土の形成が顕著であるが、周辺の黒ボク土の形成状況は地点によって異なるようである。手越丘陵から佐渡山周辺は、山頂や丘陵の稜線部のわずかな平坦面を除いては、ほぼ25度を超すような傾斜地で占められている。この斜面地は、現在、スギ・ヒノキの植林や蜜柑・茶の栽培がおこなわれており、日当たり良好な一部で、各種の畑作がおこなわれている。また、徳願寺の寺院などを除いて古い集落は、丘陵裾部や谷部に面して形成されている。

手越丘陵の西側は、向敷地地区・手越原の低地部となり、金山の小丘陵の西側を現在の安倍川が

写真 2　佐渡山周辺空中写真
（国土地理院空中写真 1946 年米軍撮影）

流れている。この金山丘陵と手越丘陵の間の低地部もかつては安倍川の流路であったと考えられ、手越丘陵の裾部まで砂礫が堆積した低地部が迫っている。安倍川や藁科川は、主に前記した瀬戸川層群を下刻する河川であり、流域には、瀬戸川層群などを起源とする砂岩・頁岩や輝緑凝灰岩などの石器の石材となる岩石が転石として供給されている。一方、手越丘陵の南西側は丸子川が流れる谷底低地が発達している。現在、向敷地地区、丸子地区ともに低地部は市街地化しているが、かつては広大な水田地帯であった（写真2）。

(篠原)

2）佐渡山周辺の歴史的環境（第2図）

　佐渡山周辺は、古代以来の東海道がこの周辺を通るように、古くから交通の要衝であったと考えられ、また、佐渡山と安倍川下流域の平野部双方からの眺望からみても、佐渡山は、静岡清水平野南部を結ぶ陸標的存在であったと推定される。佐渡山周辺には、縄文時代以降の遺跡が数多く存在しており、特に古墳時代中期以降の古墳が集中するが、ここに当時の奥津城が設けられたのも、この周辺の事情のみでは推し測れないであろう。今回の調査は、さらに遡って弥生時代の佐渡山周辺を考察することになるが、ここでは、主に縄文時代から古墳時代までの佐渡山周辺の遺跡の状況をたどり、歴史的環境をとらえておきたい。

　縄文時代　佐渡山周辺の縄文時代の遺跡は、丘陵尾根線上の平坦地や比較的傾斜の緩い斜面地点に位置しており、そのほとんどが中期を主体としている。遺跡数や出土遺物の量は多くなく、その立地からも大規模な集落は想定しにくい。一方、今回の手越向山遺跡（第2図30、以下同図）の調査では、有舌尖頭器1点を検出しており、この地域の遺跡形成が草創期まで遡ることが考えられるようになった。調査によって内容がわかっている遺跡としては、猿郷遺跡（1）、平城遺跡（17）、西山遺跡（21）などがある。平城遺跡は比較的緩い傾斜地が広がる地点に位置しており、主に前期から中期にいたる土器と各種の石器が出土している。また、谷状地形部から多くの石器や打製石斧製作剥片が出土したことから、周辺に石器加工場があった可能性が考えられている。西山遺跡は丘陵頂部付近に位置するが、溝状遺構、ピット、性格不明遺

6 第1章 序説

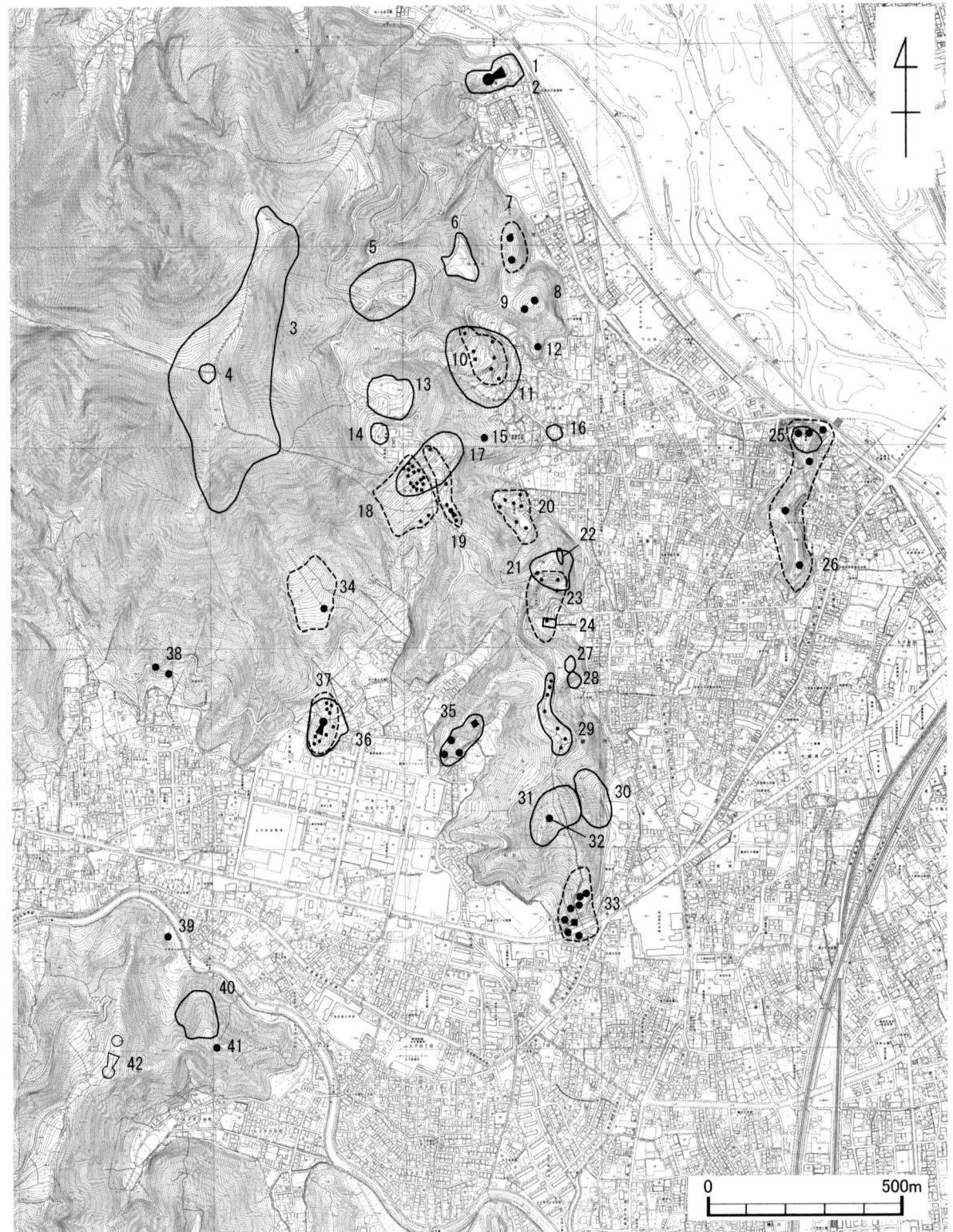

第2図 佐渡山周辺の遺跡 (15000分の1)

構が検出され、遺物から縄文中期のものと考えられている。また、中期の土器片、打製石斧のほか、多く の石錘や軽石製浮子が出土しており、生活圏が低地部まで広がることを示している。猿郷遺跡は、安倍川 に向かって張り出した低い台地上に位置するが、中期中葉、後期後葉の土器片のほか、晩期末葉の浮線文

表1　佐渡山周辺遺跡一覧

番号	遺跡名	時期	番号	遺跡名	時期
1	猿郷遺跡	縄文・弥生	22	西山中世墓	中世
2	猿郷古墳群	古墳	23	西山古墳群	古墳
3	徳願寺城跡	中世	24	千寿院跡	中世
4	徳願寺山遺跡	古代・中世	25	金山砦跡	中世
5	オオモンダン遺跡	弥生	26	金山古墳群	古墳
6	デンズコ遺跡	中世	27	境松遺跡	弥生
7	向ヶ谷古墳群	古墳	28	境松古墳	古墳
8	新宅山古墳	古墳	29	向山古墳群	古墳
9	山ノ神古墳	古墳	30	手越向山遺跡	弥生・古墳
10	楠ヶ沢古墳群	古墳	31	佐渡遺跡	弥生
11	楠ヶ沢遺跡	弥生	32	佐渡古墳	古墳
12	細谷古墳	古墳	33	佐渡山古墳群	古墳
13	向敷地大段遺跡	縄文・古代・中世	34	ヒラダイラ古墳群	古墳
14	徳願寺中世墓	中世	35	小豆川古墳群	古墳
15	坂下通古墳	古墳	36	宗小路遺跡	縄文〜中世
16	前田通窯跡	古墳	37	宗小路古墳群	古墳
17	平城遺跡	縄文・中世	38	斗々前古墳	古墳
18	平城古墳群	古墳	39	谷津神社古墳	古墳
19	徳願寺山古墳群	古墳	40	セイゾウ山遺跡	弥生
20	松雲寺古墳群	古墳	41	芹ヶ谷古墳	古墳
21	向敷地西山遺跡	縄文・弥生	42	前方後円墳・円墳（無名）	古墳

土器1点が出土している。また、かつて大澤和夫氏により独鈷石の破片を含む土器、石器類が採集されている（大澤前掲）。このほか、楠ヶ沢遺跡（11）からは中期の土器が出土している。

弥生時代　前述のように、セイゾウ山遺跡（40）と佐渡遺跡（31）が古くから知られ、丸子式土器が提唱されて、中期初頭の時期が考えられてきた。両遺跡とも丘陵部の山頂付近に位置する。西山遺跡（21）も同様の遺跡と考えられるが、出土土器はやや新しい時期を中心としている。今回の手越向山遺跡（30）で検出した畠状遺構もこの時期に関連するものとみられる。また、丘陵の先端の低地部に位置する宗小路遺跡（36）からも、丸子式土器や石鏃・石皿等の石器が出土しており、低地部の活動があった可能性が示唆される。

西山遺跡以降、中期中葉の新しい段階から中期後半の遺跡はほとんど確認されていなかったが、手越向山遺跡の方形周溝墓の検出によって、その末頃には墓域が営まれたことが明らかになった。しかし、静岡清水平野の低地部の有東遺跡や瀬名遺跡で中期中葉に本格的な農耕集落の形成が開始され、中期後半に規模の大きな集落になることからも、佐渡山周辺の丸子式期の集落は、その後姿を消し、低地部に移ったことが考えられる。

弥生後期には、丘陵裾部などに再び集落の形成が見られる。楠ヶ沢遺跡（11）では、この時期の土器が広範囲に分布しており、竪穴住居跡やピット群も検出されている。

古墳時代　佐渡山周辺では前期の古墳は知られておらず、猿郷遺跡（1）で古式土師器がまとまって出土している。一方、2007年のセイゾウ山周辺の分布調査の際、セイゾウ山西側の上位の丘陵上で、大型の前方後円墳と円墳とみられる古墳の可能性の高い高まりを確認した（42）。前方後円墳と考えられるものは、現地の観察では前方部を北に向けて構築され、後円部南側では丘陵の切断が見られる。前方部西側の一部を温室によって削られているが、後円部より前方部がやや低く、やや前方部の発達した整った前方後円墳の形状が確認できる。遺物は採集できなかったが、略測で全長80m程を測るとみられ、前期末か

ら中期頃の未発見の大型前方後円墳である可能性が高い。

　手越丘陵の主軸をなす尾根線上には、古墳と考えられる高まりが多く残されており、南から佐渡古墳（32）、向山古墳群（29）、西山古墳群（23）、徳願寺山古墳群（19）などで、埴輪をもつ後期前葉の前方後円墳である徳願寺山1号墳などを除いてはほとんどが未調査である。このうち、2005年に、向山古墳群の6号墳について測量調査をおこない、径20mの円墳であることが推定された（静岡大学考古学研究室2006）。また、佐渡古墳や向山古墳群、西山古墳群には、さらに規模の大きい円墳とみられるものが存在する。これらの丘陵尾根線上の古墳では、大型石材の露出などは確認されないことから、木棺直葬などの竪穴系の埋葬施設をもつ古墳である可能性が高く、中期から後期前葉にかけて構築されたものとみられる。また、安倍川西岸の金山丘陵上の金山古墳群（26）でも中央部に大型の円墳とみられる古墳が確認できる。

　古墳時代後期前半には、上記した徳願寺山1号墳と猿郷1号墳（2）、宗小路1号墳（37）の3基の前方後円墳が築かれている。猿郷1号墳は、全長55mとされ、円筒埴輪や形象埴輪を伴っており、竪穴系の埋葬施設が確認されている。徳願寺山1号墳は、円筒埴輪が直線状に立て並べられている状況が検出されたほか、人物・鳥などの形象埴輪が採集されている。徳願寺山南麓から南に延びる尾根上に立地する宗小路1号墳は、39mの前方後円墳であることが確認されたが、出土遺物はなく、6世紀後半の2号墳に周溝が切られることから時期が推定されている。

　6世紀後半以降は、横穴式石室を主体部とする古墳が群集して構築されるようになるが、その初期に大型の方墳が築かれる例が見られる。佐渡山古墳群（33）は佐渡山南麓部を占める古墳群であり、2号墳は大型の横穴式石室を内部主体とする駿河地域最大級の方墳である。この2号墳を中心として周辺に古墳群が形成されたと考えられる。また、楠ヶ沢古墳群（10）も方墳を含む大型の横穴式石室を内部主体とする2基の古墳を中核とした古墳群である。先述の宗小路古墳群（37）も6世紀後半以降は、大型方墳である19号墳を中核に形成されていると見られる。一方、平城古墳群（18）は、6世紀末の方墳に始まり、7世紀後半から8世紀初頭にかけては小型の石室墳が群集する終末期の古墳群の様相を呈する。

　歴史時代　古代以降の遺跡は、不明なものが多いが、中世には徳願寺（4）や千住院跡（24）など、古くから続く寺院があったと考えられ、徳願寺（14）、西山遺跡（22）などに中世墓が知られている。また、徳願寺城跡（3）をはじめとして、平城遺跡（17）、金山砦跡（25）など戦国期に至る遺跡も多いと考えられる。交通に関連しては、千住院跡付近から手越丘陵をこえる「手児の呼坂」と呼ばれる古道が残されており、東海道と関連すると考えられている。

　このように、佐渡山周辺には縄文時代以来、断続的ながらも密に遺跡が形成されている。周辺では低地部の調査例が少ないため、これらの遺跡のほとんどは丘陵部に位置するものであるが、特に弥生時代以降その出現と消長には、低地部の遺跡の動向が関係すると考えられる。古墳時代後期の埴輪をもつ古墳や方墳の分布は、静岡清水平野の中では、この地域のほかに有度山西麓に集中するように、その動向は佐渡山周辺にとどまらない可能性が高い。そのような視点で、弥生時代の遺跡の動向にも注視する必要があろう。

（古牧直久・篠原）

第2章　調査の概要

第1節　調査の目的と調査に至る経緯

　弥生時代開始後、日本列島中部地域においては、灌漑水田耕作を基盤とした農耕集落が成立し、農耕が社会的に受容されるのは弥生時代中期中葉であると考えられている（石川2001、設楽2005など）。しかしながら、中部地方にもそれを遡る弥生時代前期から中期前半にあたる時期に、土器に見られる稲籾圧痕、プラントオパール資料や農耕と関連すると考えられる石器群などが検出されており（中山1999など）、現在、この時期の文化の具体像とその展開過程を明らかにすることは、日本列島における農耕の成立を考える上でも新しい重要な課題であると考えられる。

　調査担当者である篠原は、上記のような視点から研究をおこなってきたが、このテーマに関する平成18年〜20年度科学研究費補助金が認められた。また、静岡大学人文学部においても、このような学術研究に資するとともに学生教育上の効果を持つ調査を実施することが認められた。そこで、この研究テーマ

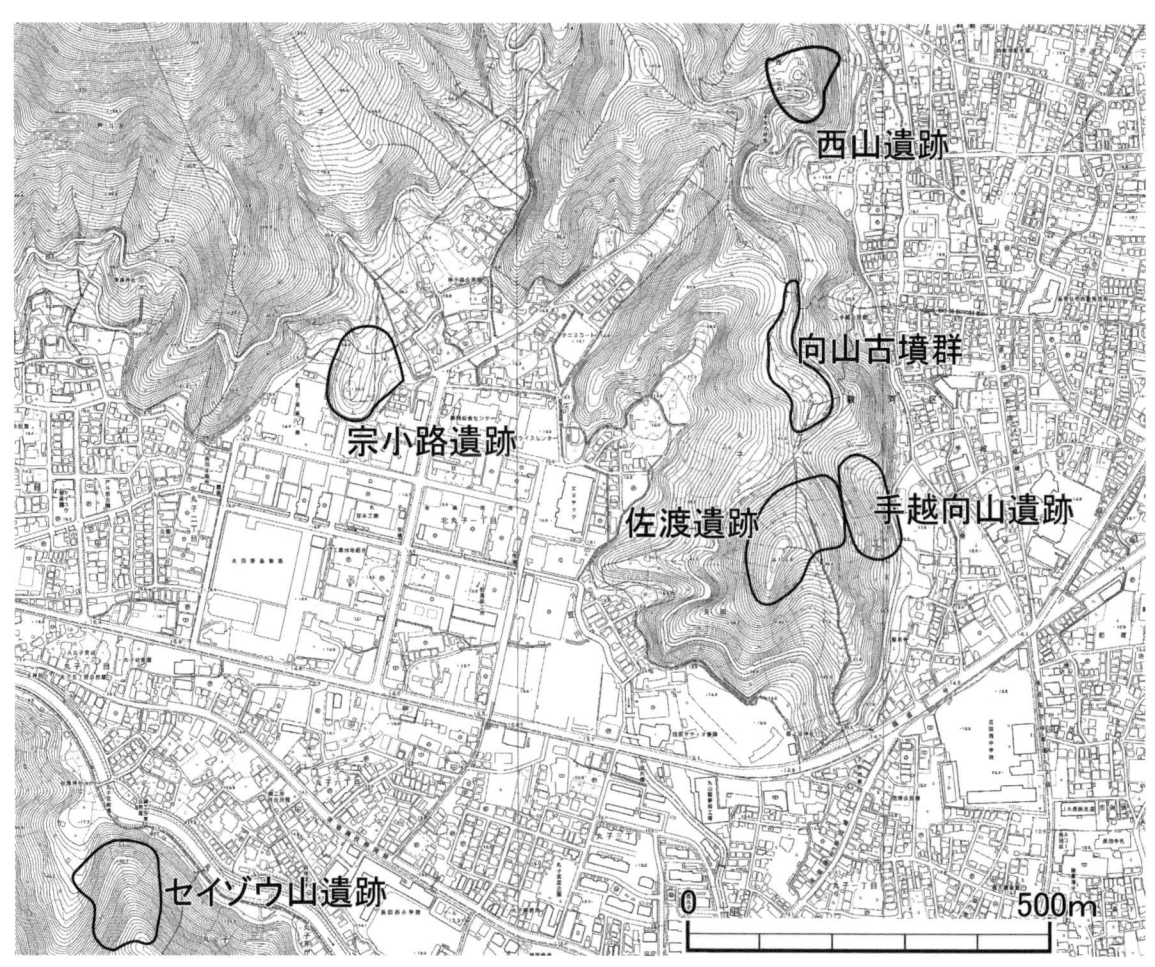

第3図　手越向山遺跡の位置（1/10,000）

の解明に重要な資料を提供すると予測される佐渡山周辺の遺跡について、学術研究に資するとともに、教育的効果をあげ、地域貢献をもなすことを目的として発掘調査を計画した。

静岡清水平野北西部に位置する丸子地区周辺は、弥生時代中期初頭を前後する時期の丘陵上に位置する遺跡が古くから知られている。すでに考古学研究室では、2005年度に静岡市駿河区丸子および向

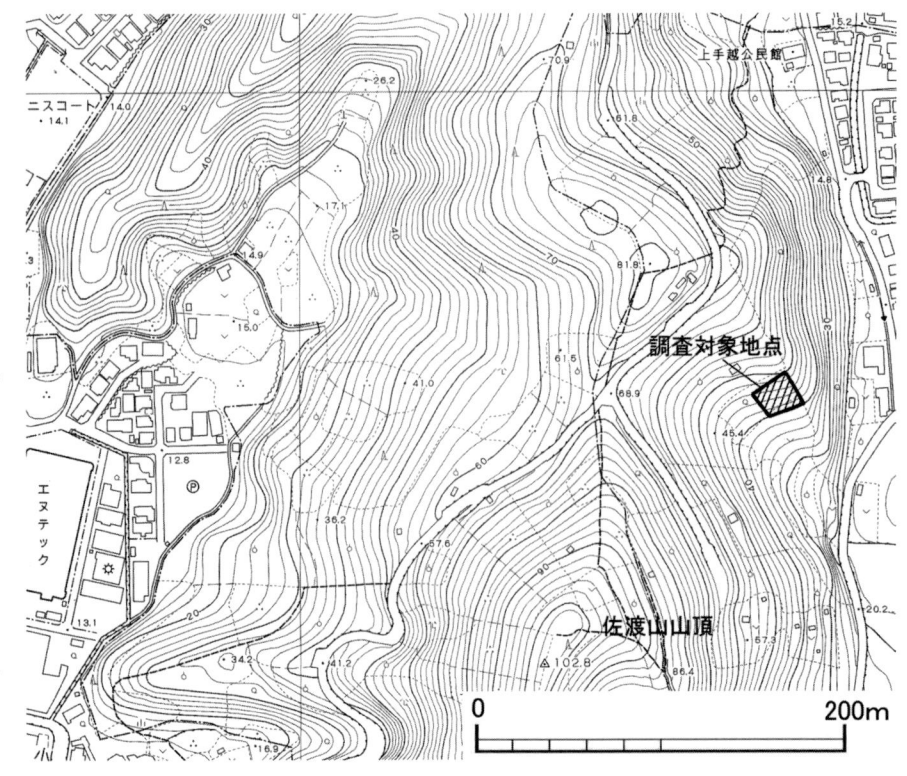

第4図　手越向山遺跡周辺図（1/4000）

敷地にいたる佐渡山周辺の丘陵部を対象とした一般調査および対象地内に存在する向山古墳群の一部の測量調査を行っており、これらの成果にもとづいて調査地点を選定することとした（第4図）。

佐渡山山頂付近から東側および北側斜面は、古くから佐渡遺跡として知られ、当該期の遺物の分布が知られたが、急な斜面地であり、いずれの地点でも現状で農地として利用されていたためここに調査区を設定することは困難であった。一方、佐渡山の北東側には、佐渡山と向山丘陵との接合部あたりに向かって東側から浅い谷が入っており、この東側は南に向いた斜面となっていたが、この中腹付近に休耕地が存在していた。この地点から斜面の麓付近にかけては、手越向山遺跡として静岡市の遺跡地名表にも掲載された既知の遺跡であった。日当たりがよく、比較的斜面の緩やかなこの休耕地地点は、居住域や生産域などの遺跡が立地する可能性が考えられたため、調査の可能性を検討することとした。幸い、ここを管理する中西利夫氏ならびに地権者である石上敏明氏には、発掘調査についてご快諾をいただき、また深い理解を示していただいた。

以上のような経緯から、手越向山遺跡の上記地点を発掘調査地点として選定することとなった。

第2節　遺跡の位置と調査の方法

調査地点の位置と状況　手越向山遺跡は、標高104.1mの佐渡山山頂から北東側斜面に位置する佐渡遺跡の東側に隣接し、佐渡山東麓付近から向山丘陵に向かう斜面地付近が遺跡の範囲とされていた。調査対象とした地点は、この北端にあたる南向き斜面中腹付近の標高42m〜45mの位置にある。この付近は約24度の角度で傾斜しており、夕刻を除いて日当たりはきわめて良好である。この地点より北側の斜面上部は、石垣を構築して段々にテラスを造成した蜜柑畑であり、西側はやはりテラスを構築した畑地、南

第5図　調査地点周辺見取り図

側に続く斜面は茶畑、西側は急な崖線となっていた。一方、調査対象地点のみは、当初笹が繁茂していたが、現在特に土地利用がなされておらず、近年の造成の跡も見られないなだらかな斜面をなしていた（第4・5図）。

基準杭と座標（第6図）　調査は、まず、第1次調査で調査地点中央付近に基準杭P1を設置し、周辺の傾斜に並行するほぼ南北のラインを基軸としてP2～P5を設置して第1トレンチを設定した。また、P1から東に5mの地点にP7を設置し、南北にP6、P8を設置して第2トレンチを設定した。さらに、P1－P7の東西ラインにP0およびP9を設置し、基準杭とした。以降の調査は、この直交する基準杭のラインを基準に必要な基準杭を設置しながらグリットを設定して調査を進めた（第6図）。

調査地点のレベルは、第1次調査において、佐渡山山頂に設置された四等三角点（点名：佐渡、標高102.67m）より移設した。座標については、すべての現地調査が終了した2010年12月に測量をおこない、前記佐渡の三角点と丸子地区の丸子川沿いに位置する四等三角点（点名：丸子西）を基準に調査地点基準杭P0およびP9までの開放トラバースを組み、世界測地系による座標を計測した。使用した数値は以下のとおりである。第6図に基準杭とこの座標系の関係を示した。

四等三角点　点名：佐渡　標高102.67m　平面直角座標系X＝－116449.25m、Y＝－13149.838m

四等三角点　点名：丸子西　標高21.04m　平面直角座標系X＝－116660.989m、Y＝－14453.99m

調査の方法と基本層序　調査は、各回トレンチを設定し、手掘りで掘削することによって進めた。第1次調査は、第1トレンチ、第2トレンチをそれぞれ上層から順に除去し、基盤層近くまで掘り進めて遺構確認をおこなった。調査が終了すると必要に応じて土嚢で遺構面を保護し、掘削土をトレンチに戻して埋め戻しをおこなった。以降の調査は、目的に応じて前回までの調査地点を掘り返し、さらにトレンチを拡張することによって調査を進めたが、それまでの所見に応じて遺構確認面を設定した。調査が終了すると毎回遺構面を土嚢で保護して埋め戻しをおこなった（第8図）。

調査地点の土層は、第1トレンチ付近で、上から表土（1層）、茶褐色土（2層）、暗黒褐色土（3層）、黒褐色土（4層）、明褐色土（5層）、黄褐色土の基盤層の順にとらえられた（層の番号は第2次調査以降）。第1次調査では3層と4層を同一層としてとらえていたが、弥生時代の畠状遺構や方形周溝墓が4層を掘り込んで構築され、その後に3層が堆積していることが明らかになったため、このように修正した。第1トレ

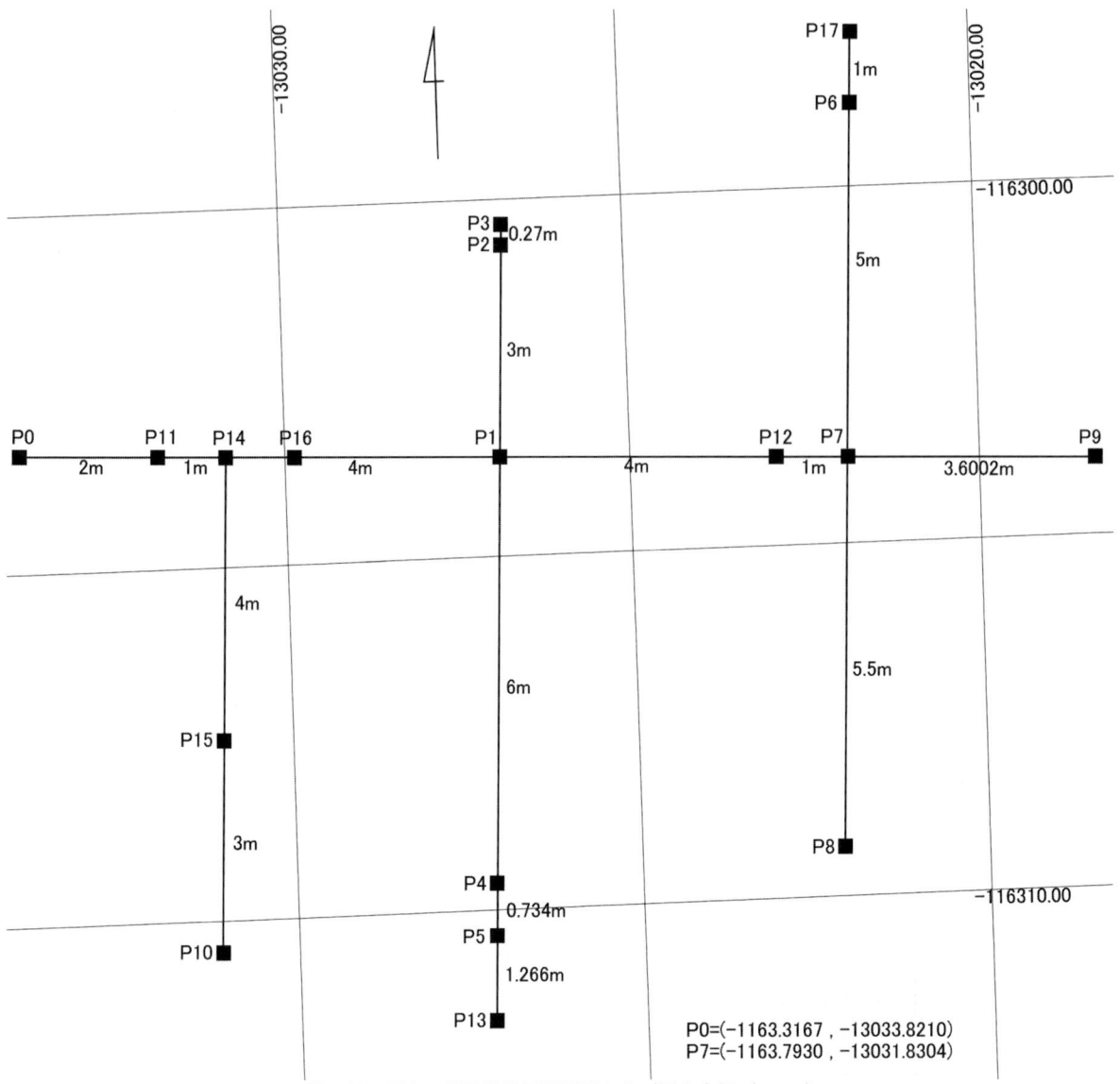

第6図　調査・測量基準杭配置図および国土座標（1/100）

ンチ付近の基本土層は以下のとおりである（第7図）。

　1層：表土

　2層：茶褐色土。空隙が多く、砂礫を含み、下位の黒ボク土より明るい色調を呈する。第2トレンチでは、さらに明るい色調になり、北側では撹拌が見られ、近世以降の陶磁器片が出土した。

　3層：暗黒褐色土。砂礫をあまり含まないきめ細かい黒色土を主体とする。畠状遺構や方形周溝墓が構築され、それらが埋没、流失した後に堆積したと考えられる。

　4層：黒褐色土。上下の層との対比から土色を決めたが、砂礫を含む黒褐色土を主体とする。この周辺地域のいわゆる黒ボク土層に対比できる。畠状遺構がこの土層を掘り込んで構築され、縄文時代の後半以降に形成されたものと考えられる。

　5層：明褐色土。4層の黒ボク土から基盤層への漸移層。

　基盤層（地山）：黄褐色土。他の層にも含まれる灰色〜乳白色の砂礫を大量に含む黄褐色の粘質土。畠状遺構下部の基盤層に対応する層から有舌尖頭器1点が出土しており、基盤層上層は縄文時代草創期を含

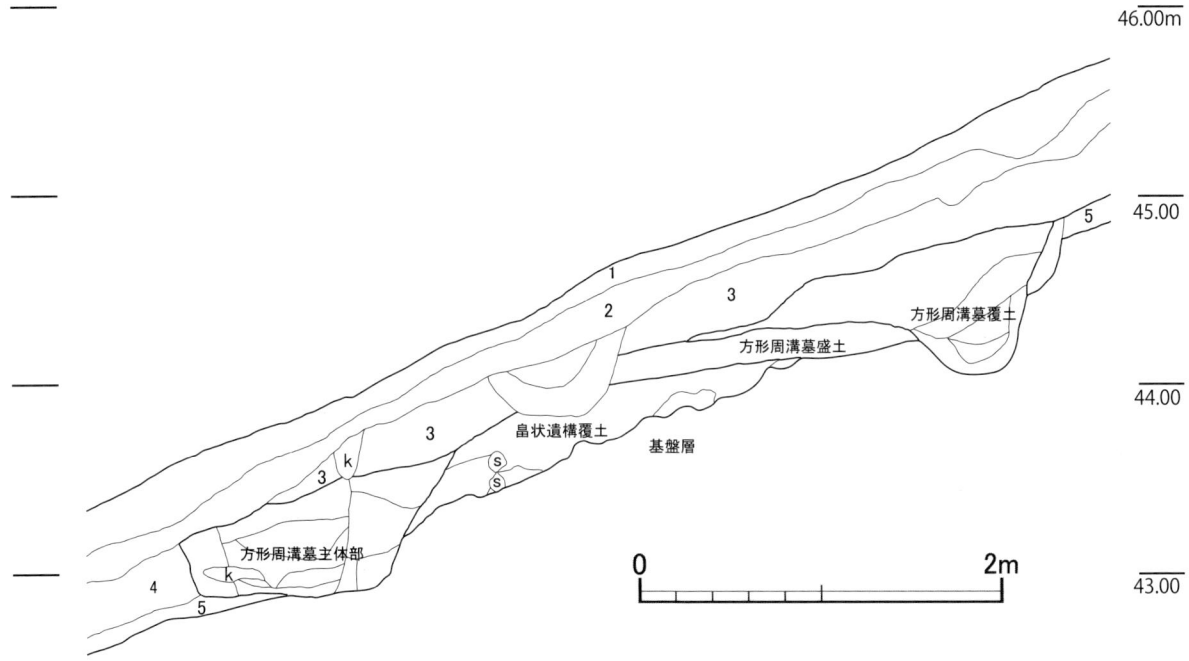

第7図　基本土層図（第1トレンチ中央付近、1/40）

む時期と考えられる。なお、この基盤層は、粗面玄武岩の崩積土とされており、手越向山遺跡の堆積土中に含まれる灰色～乳白色の砂礫は、ほぼこの粗面玄武岩の風化物と考えられる。

　弥生時代中期に形成されたと考えられる畠状遺構と方形周溝墓は、4層上面から掘り込まれていることが明らかになった。主要な遺構内の土層には、遺構ごとにアルファベット小文字の記号と番号を付して層を示した。方形周溝墓盛土および東西溝を除く溝埋積土（a1～a6層）、方形周溝墓第1主体部（b1～b16層）、方形周溝墓第2主体部（i1～i5層）、畠状遺構関連土層（e1～e4"層）等である。

第3節　調査の経過と調査の組織

　発掘調査の経過（第8図）　2006年度は、8月前半を利用して第1次調査を実施した。調査地点周辺の測量調査を実施し、そこに幅1.5m×10mの試掘溝2本（第1トレンチ・第2トレンチ）を設置して発掘を進めた。その結果、第1トレンチの北側を中心に、地表下1mほどで土坑や竪穴状の遺構と考えられる落ち込み数箇所を確認した。調査の期間が限られていたため第1次調査ではその一部を調査するにとどめ、記録を行った後に埋め戻して調査を終了した。

　2007年度8月におこなった第2次調査は、第1次調査で確認した遺構の性格を明らかにすることを目的とした。第1次調査第1トレンチの遺構集中区を中心に東西にA区・B区の二つの調査区を拡張する形で発掘調査を行ったが、竪穴状の住居跡の一部ではないかと考えていた遺構は、予想に反して方形周溝墓の周溝や埋葬施設であることが明らかになった。西溝の底付近からは頸部を欠失するのみで完全な形の線刻絵画のある壺形土器が検出され、その特徴から弥生時代中期後半の時期が考えられるようになった。以降は、この方形周溝墓の調査が主体となったが、周溝の北側および中心の埋葬施設の木棺部分の調査を終えた時点で調査を終了することとした。一方、方形周溝墓の墳丘盛土の下には、地山面と黒色土との間

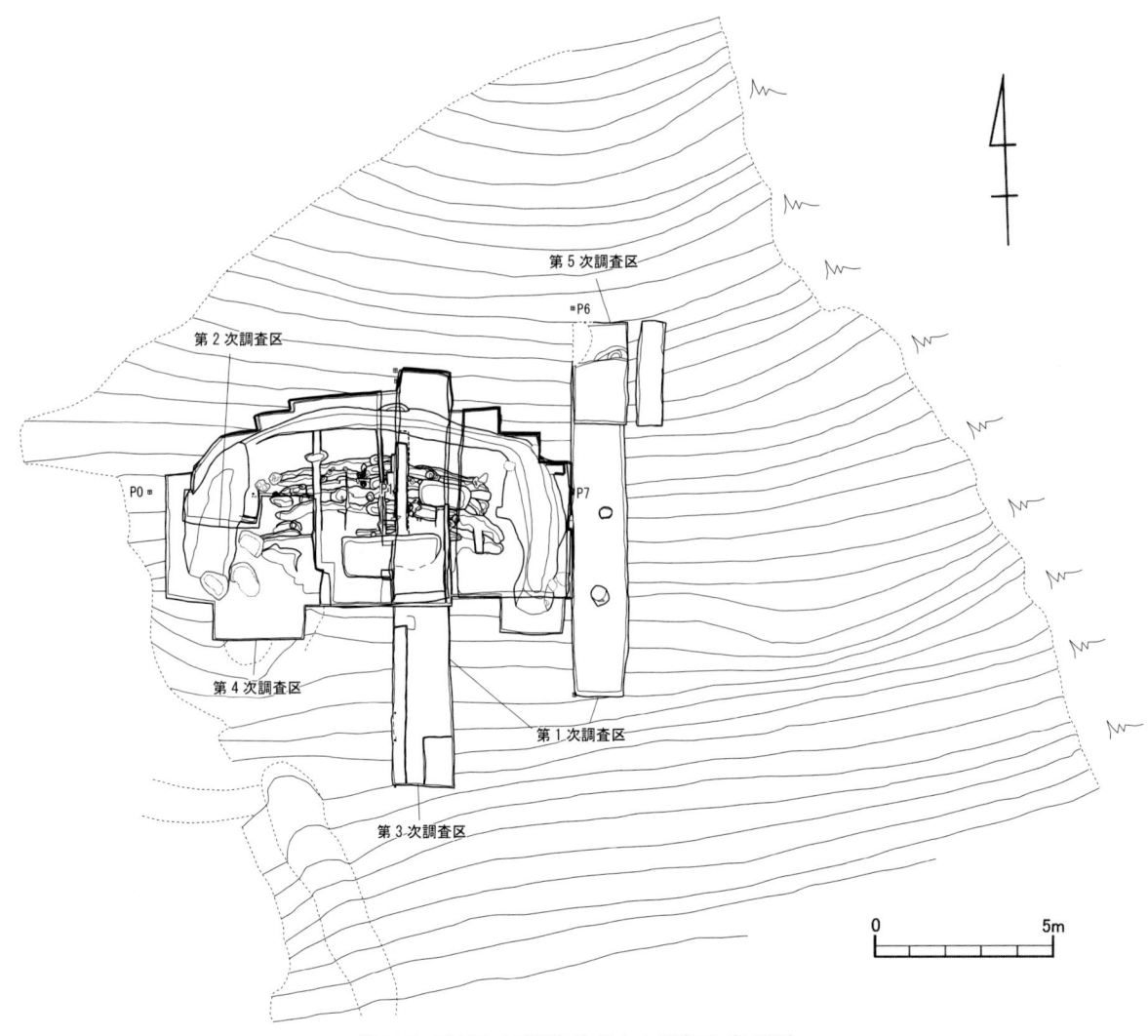

第8図　手越向山遺跡調査地点と調査区（1/200）

に凹凸が見られ、何らかの人為的な働きかけを示す状況が考えられたが、この部分の土層サンプルを採取して分析をおこなうなどの調査にとどめ、これについても次の調査に課題を委ねることとした。

　第2次調査の方形周溝墓墳丘下で確認された人為的な掘削を示すような痕跡は、地山上面に不規則な凹凸を残すものであり、畑のような植物を栽培するための耕作をおこなった結果である可能性が考えられるようになった。それが弥生中期後半の方形周溝墓下層に認められることは、その時期がさらに遡ることも明らかであり、この実態を明らかにすることは、当初の目的であった弥生時代中期初頭前後の文化と農耕とのかかわりを追究する上でも極めて重要な資料を得ることになる可能性があると考えられた。一方で、方形周溝墓造営に関わる何らかの行為などそれ以外の可能性も考えられる。以上のことから、方形周溝墓下層の人為的な痕跡の実態解明と方形周溝墓の未調査部分の調査を完遂して全体像を明らかにすることを目的としてさらなる調査を企図した。

　2008年3月には、方形周溝墓の中心主体部（第1主体部）とその北東側の土坑（第2主体部）の完掘および南側周溝の有無の確認、方形周溝墓下層の人為的な痕跡の確認を目的として第3次調査を行った。方形周溝墓の2基の主体部については完掘して後述するような成果を得たが、方形周溝墓の南側周溝については、第1トレンチを延長して確認をおこなったが、その痕跡は確認できなかった。方形周溝墓下層の状況

については、第1トレンチ北側で確認した部分の西側に調査区を設けて、部分的に掘り下げて確認をおこなったが、地山面上に浅い溝状の窪みが斜面に沿って東西方向に並列する状況を確認した。この溝状の窪みは、一般に畑として確認される遺構の下部に残される耕作痕と類似しており、この溝や上部の黒色土は、畑を構成したものである可能性が考えられるようになったため、これを畠状遺構として扱うことにした。この畠状遺構は、この方形周溝墓の下層に面的に広がっていることが考えられるようになった。

2008年8月から9月にかけての第4次調査は、残された方形周溝墓周溝の一部の調査と畠状遺構の全容を明らかにすることを主な目的とした。調査を進めると畠状遺構は、周溝墓下層の堆積土を削り込んで、並行する溝状の凹凸を残しながら形成される面を下面として、その上部に形成されていることが分かった。断面で覆土の形成状況を検討しながら、さらに掘り下げ、最終的に下面の凹凸面を全面的に検出した。この過程で、三重県筋違遺跡の畠を調査された川崎志乃氏や土壌に詳しい松田順一郎氏の協力を得たことや古環境研究所の松田隆二氏に植物遺体の分析を依頼して成果についての迅速情報を得たことは調査にとって極めて有益であった。検出できた畠状遺構の範囲は方形周溝墓方台部の内部の南寄りの部分に限られ、さらに南側中央部は、第1主体部およびその検出の際の削平によって失われてしまっていた。畠状遺構の覆土の回収と必要な記録を終えたのち、最終的に調査区全体は埋め戻して原状を回復し調査を終了した。

2009年度は、調査を実施しなかったが、資料の整理と並行して、畠状遺構覆土の水洗による炭化物の回収や松田順一郎氏に依頼した土壌の分析が進んだ。この過程で、畠状遺構の覆土と対比する自然堆積層の土壌試料が不足していることが課題になった。また、これまでの調査では、少量ながら畠状遺構と関連する時期と考えられる弥生時代中期前半の土器が出土しており、調査地点に近接して居住域が存在していることも推定された。これに関連して、第1次調査の第2トレンチ北壁では、遺構の可能性がある黒色土の覆土が確認されていたが、これが居住域に関連する可能性が考えられた。

2010年度9月の第5次調査は、第2トレンチ北端の黒色覆土（SX05）について、その内容を明らかにすることと畠状遺構覆土に対比する自然堆積層の資料を得ることを目的として発掘調査を行った。しかし、SX05は、植物の根による攪乱であることが判明し、それ以外に目立った遺構は検出されなかった。このため、必要な記録を行い、第1トレンチ南側で予定した試料を採取して調査終了とした。

以上の5次にわたる調査を終了したが、まさに紆余曲折を経ながら、方形周溝墓の検出とそれに続く畠状遺構の調査という主に二つの成果を得ることができた。以上の調査日誌の抄録を第4節に示した。

発掘資料の整理と報告　以上の第1次から第5次にいたる調査の資料については、おもに静岡大学人文学部社会学科の正課である考古学実習Ⅱおよび同Ⅲの実習授業時間に、当該年度の3年生および大学院生を中心に整理作業をおこなった。考古学研究室では、例年11月の静大祭に合わせて、静岡大学人文祭考古展として企画展示をおこなっているが、2007年に「第35回考古展　手越向山遺跡の方形周溝墓」、2008年に「第36回考古展　静岡清水平野における初期農耕文化の形成―手越向山遺跡の発掘調査から―」、2010年に「静岡の農耕起源をさぐる―手越向山遺跡の自然科学的分析から―」と題して手越向山遺跡に関する展示をおこなった。こうした成果をもとに、2008年3月に『佐渡山周辺の考古学Ⅱ　静岡市手越向山遺跡（第1次・第2次）発掘調査概要報告書』(35頁)、2009年3月に『佐渡山周辺の考古学Ⅲ静岡市手越向山遺跡（第3次・第4次）発掘調査概要報告書』(45頁)を概報として刊行した。

第4次調査が終了すると、図面や遺物の整理のほかに、持ち帰った畠状遺構覆土の水洗選別（ウォーター・フローテーション）および回収炭化物等試料の選別の作業が加わった。この作業は、時間と手間を要す

るためなかなか進まず、2010年10月までにほぼ半分の約400kgの処理を終えたが、その後も継続している。処理を終えて選別回収した試料は、順次株式会社パレオ・ラボに委託して分析・同定を進めており、今回までに一定の結果を得ることができた。

第1次調査および第3次調査で採集した土壌試料の花粉分析・プラントオパール分析については、株式会社古環境研究所に委託しておこない、当該年度中に報告をいただき知見を得ることができた。また、松田順一郎氏に依頼した土壌の分析結果についても、順次報告をいただき、畠状遺構およびその周辺の土壌の構造に関する知見が深まった。

これらの過程を経ながら、第4次調査が終了した2008年秋以降、研究会や学会でその内容について報告する機会も得ることができた。学会報告については以下のものがある。

篠原和大「本州中部地域における農耕形成の一つのモデル―静岡清水平野を事例として―」『日本考古学協会2008年度愛知大会研究発表資料集』日本考古学協会2008年度愛知大会実行委員会、2008年11月291～303頁

松田順一郎・篠原和大「静岡市手越向山遺跡で検出された畑地堆積物の微細堆積相」『日本文化財科学会第26回大会研究発表要旨集』日本文化財科学会、2009年7月180～181頁

篠原和大・五味奈々子・川崎志乃・佐々木由香・松田順一郎・松田隆二「弥生時代前半期の畠状遺構と検出炭化種子類について―静岡県手越向山遺跡の調査・分析成果から―」『日本考古学協会第76回総会研究発表要旨』日本考古学協会2010年5月56～57頁

以上のような調査と資料整理の経過を経て、早期に正式な報告書を刊行する必要性が高まったため、2010年度に静岡大学人文学部研究成果刊行費の申請をおこなったところ採択され、今回の報告書刊行の運びとなった。

調査の組織　2005年の佐渡山周辺の踏査から手越向山遺跡の発掘調査にいたる調査は、静岡大学考古学研究室が主として「考古学フィールドワーク教育」の一環として実施した。「考古学フィールドワーク教育」は、静岡大学の法人化後の人文学部社会学科の教育目標として「フィールドワーク教育」が掲げられたことに合わせて、それまでおもに夏季休暇中におこなっていた課外の考古学的調査とその整理作業をおこなう考古学実習Ⅱ・Ⅲの授業を合わせた考古学の実習の過程を教育プログラムとして位置づけたものであった。したがって、調査組織は、考古学研究室の教員2名が調査を担当し、各年度の考古学研究室に所属する大学院生および学部学生を中心としたメンバーが参加する形で構成された。調査担当および各年度の調査参加者は以下のとおりである。

調査担当
　滝沢　誠（静岡大学人文学部教授）、篠原　和大（静岡大学人文学部准教授）
調査参加者
2005年度　佐渡山周辺の踏査および向山1号墳測量調査
　首藤久士、新田展也（大学院人文社会科学研究科）、表野友暁、前田健、向山直見、大本淳司、小須田英子、五味奈々子、永井裕美、岡野珠美、飯田祐輔、久保幸一、小林豊尚、鷹野宏輝、中島彬、中原弥代、日高つばさ、渡邉綾香（人文学部社会学科）
2006年度　手越向山遺跡第1次調査
　江口敏郎、首藤久士、新田展也、前田健（大学院人文社会科学研究科）、五味奈々子、永井裕美、岡野珠

美、飯田祐輔、久保幸一、鷹野宏輝、日高つばさ、渡邉綾香、浅岡優、荒木美緒知、石倉俊希、石川恭平、野村豪、平林大樹、広瀬瑞恵、古牧直久、森智裕、八木麻里江、ヨウ・カンイ、佐藤朝子、芹澤千恵、真鍋一生、宮城島恒美（人文学部社会学科）

2007年度　手越向山遺跡第2次調査

　前田健、五味奈々子（大学院人文社会科学研究科）、浅岡優、石川恭平、稲垣自由、久保幸一、小林豊尚、永井裕美、野村豪、平林大樹、古牧直久、森智裕、八木麻里江、明石寛子、岩田香織、北川実由司、木村真人、杉山裕子、杉山雄哉、芹澤千恵、糠谷初美、古澤健一、真鍋一生、丸茂麻衣、杉山翔悟（人文学部社会学科）、遠藤英子、亀井翼（首都大学東京大学院）、吉田企貴（首都大学東京）

2007年度　手越向山遺跡第3次調査

　五味奈々子（大学院人文社会科学研究科）浅岡優、石川恭平、稲垣自由、パク・ジヘ、平林大樹、古牧直久、森智裕、岩田香織、北川実由司、木村真人、杉山裕子、芹澤千恵、真鍋一生、杉山翔悟（人文学部社会学科）

2008年度　手越向山遺跡第4次調査

　五味奈々子（大学院人文社会科学研究科）、アケタチン・ゲゲンタナ、浅岡優、稲垣自由、平林大樹、森智裕、明石寛子、飯塚淳、岩田香織、北川実由司、木村真人、杉山裕子、鈴木志歩、芹澤千恵、古澤健一、真鍋一生、杉山翔悟、鈴嶋孝将、内山さつき（人文学部社会学科）

2010年度　手越向山遺跡第5次調査

　西田真由子、平林大樹、真鍋一生（大学院人文社会科学研究科）、岡野美緒、百々明那、平岡小夜子、柳沢美里、吉田智里（人文学部社会学科）

　調査・研究の経費　「考古学フィールドワーク教育」の一環として実施した佐渡山周辺および手越向山遺跡調査は、各年度に静岡大学人文学部競争的配分経費に教育プログラムとして申請し、採択を受けた。また、調査・資料整理にかかる研究的な経費については、科学研究費を申請し、採択されたことによってその経費をまかなった。また、2010年度については財団法人高梨学術奨励基金調査研究助成に申請し、採択を受けることができた。これらの経費は以下に示すものである。

静岡大学人文学部競争的経費

　平成17年度静岡大学人文学部社会学科競争的配分経費「考古学フィールドワーク教育開発プロジェクト」

　平成18年度静岡大学人文学部競争的配分経費「考古学フィールドワーク教育開発プロジェクト」

　平成19年度静岡大学人文学部競争的配分経費（社会学科）「2007年度考古学フィールドワーク教育」

　平成19年静岡大学人文学部若手研究者奨励費「静岡清水平野における農耕の成立過程の研究―手越向山遺跡採集土壌試料の自然化学分析―」

　平成20年度静岡大学人文学部フィールドワーク関連経費「2008年度考古学フィールドワーク教育」

　平成20年度静岡大学人文学部競争的配分経費（社会学科）「2008年度考古学フィールドワーク教育」

　平成22年度静岡大学人文学部実験・実習的教育経費「2010年度考古学フィールドワーク教育」

　平成22年度静岡大学人文学部研究成果刊行費

科学研究費補助金・研究助成金

　科学研究費補助金基盤研究（C）「日本列島中部地域における農耕の成立過程の研究」（2006～2008年度、

研究代表者：篠原和大）

　科学研究費補助金基盤研究（C）「登呂遺跡を活用した日本列島初期農耕文化の復元的研究」（2009〜2010年度、研究代表者：篠原和大）

　平成22年度財団法人高梨学術奨励基金調査研究助成「静岡市手越向山遺跡の考古学的研究─弥生時代中期畠状遺構の調査─」（申請者：篠原和大）

（篠原）

第4節　調査日誌抄

第1次調査（2006年度）

8月1日（火）杭の設置と標高算出。測量。調査地の清掃、第1・第2トレンチの設定、表土剥ぎ。

2日（水）周辺地形測量。各トレンチ表土剥ぎ。

3日（木）周辺地形測量。各トレンチ表土剥ぎ。

4日（金）周辺地形測量。各トレンチ表土剥ぎ、土嚢作り。第1トレンチ：根切り。

5日（土）休日。

6日（日）第1トレンチ：遺構確認状況写真撮影、西壁の調整。第2トレンチ：壁・底面の清掃。

7日（月）第1トレンチ：サブトレンチの設定、SX01掘り下げ、分層、写真撮影。南側の掘り下げ。サブトレンチより土器片発見。第2トレンチ：精査、遺構確認状況写真撮影。

8日（火）休日

9日（水）第1トレンチ：南半部分の写真撮影。SX01東側の掘り下げ、分層、写真撮影、SX02、SX03掘り下げ。SX03底、北側壁面の検出。第2トレンチ：ピット写真撮影、西側壁面セクション図作成。

10日（木）休日

11日（金）第1トレンチ：SX02写真撮影、セクション図、エレベーション図作成。第2トレンチ：SP02、SP03セクション図作成、写真撮影、トレンチ西側壁面セクション図作成。

12日（土）第1トレンチ：SX02完掘、写真撮影、平面図作成（トレンチ、トレンチ上下端、SP02、SP03、SX03）、SX02北壁検出、精査。第2トレンチ：ピット完掘、写真撮影、トレンチ西側壁面セクション図、平面図（トレンチ南半分の上下端）。

13日（日）第1トレンチ：トレンチ両壁セクション図作成、土層注記。第2トレンチ：南側セクション図・平面図完成、測量、写真撮影。

14日（月）埋め戻し。

第2次調査（2007年度）

8月1日（水）調査地の清掃。調査区（第1トレンチ西側30cmにA区2m×5m、東側30cmにB区1.2m×4m）を設定。第1トレンチ埋土除去。

2日（木）表土剥ぎ。B区で地山を検出。第1トレンチ土嚢除去、分層線の復元。

3日（金）B区でSX03北側のプランを検出。調査区の東側、北から1m地点から東に1m×1.5m拡張。A区は北に30cm、西に70cm拡張し、掘り下げを継続。

4日（土）A区を西側に1m拡張。B区東側拡張部を南側に50cm拡張。

5日（日）休日。

6日（月）A区西側へ1m×1.5m拡張。B区東側拡張部を北へ30cm拡張。SX03のプランの確認。

7日（火）A区拡張、掘削。B区調査区全体を清掃し、確認状況写真撮影。

8日（水）B区、SX03掘り下げ開始。A区確認状況写真撮影。

9日（木）A区、SX03の掘り下げ。南側へ拡張、SX02のプランを確認、埋葬施設である可能性が高まる。

10日（金）第1トレンチSX02セクションの精査、修正。A区SX03掘り下げ、北側の溝状プラン確認。B区SX03掘り下げ。

11日（土）A区SX04確認、完掘。写真撮影。B区東側を0.7m×1.2m拡張。土器片を表採。

12日（日）休日。

13日（月）A区西側に70cm拡張。B区SX03から南に向かう溝のプランを検出。SX02を掘り下げて棺痕のプラン検出。

14日（火）A区西側拡張部を南に1m拡張、南に向かってのびる溝のプラン確認。B区東側拡張部を調査区南端まで拡張、掘削。第1トレンチSX02断面写真撮影。SX02棺内掘削。

15日（水）A区西側の溝（西溝）からほぼ完形の壺と土器片が出土。弥生時代中期の方形周溝墓である可能性が高まる。調査区西側拡張部を西へ20cm拡張。B区北側、東側の溝（東溝）の検出。棺内ベルトを残して完掘、セクション図の作成。

16日（木）A区西溝の完掘。SX02棺内写真撮影。B区東溝掘削。

17日（金）A区壺出土状況写真撮影。SX02棺内ベルト除去。B区東溝をベルトを残してほぼ完掘。

18日（土）現地説明会を実施。

19日（日）休日。

20日（月）SX02セクション図の作成。東側ベルト除去。土層注記。東溝に周溝確認のためのサブトレンチを設定。西溝のセクション図作成。

21日（火）東溝にサブトレンチを設定。SX02の写真撮影。平面図の作成。西溝の完掘。

22日（水）西溝・東溝のセクション図・平面図の作成。写真撮影。

23日（木）西溝・東溝のセクション図・平面図の作成。

24日（金）全体の清掃および写真撮影。

25日（土）平面図の作成。写真撮影。A区埋め戻し。

(八木麻里江)

第3次調査（2008年春季）

3月3日（月）調査地の清掃。調査区（第1トレンチ1.5m×8.5m、A区2m×4.5m、B区1.2×2.5m）を設定、各地区の埋戻土除去。

4日（火）各地区の埋戻土除去および遺構検出。

5日（水）第1トレンチを南側へ約1.2m拡張。B区北西に幅35cmのサブトレンチを設定、掘削。第1トレンチ西壁北側を精査し、墳丘盛土の確認。A区北側東壁沿いに0.5m×2mのサブトレンチを設定して墳丘盛土部分を掘り下げ。

6日（木）第1トレンチ西側壁から80cm部分にサブトレンチを設定、掘り下げ。B区SX01（第2主体部）遺構プランの確認写真撮影。SX02（第1主体部）南北中央ベルトの西側半分を取り除くとともに、新たに10cm幅のセクションベルトを50cm間隔で2本残して墓坑裏込土の掘り下げ。

7日（金）第1トレンチ拡張部サブトレンチの掘り下げ、壁面の調整。B区第2主体部の東西にベルトを設定。第1主体部東西セクションベルト北側を掘り下げ。

10日（月）A区西壁寄りにサブサブトレンチ設定、掘り下げ。墳丘下層にて、幅25cm程度の黒色土の帯が東西に広がる箇所を2箇所検出。

11日（火）第2主体部東西ベルト南壁を写真撮影、セクション図の作成。A区サブトレンチを掘り下げ、黒色土の帯をさらに2箇所検出、平面の写真撮影。第1主体部の残存していたベルトを取り除き、写真撮影。第1トレンチ南側のサブトレンチの掘り下げ。

12日（水）第1主体部、第2主体部の写真撮影。第2主体部、A区サブトレンチ平面図、第1トレンチの東西壁セクション図を作成。第1主体部にサブトレンチを設け、木棺の底部付近まで掘り下げ、清掃して写真撮影。

13日（木）B区コンターの作成。第1主体部完掘、写真撮影。墳丘下層、幅30cmの範囲で地山面まで掘り下げて、4本の浅い溝を検出。調査区全体を清掃、写真撮影。第1トレンチ両側面セクション図の作成。清掃後、完掘状況を写真撮影。

14日（金）墳丘下層調査区（A区サブトレンチ）全体の写真撮影。第1主体部平面図の作成。

15日（土）A区東壁セクション図・溝完堀部分の平面図を作成。第1主体部のコンターを作成。埋め戻し。

第4次調査（2008年夏季）

8月4日（月）杭の確認。調査区の設定、表土剥ぎ。

5日（火）第2次・3次の埋戻土除去。掘り下げ。

6日（水）埋戻土、土嚢除去。

7日（木）埋戻土除去完了。遺構面の精査、B区東溝調査区南壁の精査。A区西壁南側（第1主体部西側）でe4層確認。

8日（金）西溝調査区の南に2m×2.3mの拡張区を設定、掘り下げ。第1トレンチ東西断面を精査。

9日（土）西溝拡張区の掘り下げ。東溝調査区南壁セクション図の作成。川崎志乃氏来跡。

11日（月）東溝調査区南壁の写真撮影。南側に幅30cmのベルトを残し0.7m×1.8mの範囲で拡張。A区と西溝の間に4m×1.2mの調査区（A'区）を設定、掘り下げ。B区で畑状遺構上面を精査、炭化物集中部分を確認。

12日（火）A区西壁を精査し、墳丘盛土の除去作業開始。東溝の拡張区掘り下げ。

13日（水）～17日（日）盆休み

18日（月）A区西壁沿いに20cm幅のサブトレンチを設定。A区東側で畑状遺構の最南端を検出。第1トレンチおよびB区畑状遺構北端のプラン検出。

19日（火）A区北側の墳丘盛土を取り除く。A区西側サブトレンチでは地山に到達し、溝状遺構を検出。西溝の西側を西に50cm拡張し、表土を堀削。B区中央に0.2m×1.75mのサブトレンチを設定して地山まで掘り下げ。午後雨天中止。

20日（水）東溝南端の検出。A区畑状遺構のプラン概略図を作成。西溝南端の掘り下げ。

21日（木）第1トレンチ東西のベルトを畑状遺構上面まで取り外す。西溝南端を検出。A'区表土剥ぎ。

22日（金）A'区の表土剥ぎ、A区西壁セクション、A'区全景の写真撮影。西溝セクションベルト除去。

23日（土）A'区3層下面検出。南側でe4層を検出。

午後雨天中止。川崎志乃氏・佐藤由紀男氏来跡。

26日（火）東溝拡張部の平面図を作成。調査区全体の清掃、写真撮影。A区西壁3層までのセクション図作成。調査区割り付け。古環境研究所松田隆二氏来跡。

27日（水）西溝の平面図を作成。松田順一郎氏来跡、第1トレンチ西壁から土層標本採取、基盤層から石器（有舌尖頭器）を発見。B区畑状遺構覆土除去。

29日（金）西溝の平面図完成。A'区畑状遺構掘り下げ、土器片出土。東溝のコンター作成。

31日（日）現地説明会

9月1日（月）A区東西壁セクション図の修正、清掃。A'区掘り下げ。

2日（火）第1トレンチ東壁の写真撮影。下部溝状遺構のレベリング。A区西壁セクション図作成。静岡県埋蔵文化財研究所西尾太加二氏らによる土層剥ぎ取り。

3日（水）第1主体部と第2主体部間の平面図作成。A区西側・第1トレンチのe1'層を写真撮影。A'区西側の溝状遺構確認。記者発表。

4日（木）第1トレンチ、A区西側e1'層の平面図作成、レベリング。畑状遺構全体の下部溝状遺構検出。

5日（金）畑状遺構下部の確認面を清掃。写真撮影。

6日（土）A区・B区北側部分の下部溝状遺構を検出。

7日（日）下部溝状遺構の検出を継続。

8日（月）下部溝状遺構の平面図作成。清掃後、下部溝状遺構完掘状況の全景を写真撮影。

9日（火）下部溝状遺構の平面図作成を継続。

10日（水）西溝外側の図の追加、完了。平面図作成、レベリング。

16日（火）コンター作成。埋め戻し。

17日（水）A'区南側のセクション図追加。写真撮影。埋め戻し。

（明石寛子）

第5次調査（2010年夏季）

9月1日（水）発掘用具一式運搬、調査区の清掃・雑草除去。杭の設定。写真撮影。調査区（第2トレンチ、

1.5m×3.0m）設定、表土剥ぎ、第2トレンチ両壁検出。

2日（木）杭の設定、第2トレンチ掘削。

3日（金）第2トレンチを地山まで掘り進める。第2トレンチ東側に新たな第3トレンチ（2.8m×0.7m）を設定。第1トレンチ第主体部南側付近にテストピット掘る。

4日（土）テストピットで前回調査のトレンチ壁面を確認し、埋め立てられた土嚢を取り外して掘削。レベル移動。第3トレンチを地山付近まで掘り進める。磁器片1点出土。第2トレンチ北壁を精査、写真撮影、セクション図作成、黒褐色土の確認。

5日（月）サンプルピットで層位毎（上から表土層、第2層、第4層上層、第4層下層、第5層、第6層）にサンプル採集、ビニル袋に回収。第2トレンチ西壁を精査、分層。第3トレンチの精査、写真撮影。

6日（月）第2トレンチ黒褐色土の写真撮影。西壁セクション図作成。

7日（火）第3トレンチのコンターの作成。第2トレンチ西壁のセクション図完成、コンター作成、清掃、写真撮影。

12日（水）埋め戻し、発掘用具一式運搬。

（岡野美緒）

第3章　調査の成果

第1節　第1次～第5次調査の概要

1）第1次調査（図版1～7）

調査の概要　2006年夏におこなった第1次調査は、対象とした地点における層序や遺構・包含層の有無等を確認する目的で試掘的な発掘調査を実施した（第9図）。

　まず、北から南へ傾斜する調査対象地点周辺の測量調査を実施し、そこに斜面の傾斜方向（ほぼ南北）を基準として幅1.5ｍ×長さ約10ｍの並行するトレンチ2本を設定して発掘調査を開始した。その結果、西側の第1トレンチ北側で遺構の集中が見られ、土坑の一部（SX01）、方形の掘り込みの一部（SX02）、やや弧を描く壁をもつ遺構の一部（SX03）などを検出した。いずれも傾斜のため南側は崩落流失して失われていると考えられた。予定していた調査の期間が限られていたため、2006年度の調査ではその一部を調査するにとどめ、実測図や写真などの記録を行った。また、これらの遺構に確実に供伴する遺物が認められず、時期は不明とせざるを得なかった。

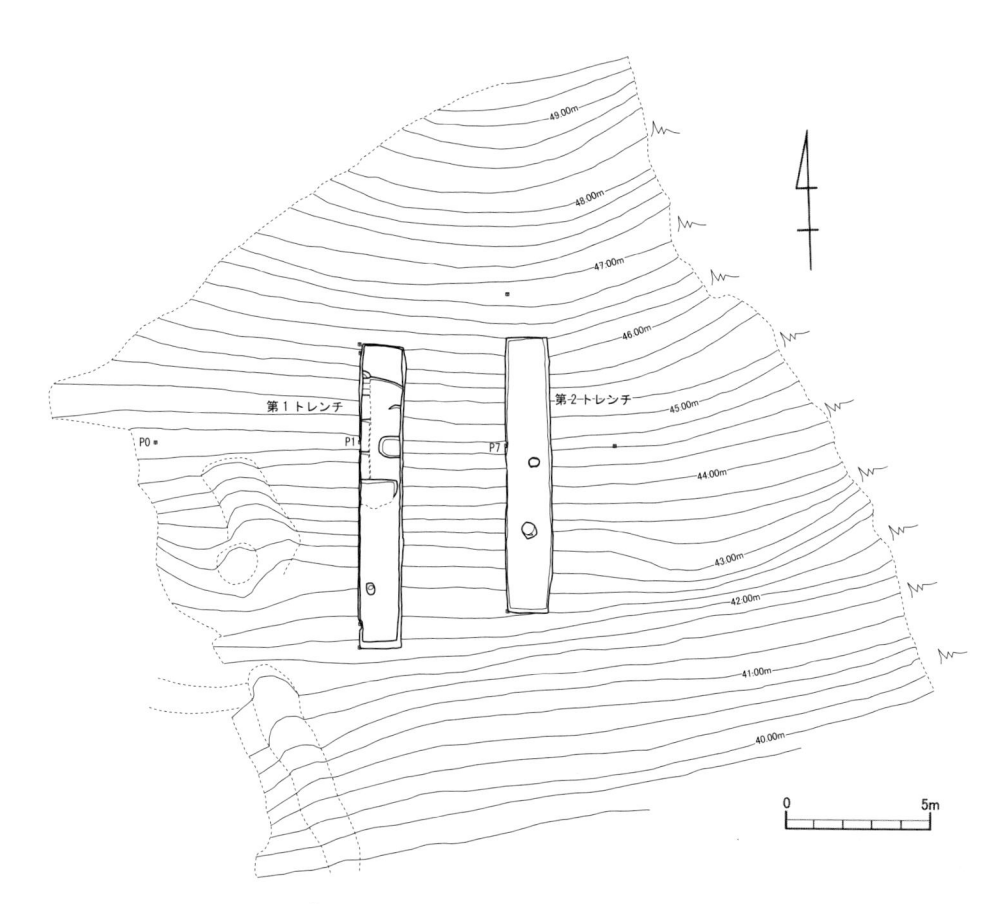

第9図　第1次調査トレンチ設定図（1/250）

なお、以下に示す土層や遺構に関する記載は、後の調査で大きく修正されることとなったが、ここではそれぞれの調査の段階での認識に基づいた記載をした。

第1トレンチの調査 第1トレンチは調査地点の西側に設定した。トレンチ内の土層は上から表土（1層）、薄茶褐色土（2層）、小礫を含む黒褐色土（3層）、茶褐色土（4層）の順に堆積していると考えられた（第10図上）。なお、土層注記については、後に大きく修正されたために省略した。

トレンチ内部を黒色土層下部まで掘り下げると、SX03内部の黒色土とその北側の地山の境界線が現れ、トレンチ北端から約3m南側の東壁付近には、隅丸方形の土坑の一部（SX01）が現れた。このSX01の性格を明らかにするため、土坑西側半分を掘り下げたところ、土坑が地面に垂直に近く掘り込まれており、底面がほぼ水平となっていることが確認された。また、土坑内の土層の堆積状況からも、掘削された後に人為的に埋められたものと考えた。また、土坑の上部を覆っていた茶褐色土は、北側のSX03の覆土に連なっていることが確認され、SX03が地山を水平に削りだした下部にこの土坑が掘り込まれていることが明らかになった。トレンチ西壁側では、北端から4m付近の断面で3層の上部から掘り込まれた下部に炭を多く含む土坑（SX04）が検出された。

一方、SX03の性格をつかむため、西壁沿いに30cm幅のサブトレンチを設定し、併行してトレンチ南側の黒色土層を掘り下げた。サブトレンチにおいてはSX03の下部の地山面にさらにいくつかの落ち込み（第10図でc層、e層とした部分）が観察され、東壁のSX01の南側にも地山に30cmほどの落ち込みが観察された。また、SX01の掘り込み面は、ほぼ水平に削られており、この水平面がSX03の底面とレベルがほぼ一致したことから、SX03は、斜面を水平に削りだして床面を構築した竪穴住居と推定し、底面の検出に取りかかった。その結果、底面の上にさらによく締まった層（d5層）が現れ、住居の床と推定した。サブトレンチ内では北側の壁面下に幅30cmほどの溝が存在することが分かったが、住居の周壁溝と推定した。

また、第1トレンチの中央付近からは、方形の落ち込みの東側部分が検出されたため（SX02）、これを方形の竪穴住居と推定し、底面まで掘り下げた。さらに、第一トレンチ南側には深いピット（SP01）が検出されたが、締りの無い覆土で満たされており、かなり新しい時期に掘られたものと考えられた。

以上のように、第1トレンチでは北側に遺構の集中が見られたが、いずれも傾斜地のため、南側は流失していると考えられた。これらの遺構に確実に伴うと考えられる遺物が出土しなかったことや、また調査期間の関係から遺構全体を検出するまでには至らなかったことから、その規模や作られた時期など詳しい性格については不明とせざるを得なかった。

第2トレンチの調査 第2トレンチは第1トレンチの5m東側に設定した。トレンチ内の土層は上から表土（1層）、明茶褐色土（2層）、茶褐色土（3層）、明褐色土（4層）の順に堆積していると考えられた（第10図下）。3層および4層は第1トレンチ3層および4層に対応するものと考えられたが、相対的に明るい色調を呈していた。2層の北側では、攪乱された様な層（g層、h層）が認められた。全体的に地山層上面付近まで掘り進めたところで、トレンチ中央付近および南側にピット（SP02、SP03）が検出された。このほかに性格の明確な遺構や遺物は検出されなかった。

出土遺物 出土遺物は第1トレンチ内部から土器片が3点出土しており（第38図1～3）、いずれも弥生時代中期初頭の丸子式の土器片と考えられる。これらの土器片は全てトレンチ内の覆土から出土しており、遺構内からの遺物の出土は見られなかった。

（五味奈々子）

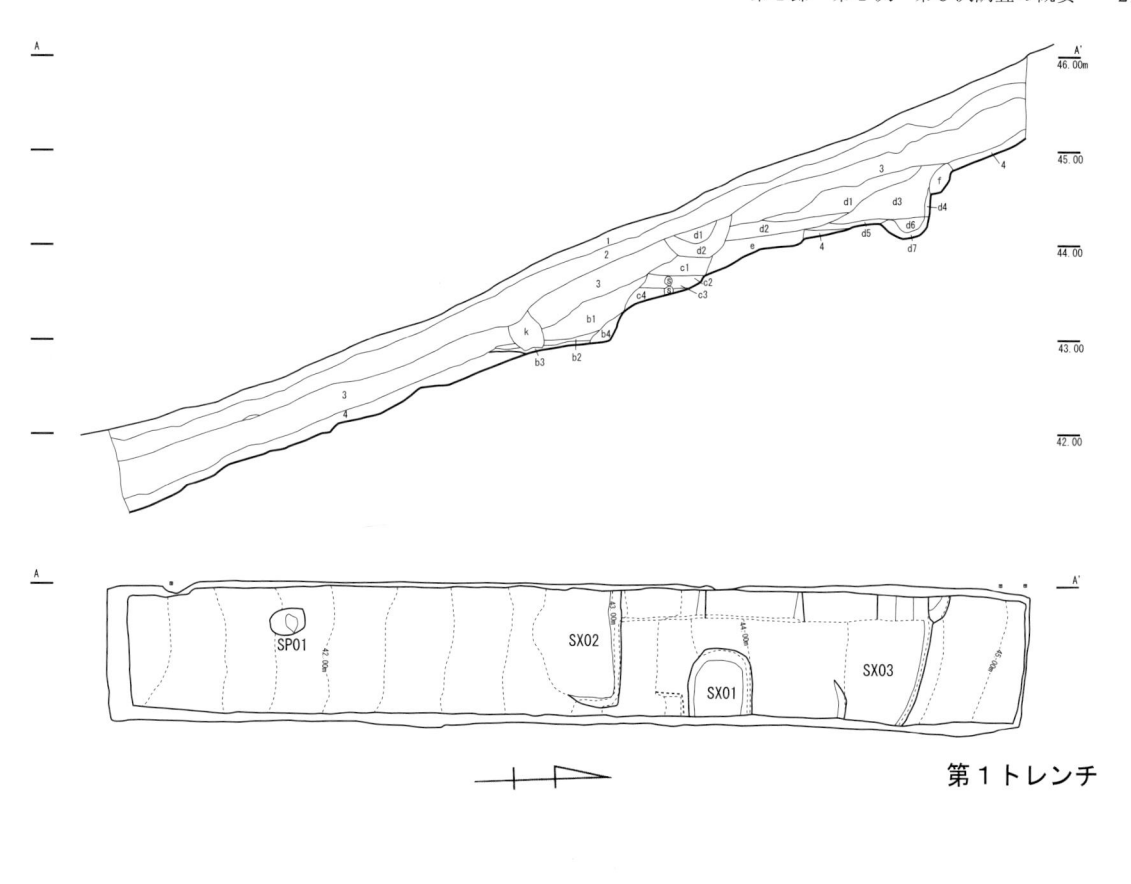

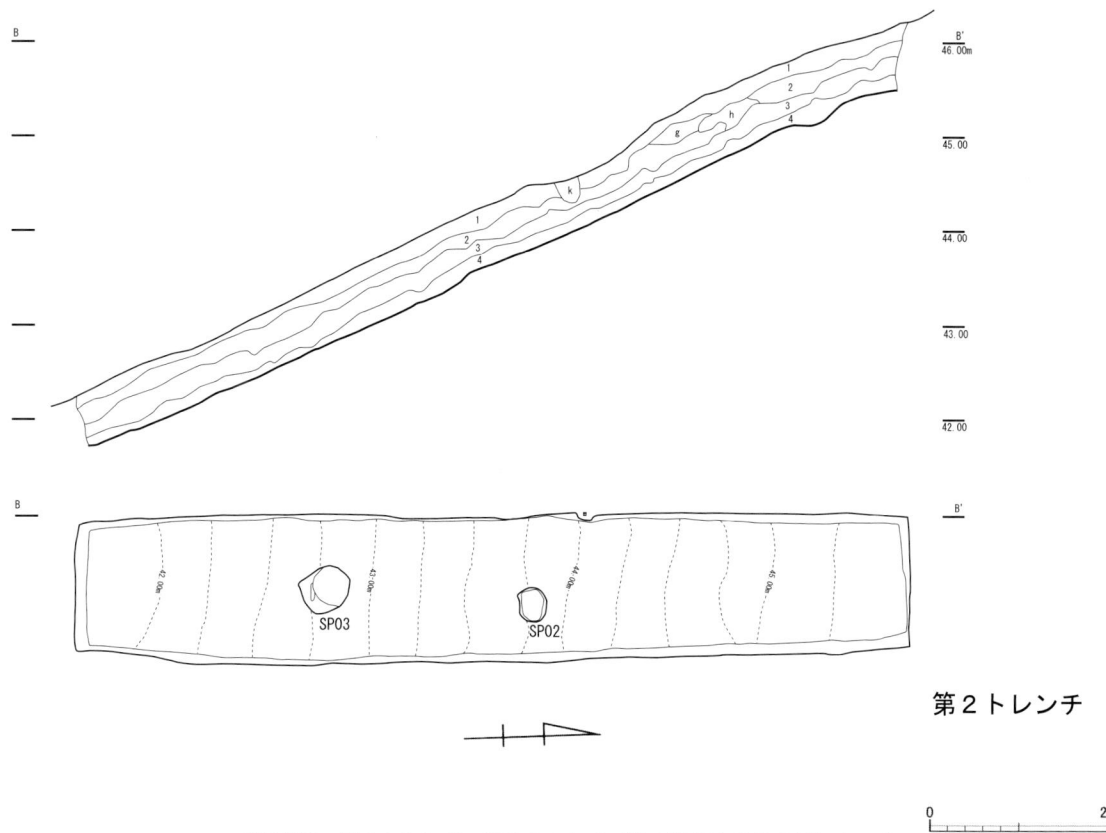

第1節　第1次〜第5次調査の概要　25

第10図　第1トレンチ・第2トレンチ（第1次調査時作成図）（1/80）

26　第3章　調査の成果

第1次調査第2トレンチ土層注記（第10図）

1層　表土　しまりなし、粘性なし。礫を含まない。
2層　明茶褐色土　しまりややあり、粘性ややあり。しまりは均一ではない。Φ1cm程の礫をわずかに含む。
3層　暗茶褐色土　しまりあり、粘性あり。Φ1～3cm程の礫をわずかに含む。
4層　黄褐色土　しまりあり、粘性あり。Φ1～4cm程の礫を若干含む。
g層　明褐色土　しまりややあり、粘性ややあり。Φ2～4cm程の礫を少量含む。
h層　明黄褐色土　しまりなし、粘性なし。Φ2～4cm程の礫を多く含む。

2）第2次調査（図版8～19）

　2007年夏におこなった第2次調査は、前年度、竪穴住居等ではないかと推定した第1トレンチ北側の遺構について、その内容を明らかにすることを目的として行った。調査の当初の目的であった弥生時代中期初頭（丸子式期）の居住域が検出されるのではないかとの期待があった。遺構が検出された第1トレンチ北側の両側に新たにA区・B区の二つの調査区を設定し、それを拡張していく形で発掘調査を進めた（第11～13図）。

　A区は、まず、第1トレンチ西側に幅30cmの畦を残し、5m×2mの調査区を設定した。B区は、

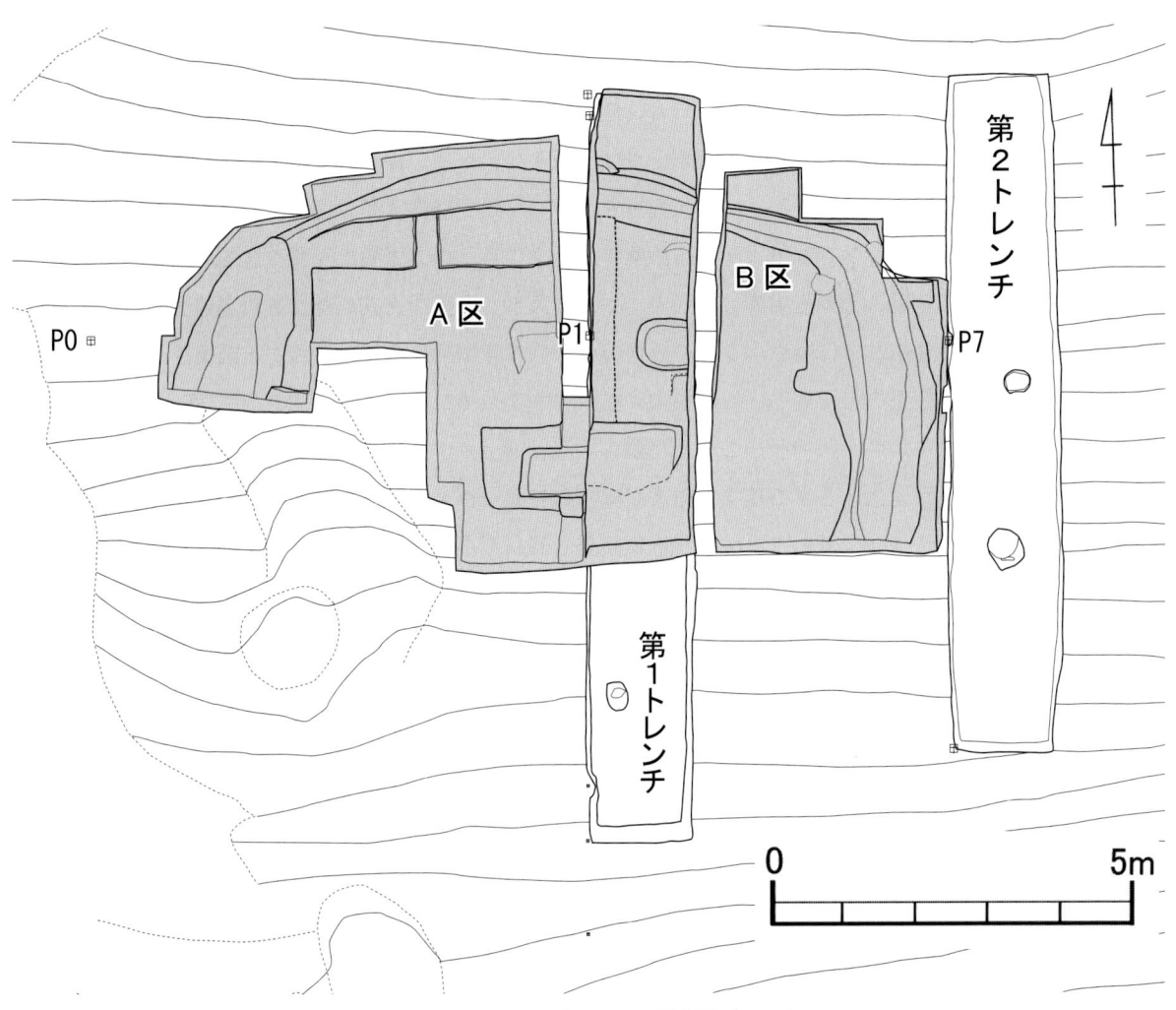

第11図　第2次調査トレンチ設定図（1/125）

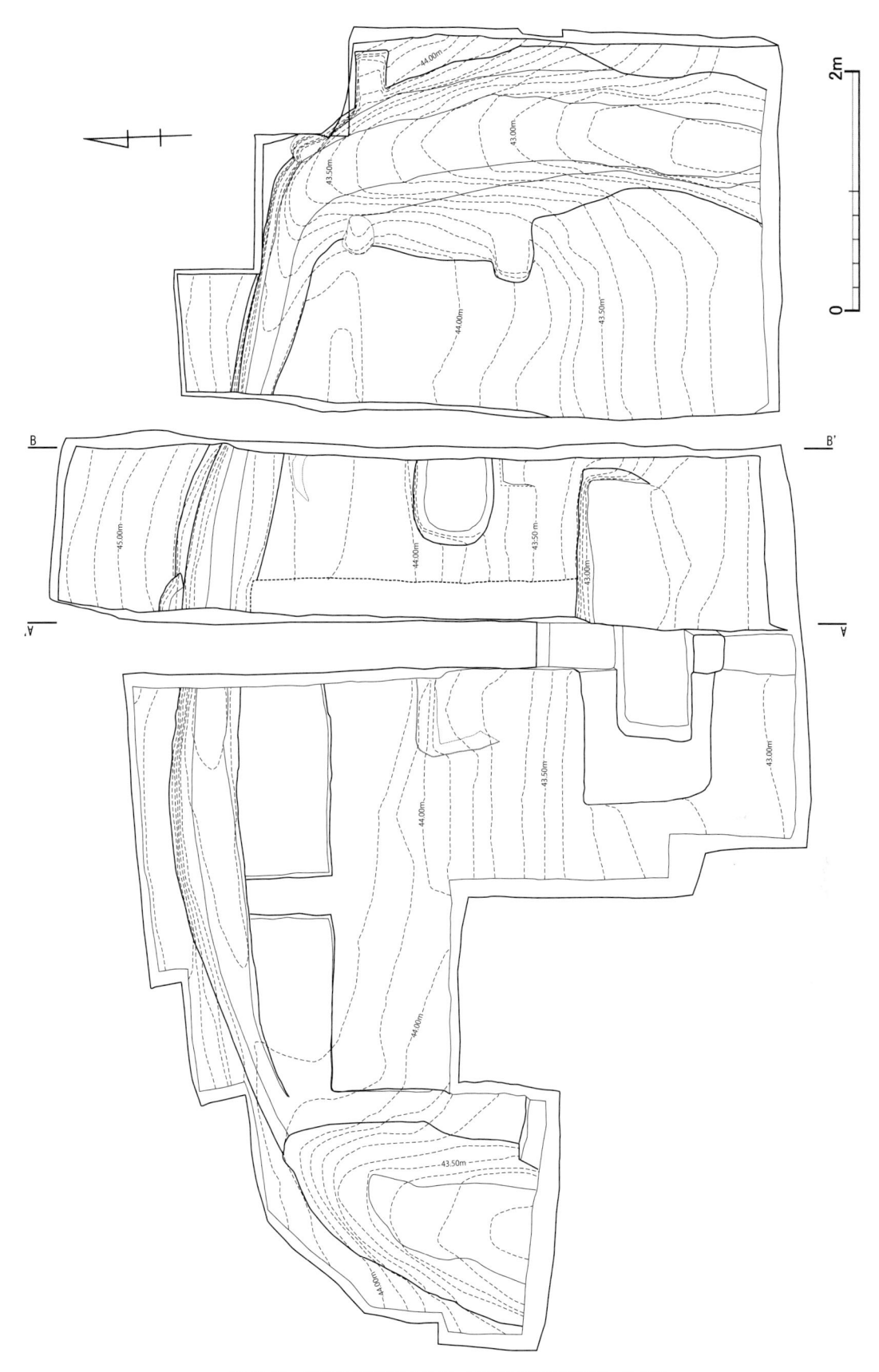

第1節　第1次～第5次調査の概要　27

第12図　第2次調査区全体図（方形周溝墓平面図）（1/50）

28　第3章　調査の成果

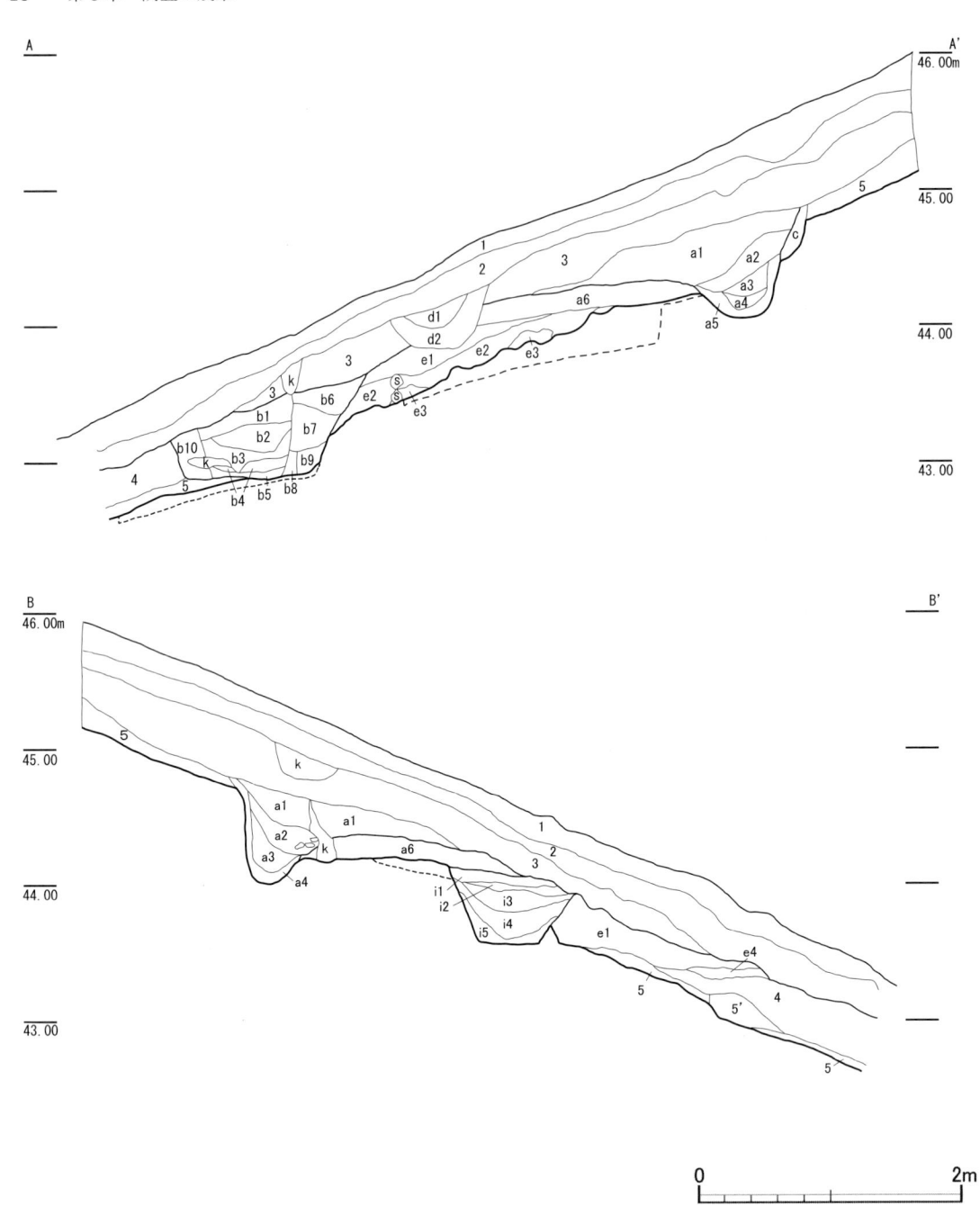

第13図　第2次調査第1トレンチセクション図（1/50）

　同様に幅30cmの畦を残し、第2トレンチとの間に、4m×1.2mの調査区を設定した。北側の楕円形の竪穴住居の壁と推定していた遺構（SX03）については、掘り込みのプランを検出するため、A区、B区ともに東西に拡張しながら発掘を行ったが、それぞれ3mほどは東西方向にわずかに弧を描いており、その先は東側、西側とも南（斜面の下側）に向かってカーブしていくことが判明した（図版8,9）。
　さらに下方（南側）に存在した方形の竪穴状の遺構（SX02）については、新たにA区側でプランの確認を進めたところ、東西に長い、長方形の形状で、木棺状の痕跡も認められることがわかった。これが、埋葬施設である可能性が高まったことから、北側のSX03から連なる遺構も、これに関連する周溝等であり、古墳もしくは方形周溝墓などの墳墓である可能性が考えられるようになった。したがって、北側は周溝の

検出、SX02は埋葬施設の検出につとめるかたちで調査を進めた。

　周溝の形状は次第に明らかになり、ついに、西溝の底からほぼ完全な形の壺形土器が出土した。その特徴から時期は弥生時代中期後半であると考えられ、これらの遺構は、方形周溝墓であるということが確定的になった。SX02についても西側ではほぼ明瞭なかたちで木棺痕跡を検出するにいたった。第1トレンチ北側の土層断面についても再検討をおこなったが、住居跡の床ではないかと考えていた水平面は、周溝墓築造に際して斜面が水平に削り取られたものと考えられ、その上部に盛土がなされていることもわかってきた。また、前年度検出された土坑（SX01）についても、この盛土下に掘り込まれており、埋葬施設である可能性が考えられるようになった。

　以上のような調査の結果、これらの遺構は、斜面をある程度水平に削り込み、盛土をして墳丘を構築した弥生時代中期後半の方形周溝墓であり、丘陵部の立地や周溝の形態、構築法など、該期においては特異な要素を併せ持つものであることがわかってきた（第12図）。方形周溝墓の調査内容については、第2節で詳述する。

　一方、方形周溝墓の覆土等からは、一定量の丸子式土器が出土した。この地点にも一定量の遺物の分布があることが判明したが、居住域に関連する明確な遺構は確認できなかった。これに関連して、方形周溝墓の盛土下付近では、黒色土と地山の間がかなり不整合に接している状況が看取された。何らかの人的活動の結果とも考えられるため、この付近の土層サンプルを採取し、分析を依頼することとした。

　発掘調査は、方形周溝墓のおおむね北側半分を検出し、主体部については木棺痕跡の調査を終えた時点で終了し、必要な記録をとった上で埋め戻して現状復帰を行なった。残された、方形周溝墓南側の追求や埋葬施設の構造、盛土下層の調査などは、次回の調査の課題とした。
　　　（篠原）

3）第3次調査（図版20～27）

　第3次調査は、第2次調査で確認された方形周溝墓の中心主体部（第1主体部）とその北東側の土坑（第2主体部）の完掘および南側周溝の有無の確認、方形周溝墓下層の人為的な痕跡の確認を主な目的とした（第14～17図）。

　方形周溝墓の調査　まず、第1トレンチ部分に1.5m×8.5m、第1トレンチ西側に2m×4.5m、東側に1.2m×2.5mの調査区を設定し、第1次・第2次調査において検出された方形周溝墓の2基の主体部および墳丘盛土部分の検出を行った。第1主体部については、第2次調査の時点で西側の木棺痕跡部分の調査を終えており、第3次調査では、墓坑内の木棺外側部分の調査を行うため、セクションベルトを東西に1本、南北に2本設定し、残りの部分の掘り下げを行った。南北ベルト東壁のセクション図作成後、ベルトを取り除いて墓坑全体を検出し、平面図とコンターの作成を行った。また、第1トレンチ北部の土坑（SX01）については、方形周溝墓の二つめの埋葬施設であることが推定されたため、この遺構を第2主体部とし、第2次調査までに未検出であった東側半分に東西ベルトを設定して掘り下げを行った。東西ベルトセクション図作成後、遺構を完掘し、平面図とコンターの作成を行った。出土器物は無かった。

　南側周溝については、第1トレンチ南側の東西の壁面について精査した後、南端を南へ約1.2m拡張した。西壁沿いには幅30cmのサブトレンチを設定し、西側半分を地山付近まで掘り下げたが、周溝の南側部分に関連する可能性のある遺構を確認することはできなかった。最後に第1トレンチ東西壁面のセクション図を作成し、平面図およびコンターの記録を行った。

30　第 3 章　調査の成果

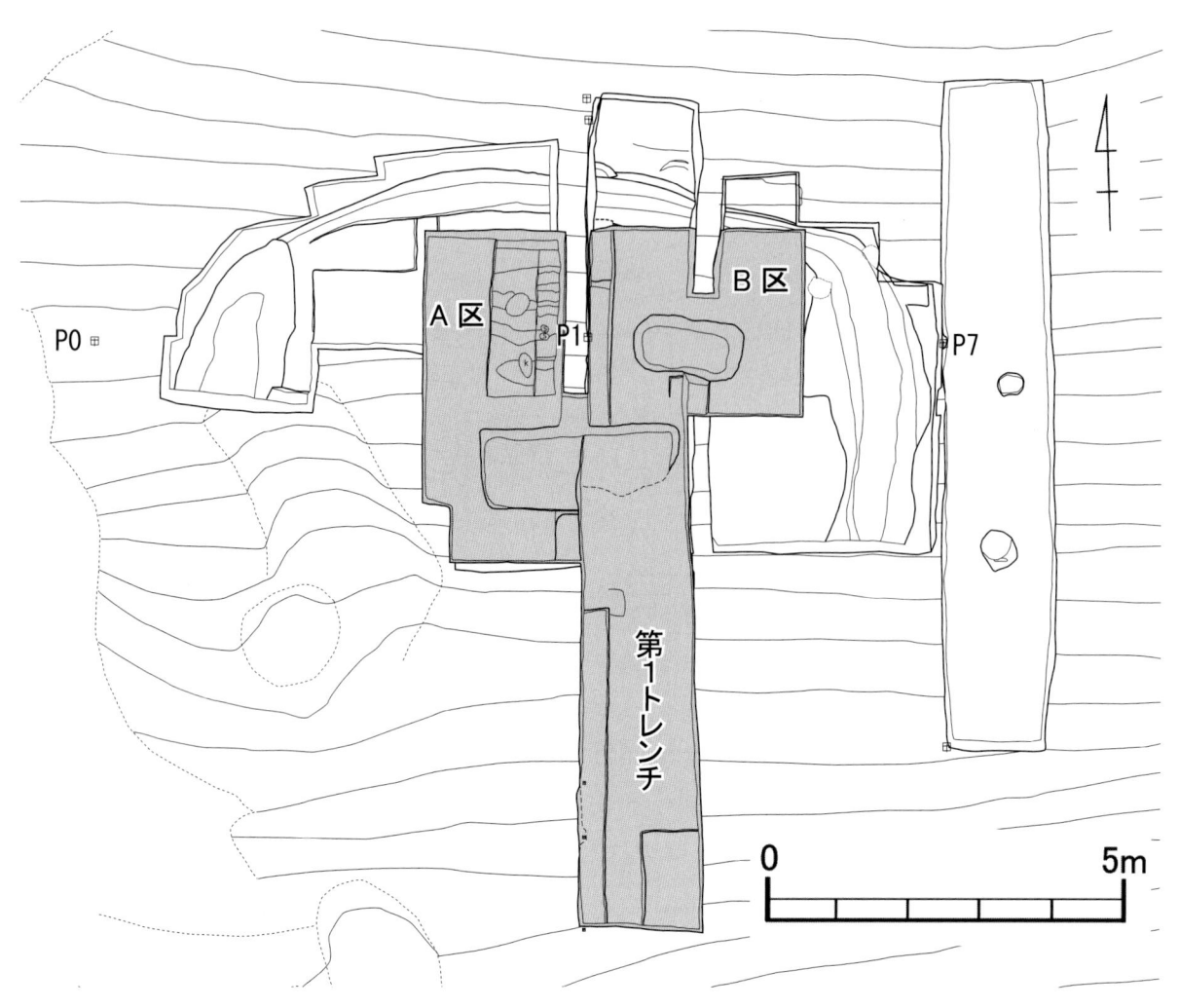

第 14 図　第 3 次調査トレンチ設定図（1/100）

畠状遺構の調査　方形周溝墓下層については、地山との間に凹凸が確認された第 1 トレンチ北側の西壁ベルトの西側に 1 m × 2 m の区域を設定して墳丘盛土下層の黒色土の検出をおこなった結果、その下の地山面に浅い溝状の窪みが斜面に沿って東西方向に並列する状況を確認した（第 28 図）。これらの溝は、畑遺構の下層に検出される耕作溝に類似しており、検出された溝や上部の黒色土は、畑を構成したものである可能性が考えられるようになったため、これらの構造を畠状遺構と呼ぶことにした。溝状遺構の広がりから、畠状遺構は、方形周溝墓の下層にさらに広範囲に広がっている可能性が推定された。最後に調査区全景の写真撮影を行い、全体を埋め戻して調査を終了した。なお、第 3 次調査では遺物の出土はなかった。

　以上のように、第 3 次調査では方形周溝墓の二箇所の主体部の全貌が明らかになったが、南側周溝の存在は確認できなかった。また、墳丘下層に検出された畠状遺構の範囲や南側の e4 層の性格についての解明は次回以降の調査に持ち越されることとなった。

　なお、方形周溝墓の調査の詳細は第 2 節、畠状遺構の調査の詳細は第 3 節で述べる。　　　　　　（五味）

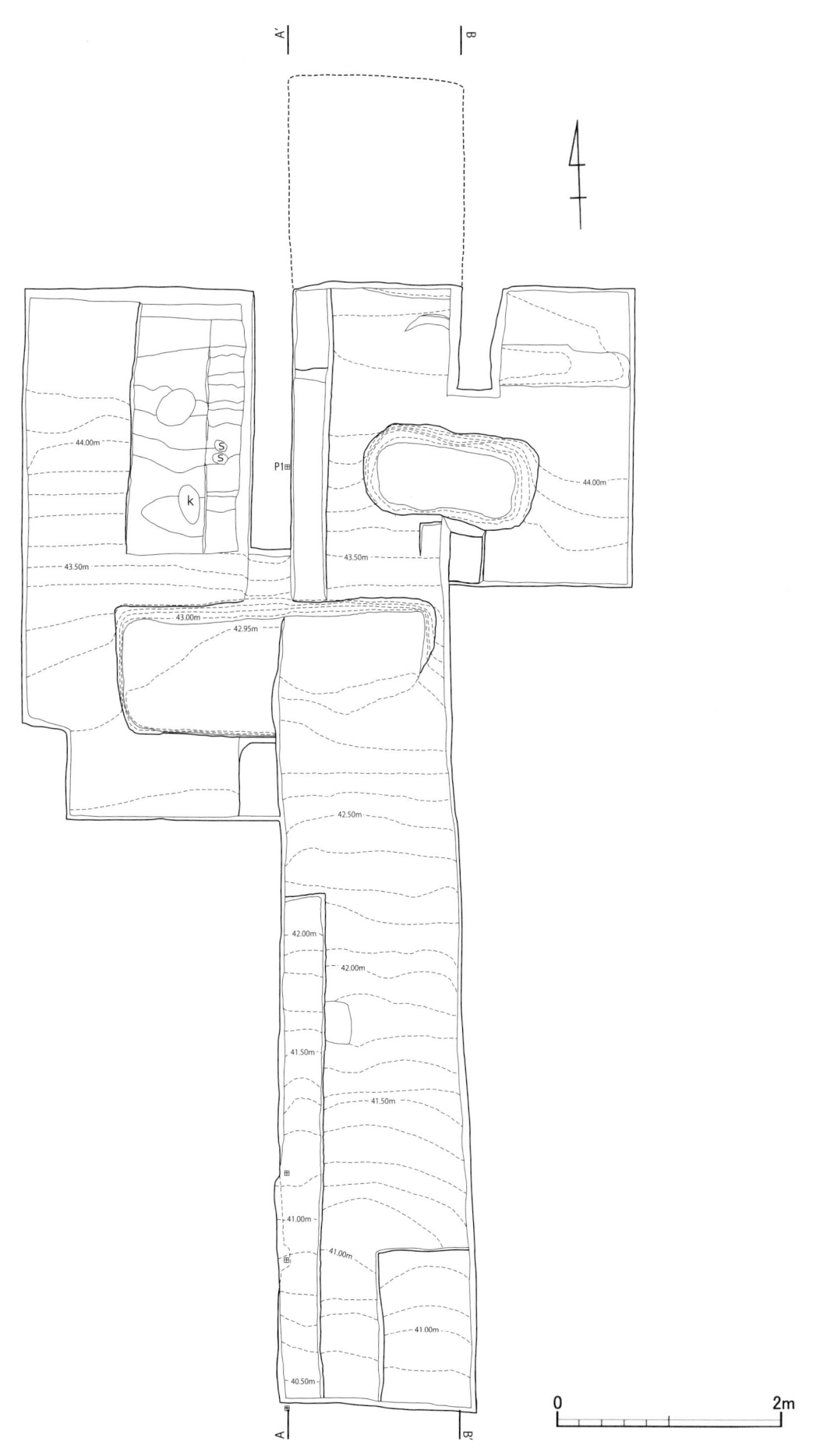

第1節　第1次～第5次調査の概要　31

第15図　第3次調査区全体図（方形周溝墓平面図）（1/50）

32　第3章　調査の成果

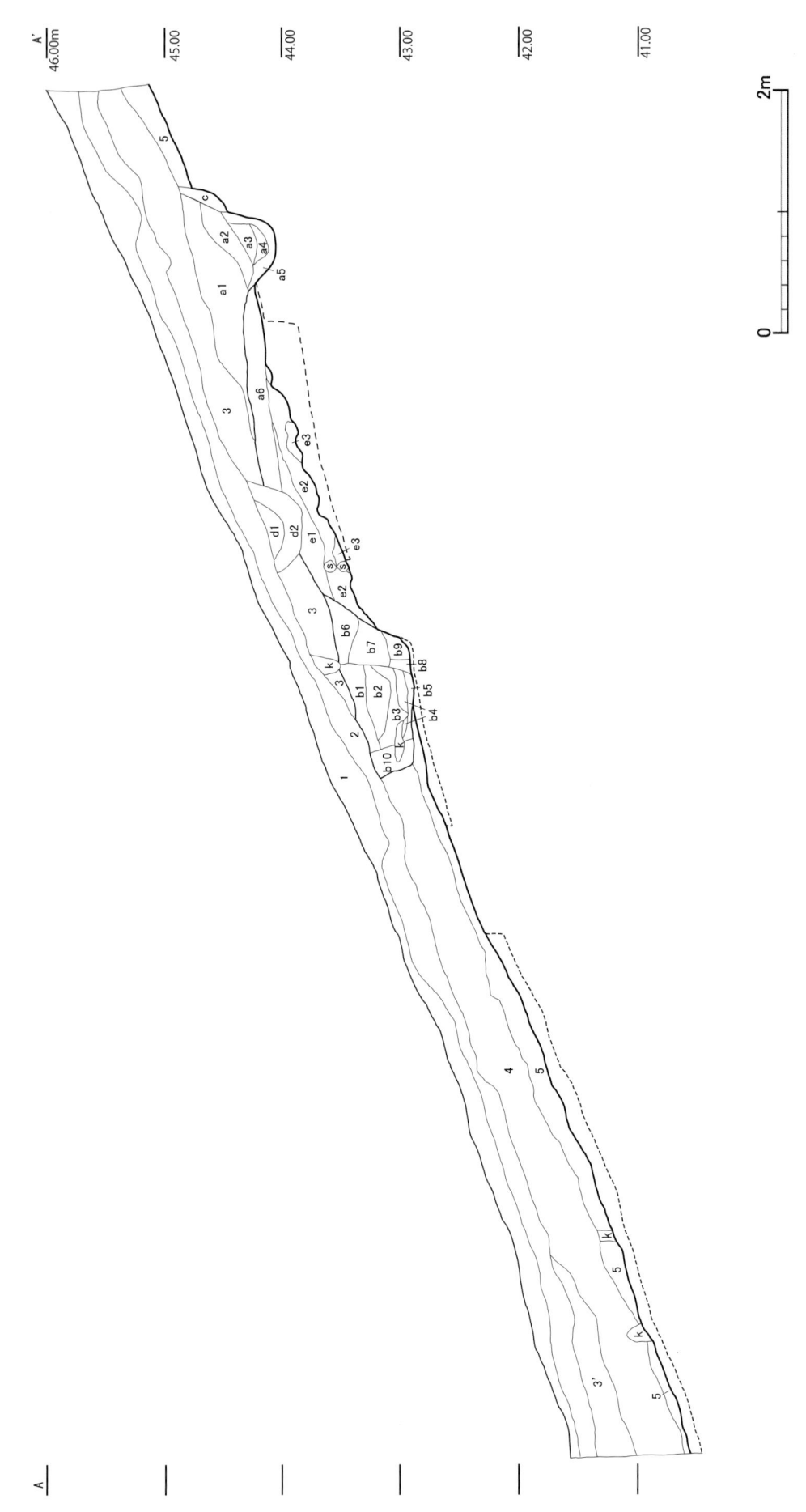

第16図　第3次調査第1トレンチ西壁セクション図（1/50）

第17図　第3次調査第1トレンチ東壁セクション図（1/50）

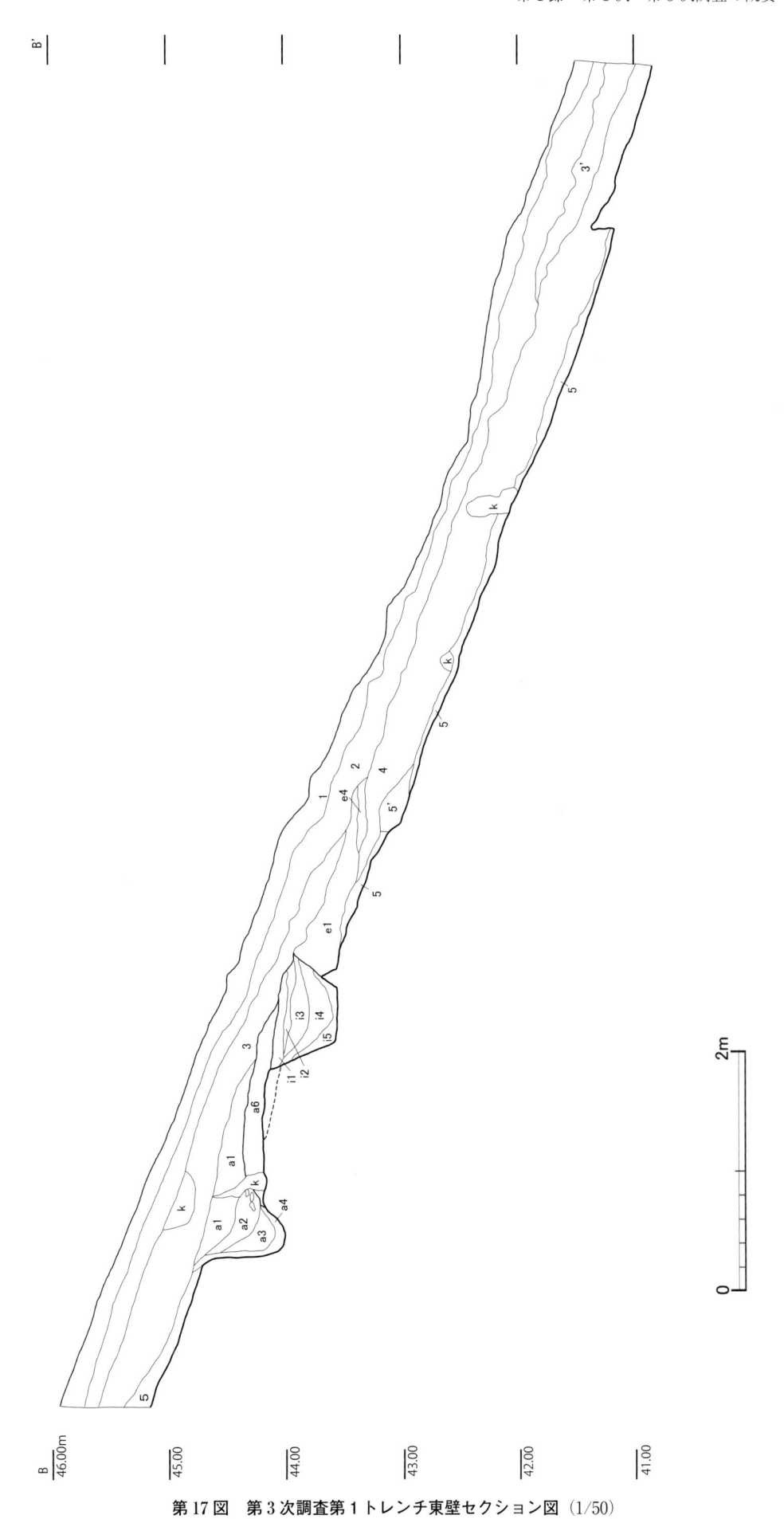

4）第4次調査 （図版28〜39）

　第4次調査は、第3次調査で確認された方形周溝墓下層の畠状遺構の全容を明らかにすることおよび方形周溝墓の東西周溝の全体を明らかにすることを主な目的とした（第18図）。

　方形周溝墓の調査　まず、第2次調査区全体にあたる部分の埋め戻し土全体を除去し、調査済みの周溝および主体部部分を検出した。方形周溝墓西溝については未調査である南側に2.3mほど調査区を拡張し周溝の延長の検出につとめた。東溝は、第2次調査区南端部分でセクション図を作成し、さらに南側へ拡張して周溝の延長を追求した。西溝は底面がほぼ水平をなして南へ延びる部分を約1.6mにわたって新たに検出したが、さらに南側は斜面によって失われていた。東溝は拡張部分にかけて次第に浅くなり、ほどなく斜面によって失われている状況が明らかになった。第3次調査の結果からも、これによって周溝の検出可能な部分の調査は終えたものと考えられ、南側に予想された南溝はすでに斜面によって失われたものと考えられる。さらに西溝と第1主体部の間の未調査部分についても表土剥ぎをおこない、さらに方形周溝墓築造当時の状況を残すと考えられる3層の下面まで検出し、コンターラインの作図をおこなった。これにより調査可能な方形周溝墓の全体の状況がほぼ明らかになった（第21図）。

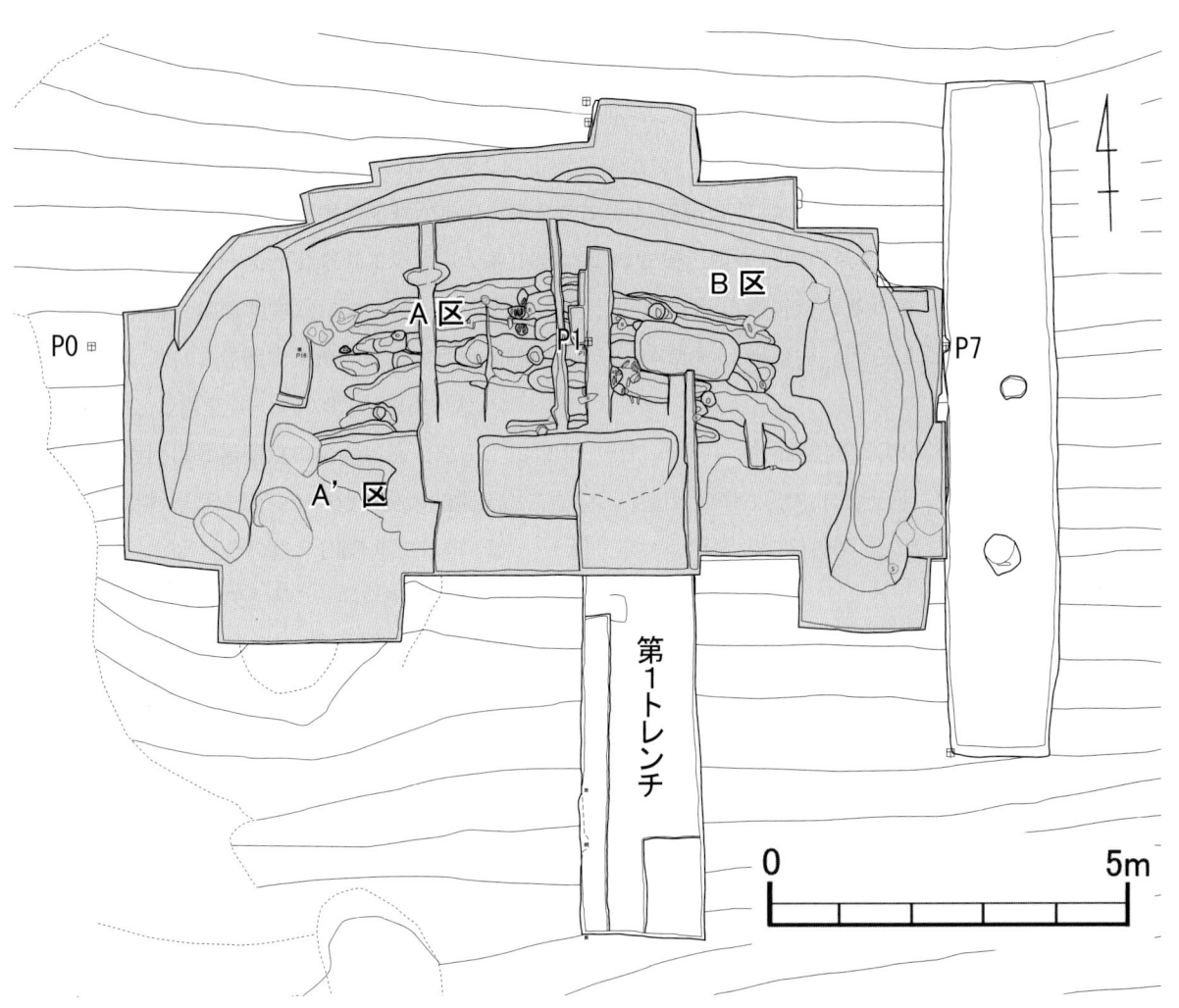

　畠状遺構の調査　畠状遺構については、まず、第3次調査A区西壁沿いにサブトレンチを設定したほ

第18図　第4次調査トレンチ設定図（1/100）

か、旧トレンチの断面や遺構の壁面に現われる断面の状況を精査した。その結果、黒色土下に残される凹凸は東西方向には方形周溝墓の台状部分の内部に広がっており、北側で方形周溝墓盛土に削平され、南側は第1主体部付近のe4層までがこれに関連することが分かってきた。また、方形周溝墓造営に関連する造作である可能性なども含めて、覆土についても検討したが、おおむね上下の2層に分けられ、地山土が巻き上げられたような土層も各所に存在することが分かった。この段階で川崎志乃氏の助言を得たほか、後述するようにこの覆土が畠の土壌構造に近似するという松田順一郎氏による土壌学的な所見を得ることができた。また、古環境研究所の松田隆二氏には植物遺体分析用の土壌サンプルを採取していただいた。一方、畠遺構と仮定した場合の覆土上面に予想される畝などの構造は検出できなかったが、下面に残された浅い溝状の凹凸は上層の掘削・攪拌によって残された耕作溝である可能性が高くなった。

　断面での確認を終えたのち、まず北側の方形周溝墓盛土（a6層）を除去し、さらに覆土を回収しながら全面を掘り下げた。さらに下面の溝状の凹凸の輪郭が現れた時点でプラン確認をおこない、写真撮影をおこなった。畠状遺構の範囲は方形周溝墓方台部の内部の南寄りの部分に限られ、方台部の周縁に近い部分は、東側は主に斜面による流失によって、西側はさらに掘削痕が地山の黄褐色土まで及んでいないこともあり検出できなかった。また、南側中央部は、第1主体部およびその検出の際の削平によって失われてしまっていた。南端には北側の凹凸から続く平坦面の上に地山土を主体とするe4層の堆積が見られたが、これについても残存する範囲を確認し、作図と撮影をおこなって除去した。最終的に覆土の黒色土を除去して下面の凹凸の全面を検出したが、凹凸は予想したように東西に連接する浅い溝状をなし、それが5ないし6列接するように雛壇状をなす状況が現れた（第30図，図版37）。また、掘削の痕跡と考えられるくぼみが数か所部分的に認められ、これについても精査した。一方、方形周溝墓西溝の外側にも畠状遺構が広がる可能性を考え、0.5mほど調査区を拡張して精査したが、確認できなかった。これらの作業を終え、全体の撮影をおこない、平面図を作成したのち10cm間隔のコンターラインを記録した。

　最終的には調査区全体を埋め戻して原状を回復し調査を終了した。　　　　　　　　　　　　（篠原）

5）第5次調査 （図版40）

調査の概要　2010年度の調査（第5次調査）は第1次調査の際に第2トレンチ北端で検出した黒色覆土（SX05）について、その内容を明らかにすることを目的として発掘調査を行った（第19図）。また、あわせて方形周溝墓第1主体部南側付近の自然堆積層の土層サンプルの採取をおこなった。

　まず、埋め戻されていた第2トレンチの北側幅1.5m×長さ1.6mの範囲を掘り起こし精査すると共に、北端に0.4mの畦を残し北側に幅1.5m×長さ0.7mの範囲でトレンチの拡張を行った。また黒色覆土の広がりを確認するために、第2トレンチの東側に並行するように幅0.7m×長さ2.8mの第3トレンチを設定し発掘調査を行った。

　その結果第2トレンチの北端で検出されていたSX05は、植物の根による攪乱層であることが分かった。これ以外に目立った遺構は検出されなかったため、写真と実測図での記録を行い調査終了とした。

第2トレンチの調査（第20図）　トレンチ内の土層は上から表土（1層）、明黄褐色土層（2層）、灰褐色土層（3層）、地山（4層）の順で堆積しており、第1トレンチ付近とは異なる。2層、3層は攪乱層で近世以降の陶磁器小片が出土した。第1次調査において検出したSX05は、第1次調査の第2トレンチ北壁において確認できていたため、そこから北側に約0.4mの畦を残し幅1.5m×長さ0.7mの範囲でトレンチ

36   第3章　調査の成果

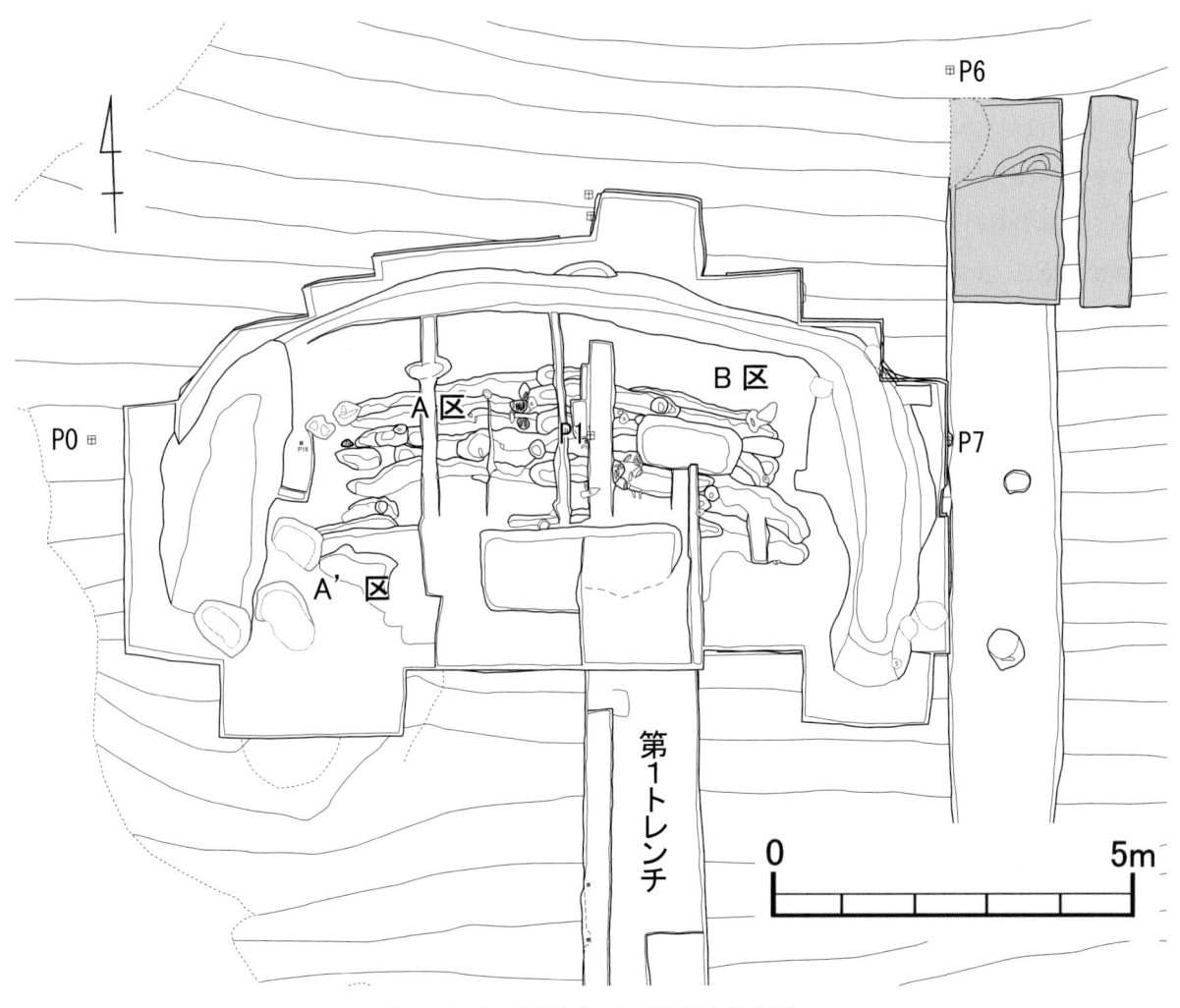

第19図　第5次調査トレンチ設定図（1/100）

の拡張を行った。

　第2トレンチ拡張部内で地山まで掘り下げたが、SX05の広がりは確認できなかった。そのため畔を取り外し地山面まで掘り下げると、地山と黒色覆土の境界が明らかとなりSX05のプランが確認できた。SX05は第1次調査の第2トレンチにより南側半分が削られているため、平面的には北側に東西約0.8m、南北約0.4mの範囲で北側に弧をもつ半月のような形状で検出された。第20図A-A′セクションでは、中央やや北よりで45.80m付近に、逆台形状で上面は斜面に並行して黒色覆土が堆積しているのが確認できた。同B-B′セクションにおいても黒色覆土と地山面との境界が明白であったため、何らかの遺構であると推定し掘削を行ったが、不規則な凹凸や根が侵入したような小穴が認められ、完掘状況も不明瞭でいびつな形状をしていたため植物の根による攪乱層であることが分かった。

　第3トレンチの調査　第2トレンチ北側において確認されていたSX05の広がりを確認するために、東側に約0.3mの畔を残し第2トレンチに並行するように幅0.7m×長さ2.8mの第3トレンチを設定した。トレンチ内は表土を0.2mほど掘り下げるとすぐに地山面が全面的に検出され、SX05の広がりは確認することができず、その他遺構、遺物も検出されなかった。

（真鍋一生）

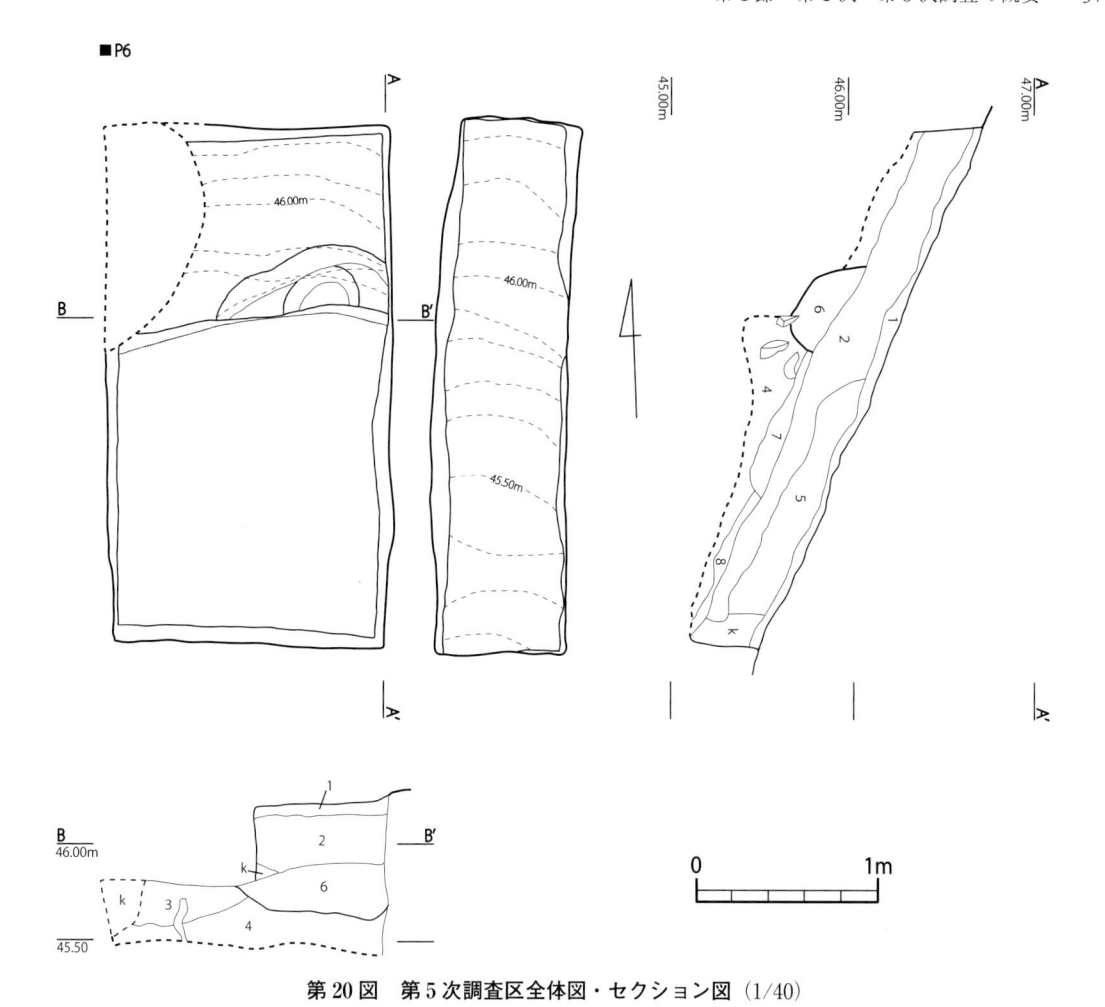

第20図　第5次調査区全体図・セクション図（1/40）

第5次調査トレンチ土層注記（第20図）

1層　しまりなし、粘性なし。礫を含まない。

2層　灰褐色土　しまりなし、粘性なし。Φ5mm～5cm程度の礫を含む。→第2トレンチ北側の第2層と対応。

3層　暗茶褐色土　しまりあり、粘性あり。Φ1～3cm程の礫をわずかに含む。→第2トレンチ第3層に対応。

4層　黄褐色土　しまりあり、粘性あり。Φ1＝4cm程の礫を若干含む。

5層　明黄褐色土　しまりなし、粘性なし。Φ5mm～10cm程の礫を多量に含む。

6層　黒褐色土　しまりややあり、粘性なし。地山のブロックをわずかに含む。

7層　暗茶褐色土　しまりなし、粘性なし。Φ3mm程の礫を含む。

8層　暗褐色土　しまりあり、粘性あり。Φ5mm～4cm程の礫を含む

40　第3章　調査の成果

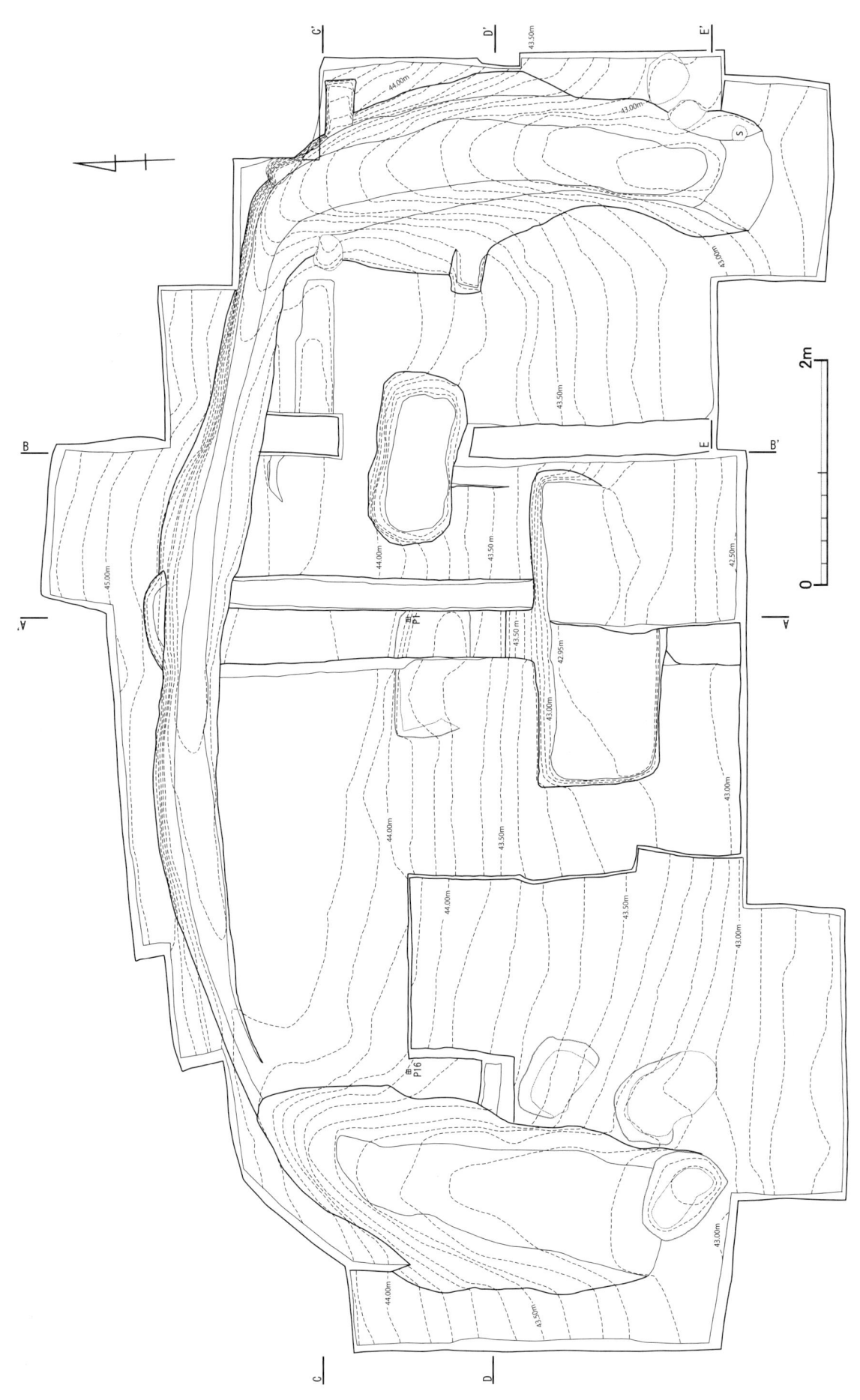

第21図　方形周溝墓全体図 (1/50)

第 2 節　方形周溝墓の調査　41

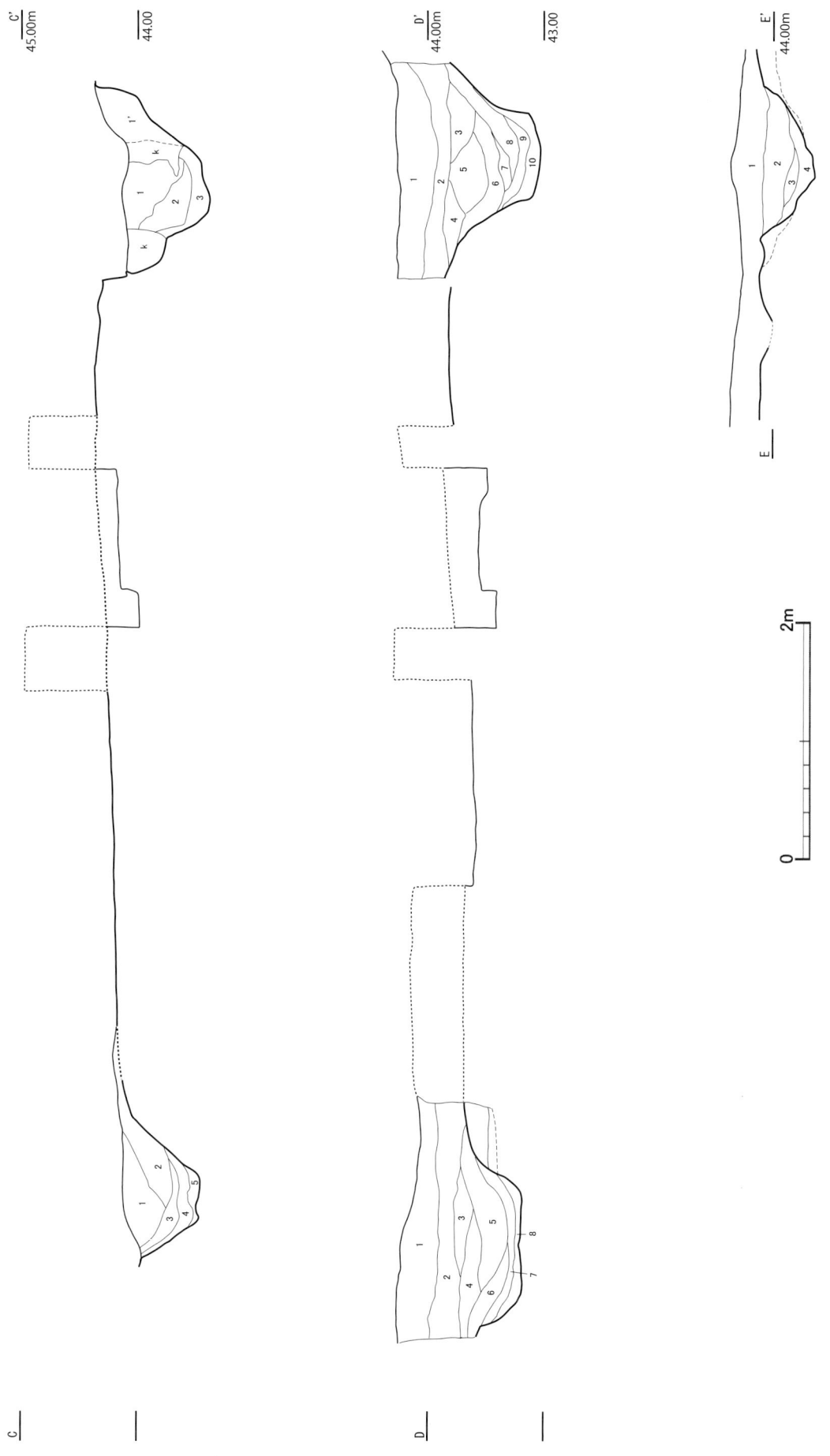

第 22 図　方形周溝墓東西方向セクション図（1/50）

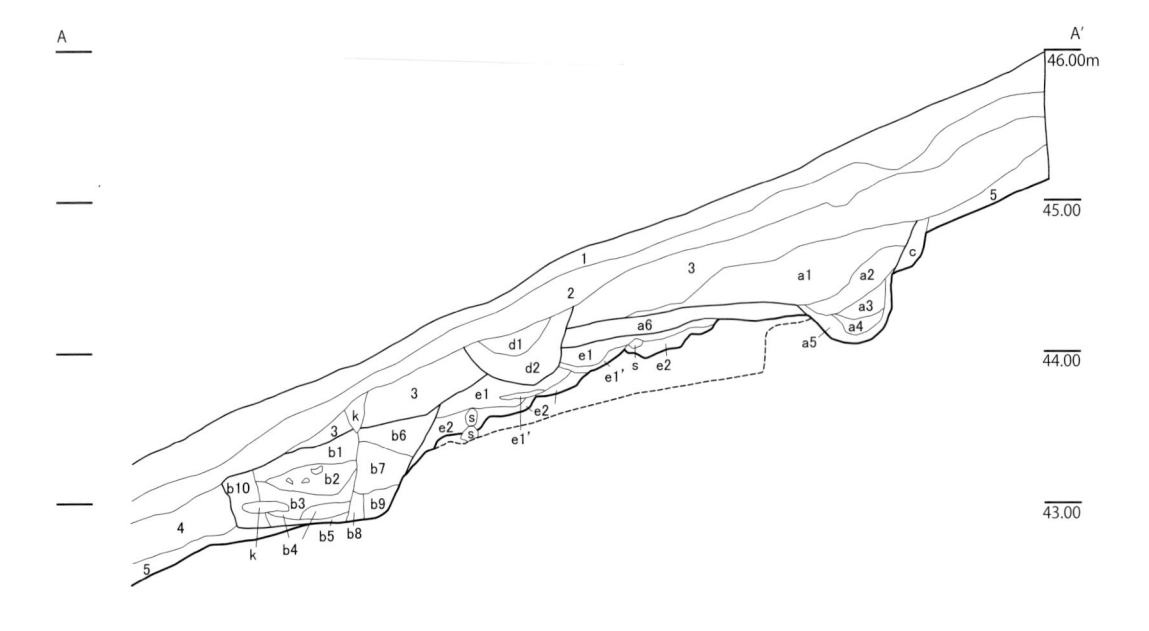

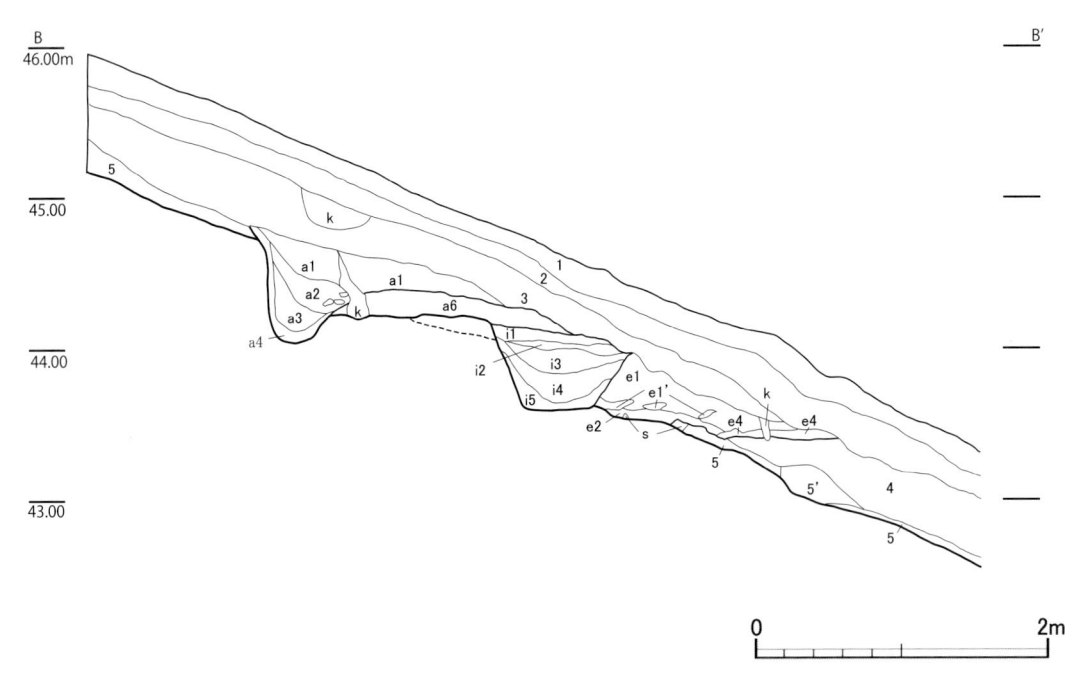

42　第3章　調査の成果

第23図　方形周溝墓南北セクション図（1/50）

った。C-C′セクションにおいては両側面の攪乱の影響により覆土堆積の様子が異なってはいるが、D-D′セクション、E-E′セクションが示すように、覆土はレンズ状の堆積を見せることから、周溝上部より流れ込んだ土により自然に埋まったものだと考えられる。また周溝底部付近の層では5cm程度の砂岩礫を多く含んでおり、墳丘側もしくは周溝東側等より流れ込み堆積したものと思われる。

　周溝全体が内側に緩やかな弧状を呈することから、南側周溝へのつながりが考えられたが、南側周溝は確認されていない。また、周溝底部が南端で若干の立ち上がりを見せるため、周溝が切れてしまう可能性も考えられたが、上述したように斜面の傾斜による周溝南端の流失のため確認することができなかった。

　西溝　西側周溝は北西隅の陸橋部分から南へ向かって延び、検出できた全長は南北4mにわたった（図

方形周溝墓土層注記（第22図・第23図）

A－A'およびB－B'セクション土層注記（第23図）

1層　黒褐色土　しまり強、粘性強。Φ1cm程の礫を少量含む。きめ細かい黒色土中にΦ1mm以下の粒を含む。

2層　茶褐色土　しまりあり、粘性あり。Φ1cm～5cm程の礫を多く含む。きめ細かい黒色土中にΦ1mm以下の粒を含む。

3層　暗黒褐色土　しまりあり、粘性強。Φ1cm程の礫をわずかに含む。きめ細かい黒色土中にΦ1mm以下の粒を含む。

3'層　暗灰褐色土　しまりやや欠ける、粘性強。やや黒みを帯びた褐色土。

4層　黒褐色土　しまりあり、粘性あり。Φ5mm程の礫を少量含む。黒褐色土中に地山黄褐色土をやや多く含む。

5層　明褐色土　しまりあり、粘性なし。Φ1cm程の礫をわずかに含む。地山黄褐色土に黒褐色土をやや多く含む。

5'層　薄黒褐色土　Φ1cm程の礫を多く含む。

a1層　茶褐色土　しまり強、粘性強。Φ1cm～5cmの礫、茶褐色土ブロックを含む。

a2層　暗灰褐色土　しまりやや欠ける、粘性あり。黒色土にΦ1mm～2mmの粒を多く含む。Φ1cm～5cmの礫を多く含み、部分的に大型の礫を含む。

a3層　黒色土　しまりあり、粘性あり。a1層と同じ土にΦ5mm～3cm程度の礫を少量含む。

a4層　黒灰褐色土　しまりあり、粘性あり。a1層に地山土を斑状に少量含む。Φ2cm～5cmの礫を少量含む。

a5層　灰褐色土　しまりやや欠ける、粘性やや欠ける。黒色土と地山土の混土。Φ2cm～5cmの礫を少量含む。

a6層　暗褐色土　しまりやや欠ける、粘性やや強い。黒色土と地山土の混土。部分的に斑状を成す。Φ2cm～5cmの礫をやや多く含む（方形周溝墓盛土）。

層　黒褐色土　しまりあり、粘性あり。褐色土小ブロックを少量含む。

C－C'セクション東溝土層注記（第24図）

1層　暗茶褐色土　しまりなし、粘性あり。Φ2cm～4cm程の礫を少量含む。

1'層　明茶褐色土　しまりあり、粘性あり。Φ2cm～4cm程の礫をやや多く含む。

2層　暗褐色土　しまりあり、粘性あり。Φ4cm～12cmの礫を多量に含む。

3層　明褐色土　しまりあり、粘性あり。Φ3cm程の礫を少量含む。基盤層黄褐色土に黒褐色土を斑状に含む。

C－C'セクション西溝土層注記（第24図）

1層　黒褐色土　しまり強、粘性強。Φ1cm程の礫を少量含む。きめ細かい黒色土中にΦ1mm以下の粒を含む。

2層　茶褐色土　しまりあり、粘性あり。Φ1cm～5cm程の礫を多く含む。きめ細かい黒色土中にΦ1mm以下の粒を含む。

3層　暗黒褐色土　しまりあり、粘性強。Φ1cm程の礫をわずかに含む。きめ細かい黒色土中にΦ1mm以下の粒を含む。

4層　茶褐色土　しまりあり、粘性あり。Φ5mm程の礫を少量含む。黒褐色土中に地山黄褐色土を斑状に多く含む。

5層　明褐色土　しまりあり、粘性なし。Φ1cm程の礫をわずかに含む。地山黄褐色土に黒褐色土を斑状に多く含む。

D－D'セクション東溝土層注記（第24図）

1層　薄茶土　しまりなし、粘性なし。小礫を少量含む。

2層　薄茶褐色土　しまりなし、粘性なし。Φ1cm～3cm程の礫を少量含む。

3層　暗茶褐色土　しまりあり、粘性あり。Φ1cm程の礫を多く含む。

4層　暗茶褐色土　しまりあり、粘性あり。Φ1cm程の砂礫を多く含む。

5層　黒色土　しまりあり、粘性強。Φ3cm～5cm程の礫を大量に含む。

6層　暗茶褐色土　しまりあり、粘性あり。Φ1cm程の礫をやや多く含む。

7層　明茶褐色土　しまり強、粘性強。Φ2cm～5cm程の礫を大量に含む。

8層　茶渇色土　しまりあり、粘性あり。Φ1cm～3cm程の礫をやや多く含む。

9層　褐色土　しまりあり、粘性あり。Φ2cm～3cm程の礫をやや多く含む。

10層　明褐色土　しまりあり、粘性あり。基盤層褐色土に黒褐色土を斑状に含む。Φ1cm～2cm程の礫を少量含む。

D－D'セクション西溝土層注記（第24図）

1層　表土　しまりなし、粘性なし。Φ2cm程の礫を少量含む。

2層　薄茶褐色土　しまりあり、粘性あり。Φ1cm程の礫を少量含む。

3層　黒褐色土　しまりあり、粘性あり。Φ2cm程の礫を少量含む。

4層　黒褐色土　しまり強、粘性強。Φ1cm程の礫を少量含む。きめ細かい黒色土中にΦ1mm以下の粒を含む。

5層　暗茶褐色土　しまりあり、粘性あり。Φ1cm～5cm程の礫を多く含む。きめ細かい黒色土中にΦ1mm以下の粒を含む。

6層　暗黒褐色土　しまりあり、粘性強。Φ1cm程の礫をわずかに含む。きめ細かい黒色土中にΦ1mm以下の粒を含む。

7層　茶褐色土　しまりあり、粘性あり。Φ5mm程の礫を少量含む。黒褐色土中に地山黄褐色土を斑状に含む。

8層　明褐色土　しまりあり、粘性なし。Φ1cm程の礫をわずかに含む。地山黄褐色土に黒褐色土を斑状に多く含む。

E－E'セクション東溝土層注記（第24図）

1層　表土　しまりなし、粘性なし。Φ1mm～3mm程の粒を少量含む。

2層　黒色土　しまりあり、粘性弱。Φ1cm程の礫をやや多く含み、Φ3cm～4cmの礫を少量含む。

3層　暗茶褐色土　しまりあり、粘性あり。Φ1cm程の礫をわずかに含む。Φ2mm～3mm程の粒をやや多く含む。

4層　茶褐色土　しまりあり、粘性あり。Φ2cm～3cm程の礫をやや多く含む。茶褐色土中に基盤層褐色土を斑状に含む。

版29-2)。溝の北端は、墳丘北西隅の陸橋部分を頂点とし、頂点から南に向かって次第に幅を大きく広げる形態を呈している（図版14-1）。陸橋部分から南に向かっては著しい段差を成して落ち込んでいるが、底面は次第に広くなり、北端から2m付近より南側は、底面がほぼ水平をなしながら延びる。東側周溝同様、南端は斜面によって失われている。最大幅は約1.7m、深さは墳丘側上端より最大0.7m程である。また、周溝内側がほぼ直線を描いて南に延びているのに対し、外側は緩やかな弧を描いている。第22図C-C'セクション及びD-D'セクションの断面はU字型を呈し、D-D'セクションの断面からは、内側の傾斜が急勾配であるのに対し、外側がやや緩やかに立ち上がっている状況が確認できる（図版11-2,3）。周溝内覆土は東溝と同様に、墳丘側もしくは周溝西側より流れ込んだ土が堆積したものと思われる。また、周溝底面のコンター及びD-D'エレベーションを確認すると、東溝よりも幅が広く傾斜がやや緩やかで、10cm～30cm程度浅く掘り込まれている様子が確認できた。

　周溝北端より南に1.5m付近の中央部で、底面より15cmほど浮いた状態で頸部より上部を欠損した壺形土器が出土した（第24図、図版12）。この土器は周溝の底に堆積した暗褐色土中から比較的大きな石とともに発見されており、墳丘の盛土部分とともに墳丘上から流入した可能性がある。

（石川恭平・平林大樹・五味・木村真人・真鍋・篠原）

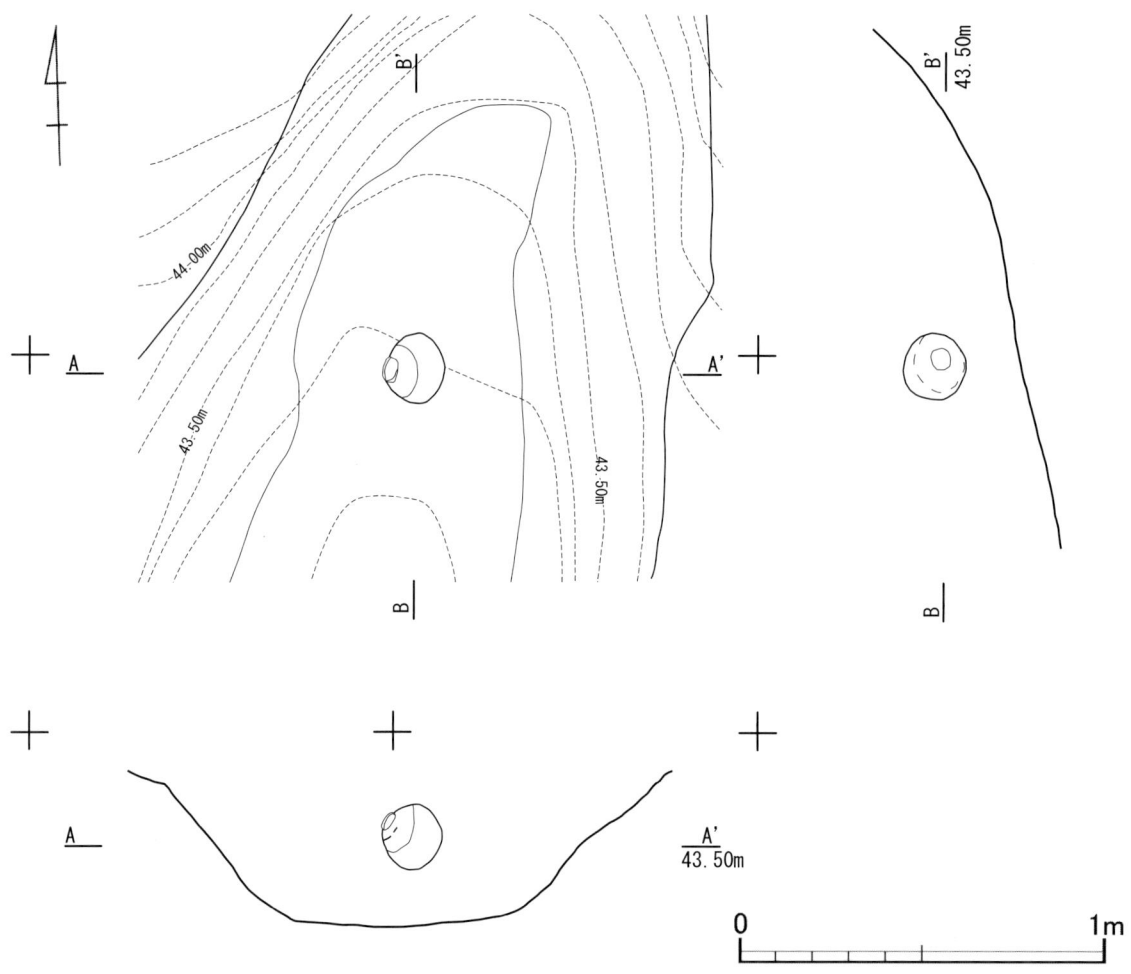

第24図　方形周溝墓西溝遺物出土状況図（1/20）

墳丘　上記の北溝、東溝および西溝によって削り出され、画された方形の台状部分が、方形周溝墓の墳丘と認識できる。南側は、さらに南に張り出して形成されたものが、墳丘の崩落、流出によって失われていると考えられる。検出できた墳丘の規模は、東西周溝内側の下端間で8.60m。南北は5mほどがその範囲にあった部分と考えられる。

　墳丘の北側部分では、第1トレンチの両壁セクション（第23図）に見るように、北溝内側をほぼ水平に削り出した上面に、a6層とした地山土を混じる暗褐色土層が厚さ最大20cm程度形成されている様子が確認された（図版11-1）。この上面は北溝内側の立ち上がりに連なっていることからも、このa6層は、方形周溝墓構築当時の墳丘盛土であると考えられた。盛土の残存状況は、平面的には北東側（B区）から北西側（A区）にかけて、周溝の内側の44.0mコンター付近を限界とする隅丸長方形状の広がりを見せており、東側では第2主体部のほぼ北側半分の上部を覆っていた。これより南側は、斜面の流失により失われている。こうした状況から、方形周溝墓築造にあたっては、最初に斜面をテラス状に掘削してある程度平坦面を作り出した後、おそらく周溝の掘削時に墳丘部分に平坦に20cm前後の盛り土がなされたと推定される。このテラス状の平坦面の山側の壁面は、巨視的には北溝北側の立ち上がり壁面になぞられると考えられる。現在失われている墳丘南側部分は、このテラス状平坦面の掘削土や周溝の掘削土などで盛土して墳丘を構築した可能性が高いが、そのような造作にあたる部分は斜面の流失によって完全に失われているとみられ、確認できなかった。

　本来の墳丘の南端については、削り出しや周溝の構築によって墳裾が形成されてそれが残されている可能性も考えられたので、第3次調査で第1トレンチ南側を中心とする精査をおこなった。第1トレンチの土層堆積状況では（第16,17図）、方形周溝墓築造にともなって、二つの主体部の構築と盛土の造成、周溝の掘削がおこなわれたと考えられ、北側では周溝および盛土の上部にそれらを埋没させた覆土（a1～a5層）が形成されているが、東西壁に共通して、これら方形周溝墓の造作を削り取るように3層の堆積が見られる。さらに、その上部を2層が覆うが、第1主体部南側では、この2層が4層の上に直接堆積している状況が見られた。方形周溝墓南側墳裾の構造が調査区南側に存在するとすれば、4層を掘り込む形で認められるはずであるが、3′層を除いてそのような状況は認めることができなかった。こうした結果に方形周溝墓周溝の構築レベルの検討などを加味すると方形周溝墓南側墳裾の構造は、すでに斜面の流出によって失われてしまったと考えられ、前記した東溝、西溝が南端で消滅する状況もこれに整合的である。

（平林・芹澤千恵・杉山裕子・篠原）

3）埋葬施設の構造

　埋葬施設は、周溝に囲まれる中央部分のやや南寄りに第1主体部とした木棺痕跡をもつ長方形土坑、その北東0.7mに第2主体部とした隅丸長方形の土坑が検出された。

　第1主体部（第25図、図版15～18,21,22）　第1主体部は、A区の中央部、43.0m～43.3mコンター付近に検出された長軸2.78m、短軸1.6mを測る長方形の遺構で、その軸線を東西方向に向けて掘削されている。第1次調査で東側は完掘しており、第2次調査でその平面形態と木棺の痕跡が明らかになり、方形周溝墓の埋葬施設であると考えられるようになった。第2次調査で主に木棺の痕跡部分について調査を行い、第3次調査で、墓坑内に残された木棺部分の外側の状況について調査を行った。

　墓坑の深さは、第23図A-A′セクションを確認すると、墓坑底部から地山面の急な立ち上がりの上端

46　第3章　調査の成果

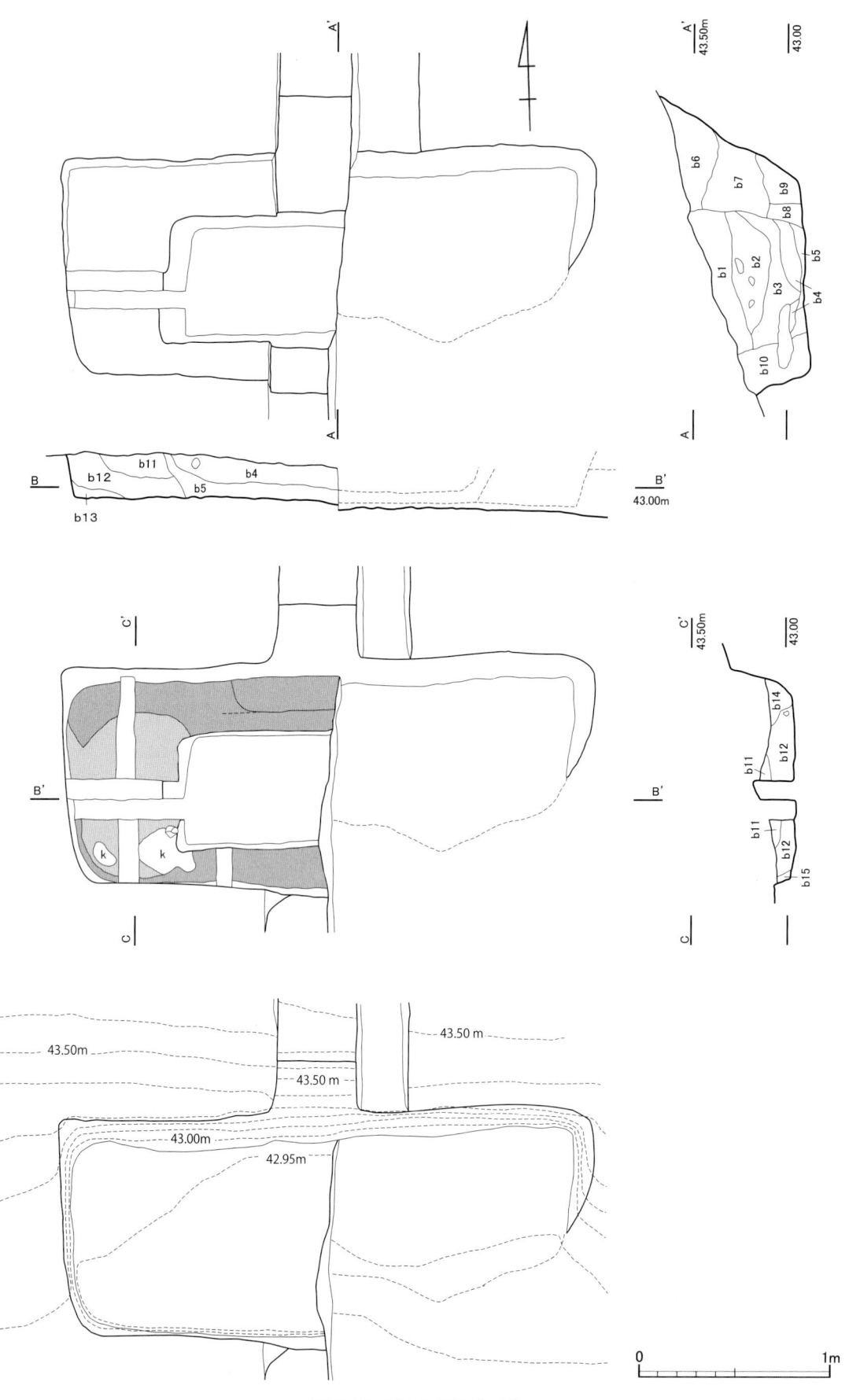

第25図　第1主体部（1/30）

転換点まで 40 cm、黒色土層（3 層）までは 70 cm の高さを測る。3 層の堆積状況から、暗灰褐色土層（4層）より上層において墓坑が掘削されたものと推定され、南側、北側ともそれぞれ 4 層・e1 層上部の流失が想定されるが、70 cm を超える掘削が行われたと考えられる。墓坑の側面については北東隅の状況から推定すると、僅かながら外傾しつつも隅については比較的鋭利に掘削されている状況を読み取ることができる。墓坑の底部については現状からは平坦な底部であったと考えられる（図版 21,22）。

　木棺痕跡については、遺構からは副葬品等の遺物は出土せず、また木棺自体は腐朽のため残存していなかったが、その痕跡に関しては比較的良好な形で検出された（図版 17,18）。短軸長は痕跡から上端最大 63 cm、下端最大 56 cm、長軸長については底部上端の最大残存長 95 cm、下端の最大残存長 85 cm、墓坑のほぼ中央部に設置されたと仮定すると復元長は 165 cm 前後であると推定できる。木棺の深さについては上で述べた通り、深さが 40 cm を越える墓坑の掘削が行われたとすると、同程度の深さを持った木棺であった可能性がある。

　木棺の形状に関しては西側半分であるが、埋葬施設東西セクション（第 25 図）を確認すると、木棺の腐食土と考えられる黒褐色土層（b5 層）は裏込土に対して斜めの切りあい関係を呈しており、西側小口面が外側に傾斜した痕跡が確認できる。西側小口面については確認できないが、おそらく同じ様な形状をしている可能性がある。一方で短軸の断面形状が確認できる A-A' セクション南側については木棺内土層（b1～b5 層）と裏込土（b6～b10 層）とが西側小口面に比べ、真っ直ぐな切りあいを呈している。

　以上のことから長側面に比べて小口面が外傾した木棺痕跡が推定されるが、この断面形状がただちに木棺の形状となるかについては、腐朽する過程で小口面が斜めに倒れ、上層の土が流入した結果、傾斜した形状で検出された可能性も考えられる。

　裏込土および覆土と推定される b1 層・b6 層～b10 層はいずれも黒色土に褐色土がブロック状に含有されることから、地山土とその上層の黒色土層（4 層など）との混土であると考えられ、墓坑掘削時の排土が使用されたと推定される。墓坑内の木棺の外側部分を掘り下げると、黄褐色土を主体とする部分と黒褐色土を主体とする部分のかたよりが見られた。さらに平面的に掘り下げていった結果、木棺痕跡の木口部分の西側に接して黄褐色土を主体とするかたまりが、東西約 0.6 m、南北約 0.9 m の楕円形に広がっており、黒褐色土を主体とする部分が、その周囲に広がっていることが判明した。この状況を第 25 図中段に示したが、C-C' セクションでも同様の状況が見られることから、木棺の周囲を埋める初期の段階で、木棺の木口部分に接して黄褐色土を主体とするかたまりが充填されたものと考えられる（図版 21）。木棺痕跡の北側においても黄褐色土と黒褐色土が斑状に見られたが、東西方向に比較的明瞭な境界が直線的にみられた。A-A' セクションにおいても、この部分で直線的な立ち上がりが見られたことから、木棺に沿って木材のようなものが置かれ、それが腐朽した痕跡である可能性が考えられる。これらの確認を終えたのち、覆土を全面的に掘り下げ墓坑全体を検出した。墓坑は上端で東西約 2.78 m、南北約 1.60 m、下端で東西約 2.66 m、南北で約 0.97 m を測る隅丸長方形を呈し、ほぼ平坦な底面であることが確認された。木棺内部と考えられる土は篩にかけ、木棺痕跡周囲の土は持ち帰り洗別を行ったが、いずれも遺物は検出されなかった。

（平林・岩田香織・北川実由司）

　第 2 主体部（第 26 図、図版 23,24）　第 2 主体部は、調査区中央、第 1 主体部の北東 43.6 m～43.9 m コンター付近に位置し、第 1 次調査では SX01 として確認した遺構である（第 26 図）。上端で東西約 1.51 m、南北約 0.8 m、下端で東西約 1.2 m、南北 0.56 m を測り、東西に長い隅丸方形を呈している。A-A' セク

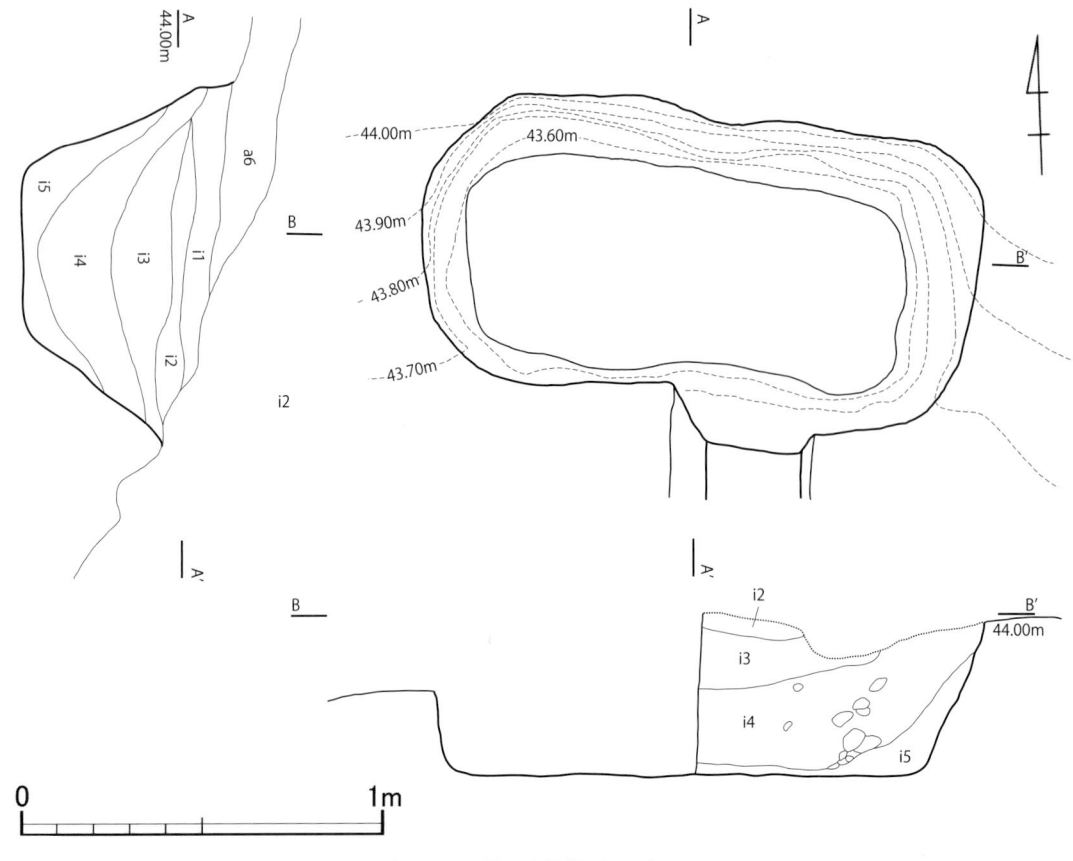

第26図　第2主体部 (1/20)

方形周溝墓主体部土層注記

第1主体部（第25図）

b1層　黒色土　しまり強、粘性あり。黒色土に明黄褐色土をブロック状に含む。

b2層　褐色土　しまりあり、粘性あり。黒褐色土に明黄色土ブロックをわずかに含む。Φ5cm～8cm程の礫をわずかに含む。

b3層　茶褐色土　しまりやや弱、粘性あり。黒褐色土に茶褐色土ブロックをわずかに含む。Φ1cm程の礫をわずかに含む。

b4層　黄褐色土　しまり強、粘性強。明黄褐色土に褐色土をブロック状に含む。

b5層　黒褐色土　しまり強、粘性強。Φ2cm～4cm程の礫を多く含む。

b6層　茶褐色土　しまり強、粘性強。黒色土に茶褐色土がブロック状に含まれる。Φ1cm～5cmの礫を含む。

b7層　黒褐色土　しまりあり、粘性あり。黒褐色土にΦ1cm程の礫をわずかに含む。

b8層　明黄褐色土　しまりあり、粘性弱。黄褐色土に黒褐色土をブロック状に含む。黒褐色土にΦ1cm程の礫をわずかに含む。

b9層　茶褐色土　しまり強、粘性強。Φ1cm～2cm程の礫をわずかに含む。

b10層　黄褐色土　しまりあり、粘性あり。黒褐色土に黄褐色土をブロック状に含む。黒褐色土にΦ1cm程の礫を多く含む。

b11層　黄褐色土　しまりあり、粘性あり。黒褐色土に黄褐色ブロックをわずかに含む。Φ1cm～2cm程の礫を含む。

b12層　黄褐色土　しまりあり、粘性あり。黒褐色土に黄褐色土をブロック状に含む。黒褐色土にΦ1cm程の礫を多く含む。

b13層　黒褐色土　しまり強、粘性あり。黒色土に黄褐色ブロックをわずかに含む。Φ1cm程の礫を含む。

b14層　黒色土　しまりあり、粘性あり。黒色土にΦ0.1mm程の粒を含む。黄褐色土ブロックをわずかに含む。

b15層　黒色土　しまりやや強、粘性あり。黒色土にΦ0.1mm程の粒を含む。黄褐色土ブロックをやや多く含む。

第2主体部（第26図）

i1層　黒色土　しまり強、粘性強。礫を含まない。

i2層　茶褐色土　しまり強、粘性強。Φ5mm程度の礫を少量含む。

i3層　黒褐色土　しまり強、粘性強。黒色土に褐色土ブロックを多く含む。

i4層　暗黄褐色土　しまり強、粘性強。Φ1cm程の礫を多く含む。黒色土に褐色土を含む。

i5層　黄褐色土　しまり強、粘性強。黒色土に褐色土ブロックを多く含む。

ション、B-B'セクションが示すように、底部から側面へ急な立ち上がりが見られ、側面はやや外に傾くのが見て取れる。また、底面は平坦に掘削されており、東西、南北方向共に断面は逆台形を呈している。A-A'セクションでは、方形周溝墓盛土（a6層）下面が遺構の上面を削り取るようにほぼ水平に堆積していることが観察できる。従って深さは、底面からa6層下面までで最大約0.6mを測ることができる。

A-A'セクションに示される覆土はi1〜i5層に分けることができ、特にi4層に6cm程度の砂岩礫を多量に含んでいる。また各層ともにしまりが強く、いずれも地山土を主体とした土が堆積している。これらのことから遺構は自然に埋まったとは考えにくく、人為的に埋められたと推定される。

第2主体部から遺物は検出されず、木棺痕跡についても検討を行ったが、検出されなかった。遺構内の覆土堆積の様子からも木棺があったとは考えにくい。またA-A'セクションが示すように遺構上部に覆土の盛り上がりや、方形周溝墓盛土の遺構内へ落ち込みの様子が見られないことから、方形周溝墓盛土構築に際して遺構上部が削平された可能性も考えられる。これらのことから第2主体部は方形周溝墓盛土構築に先行することは明らかであるが、第2主体部掘削後、方形周溝墓築成までに一定の時間があった可能性も考えられる。

(真鍋一生)

4）出土遺物

壺形土器（第27図）　西溝中央北寄りの部分で、溝底面より15cm程浮いた状態で出土した。最大径を胴部下半に有し、頸部より上を欠いている。底部は突出し、木葉痕を残す。外面は風化が著しいが不規則な斜位のハケ調整が確認できる。胴部中位上方から、頸部下方の範囲にかけて沈線および線刻が施されている。まず、器面に対して水平方向に2本の平行する線を引いて線刻を施す範囲を区画し、その後に縦方向に1本、次に横方向に6本の線刻を施している。この線刻が施される部分以外には紋様は認められない。胴部中位より下半には2次被熱による煤の付着が確認できる。肩部には籾の可能性が考えられる圧痕を確認することができる。内面は、底部付近に不規則な斜位のハケによる調整を行っているが、それより上位には見られず、粘土紐接合部を中心に指頭圧痕、指ナデ痕が見られる。胎土は粗く、赤色砂粒・赤色小礫を大量に含み、赤褐色をしている。

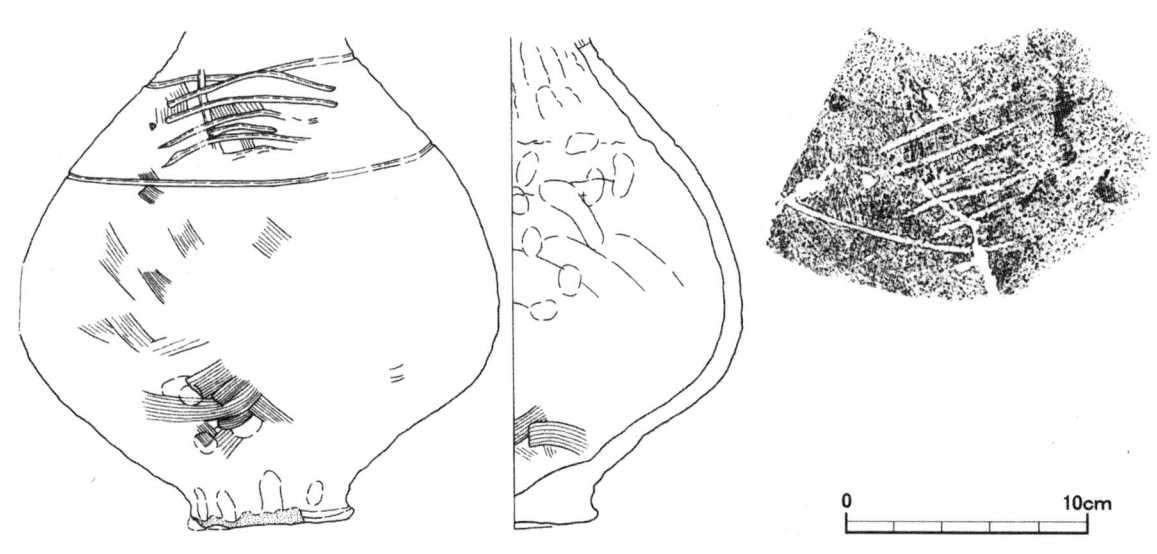

(稲垣自由)

第27図　方形周溝墓出土遺物

第3節　畠状遺構の調査

1）畠状遺構の調査の概要

　手越向山遺跡において検出された畠状遺構は、弥生中期後半に構築された方形周溝墓の下層で確認された、人為的撹拌を示す土壌とその下部構造を指す。上部の土壌は、地山面直上の黒色土（e2層）と上部の暗灰褐色土（e1層）の上下2層に分けられるが、いずれも基盤層の黄褐色土と4層起源の黒色土が混ざり合った土として観察された。肉眼では良く撹拌された状況が推定され、上部のe1層でそれが顕著であると考えられた。このような、黒色土に地山土を混ぜて撹拌したことを顕著に示す可能性があるものとして、覆土中にe1'層が確認され、部分的に平面的な広がりを追うことができた。また、畠状遺構の南側では、基盤層土をまとめ置いたようなe4層を確認した。こうした状況は、設定した土層セクションの各所で確認することができたが、上部の覆土では、これ以外に耕作を示すような面的な造作の広がりを確認することはできなかった。覆土の下部には、斜面の傾斜に直行する方向に浅い溝状の凹凸が形成されていることが明らかになったが、これらの構造は、畑遺構の下部に残される耕作溝に対比できると考えられ、最終的にこの溝状遺構を検出することによって、畠状遺構の面的な形状やその範囲を確定できた。この覆土下部構造の検出範囲は、方形周溝墓方台部の範囲に収まっているが、おおむね東西7m、南北4mほどの範囲である。

　第1次調査の段階で、後に方形周溝墓盛土および北溝周辺の構造であることが明らかになったSX03の下層に、黒褐色土を覆土とするなんらかの遺構があることは認識していた（第10図c1～c4層およびe層）。第2次調査で方形周溝墓の実態が明らかになると、方形周溝墓盛土下層にあたるこれら黒色土の堆積が、地山層である黄褐色土と凹凸をもった不整合に接している状況が注意され、人為的な造作である可能性が考えられた。この時点で土層サンプルを採取し、微化石分析をおこなったが、耕作地を直接示すような結果は得られなかった。第3次調査では、方形周溝墓下層の黒色土下面は、浅い溝状の窪みが並列する状況であることが確認され、この溝や黒色土は畠を構成したものである可能性が考えられるようになった。

　第4次調査では、畠状遺構の覆土を全面的に調査し、下部の溝状遺構の検出をおこなった。覆土中では、e1'層やe4層に関する所見を得ることができたが、これらの覆土はグリット毎や下部で検出された溝状遺構単位で回収して水洗選別をおこなうことにした。最終的に下部の溝状遺構を全面的に検出し、上記の畠状遺構の面的な範囲を把握することができた。また、部分的に掘削痕を検出することもできた。これらの写真撮影と作図をおこない、実質的な畠状遺構の調査は終了した。なお、第5次調査では、関連して畠状遺構の覆土に対比する自然堆積層の試料の採取をおこなった。

　なお、手越向山遺跡の調査地点は、すでに述べたように約24°の傾斜をもった斜面地であり、前節で述べた方形周溝墓も当初構築されたと考えられる墳丘南側が、斜面の傾斜によって顕著に流失していることが判明している。下層の畠状遺構が、調査のような状況で残されたのは、畠状遺構形成の後、比較的短期間のうちに方形周溝墓が上部に構築されたことが、同遺構の流失を妨げたためであり、同種の遺構が遺存するための好条件をなしたといえる。

　以下では、まず、第3次調査での畠状遺構の確認状況について述べた後に、主に第4次調査で明らかになった畠状遺構の構造について述べる。

（篠原）

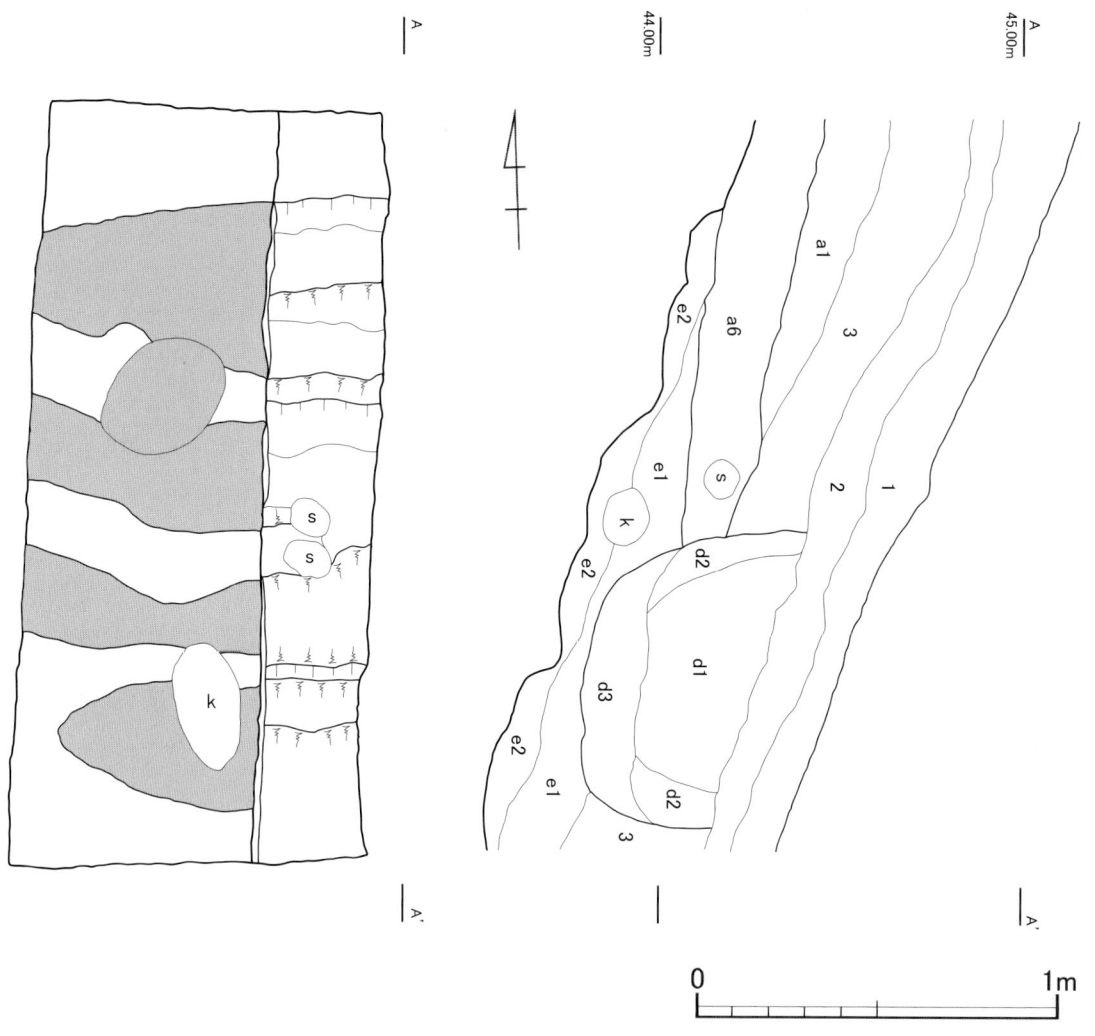

第28図　第3次調査畠状遺構調査状況（1/20）

2）第3次調査における畠状遺構の確認（第28図、図版26・27）

　第2次調査において、第1主体部北側付近の第1トレンチ西壁断面を観察した結果、墳丘盛土の下層においては、地山面と黒色土との間に不規則な凹凸が見られ、人為的な掘削を示すような状況が確認された。これらの痕跡は、人が耕作をおこなうなどした結果である可能性が考えられるようになった。

　第3次調査では、これらの痕跡の面的な広がりを確認するため、第1トレンチで凹凸を確認した区域の西側に1m×2mの調査区を設定し、方形周溝墓盛土（a6層）を取り除いた（第15・28図）。その結果、調査区北側の幅20cm〜30cmの範囲ではa6層下部北側にほぼ水平な地山面が検出されたが、それより南側では黒色土（e1層〜e2層）が確認された。

　この黒色土を斜面と平行に掘り下げると、地山土の中に幅20cm〜30cmの黒色土の帯が斜面に沿って東西方向に並列している状況が確認できた。さらに、調査区東壁から幅30cmの範囲にサブトレンチを設定し、黒色土を取り除いて地山面の検出を進めた結果、浅い溝状の窪みが東西に連なり、斜面に沿って複数の段を成している状況が確認された。

　調査により確認された溝状の窪みは、一般に畑として確認される遺構の下部に残される耕作痕と類似しており（当初は畝間ではないかと考えた）、この溝や上部の黒色土は、畑を構成したものである可能性が考え

られるようになったため、これを畠状遺構として扱うことにした。調査区東壁（第28図 A-A′ セクション）の断面では、第1トレンチ西壁断面と同様に、畠状遺構の北側をほぼ水平に削平して方形周溝墓の墳丘盛土が形成されていることが確認できた。方形周溝墓の時期は弥生中期後半であることが明らかであるため、畠状遺構は弥生時代中期後半以前に形成されたことが推定された。また、この畠状遺構は、さらに東西に面的に広がっている可能性が考えられたため、機会を改めて調査を計画することとした。また、第1主体部東側の第1トレンチ東壁面では、4層上面がほぼ水平に削平され、地山土を多量に含む黄褐色土（e4層）が堆積していることが確認され（第17図）、畠状遺構との関連が考えられた。

　このように、第3次調査で畠状遺構を部分的に確認し、その構造を推定できたことから、第4次調査においてこの畠状遺構の全面的な調査を計画することとなった。　　　　　　　　　　　　　　　（五味）

3）第4次調査における畠状遺構調査の方法

　調査の準備とグリッド　第4次調査では、まず、方形周溝墓周溝の調査に併行して、調査区内の精査をおこなったが、畠状遺構としてとらえた覆土の状況と地山面との間の凹凸は、第3次調査の確認地点や第1トレンチの東西壁面のほか、B区の第2主体部の壁面に見られ、第1トレンチ東壁でe4層とした基盤層土の堆積は、第1主体部南東側のA区南東隅付近の壁面にも見られることがわかった。方形周溝墓の東西溝の立ち上がり壁面ではこうした状況を見ることはできなかったが、こうしたことから、畠状遺構は方形周溝墓方台部南側を中心に面的に広がっていることが推定できた。これらの状況を、ブロック毎にとらえて調査を進めるために、ほぼ調査区全体に西から東方向に1～11、北から南方向にA～Eの番号を振った1mメッシュのグリッドを基準杭の方向を基準にして第29図の様に設定し、1m四方のブロックをA-1グリッドのように呼ぶことにした。

　第2次および3次調査の方形周溝墓の調査範囲では、ほぼ3層を除去していたが、方形周溝墓盛土部分を除いて一部e1～e2層も削り込んでおり、特に第1主体部の周辺は、その確認のため、すでに畠状遺構を削平してしまっていることが判明した。

　A′区の調査　A区の方形周溝墓第1主体部と西溝の間には未調査の部分が残されており、おおむねA～E、3・4区にわたるこの地点は、A′区として表土の除去から調査を進めることができた。このA′区は方形周溝墓の調査と併行して先に調査した。まず東側の調査区壁に沿ってサブトレンチを設定し、その断面状況（第31図 E-E′ セクション）を観察しながら、表土から順に除去して3層を掘り進めた。その結果、3層の下層でやや土質が変わる状況が見られ、畠状遺構のさらに上部の覆土である可能性を考えてその上面を面的に検出し、コンターラインを作図した（第21図方形周溝墓平面図のA′区コンターはこの時点のものである）。検出できたこの層（3″層）の上面は平坦であり、畝立てを示すような凹凸は見られなかった。さらに、3″層を除去してe1層上面の検出を試みたが、A′区西側では直接4層ないしは5層が露出している状況が見られ、e1層上面でも凹凸などは確認できなかった。3″層と方形周溝墓盛土（a6層）との前後関係は確認できなかったが、いずれにしてもe1層上面は、早い段階で流失に晒されていたことが考えられる。

　畠状遺構断面の確認　畠状遺構全体の調査は、A′区の調査が進んだ段階で、方形周溝墓盛土（a6層）を除去することから開始した。これに先立って、これまでのトレンチやサブトレンチの断面を精査したが、畠状遺構とした主に地山面に残される浅い溝状の凹凸とその上部の黒色土（覆土）からなる構造は、第1

第 3 節　畑状遺構の調査　53

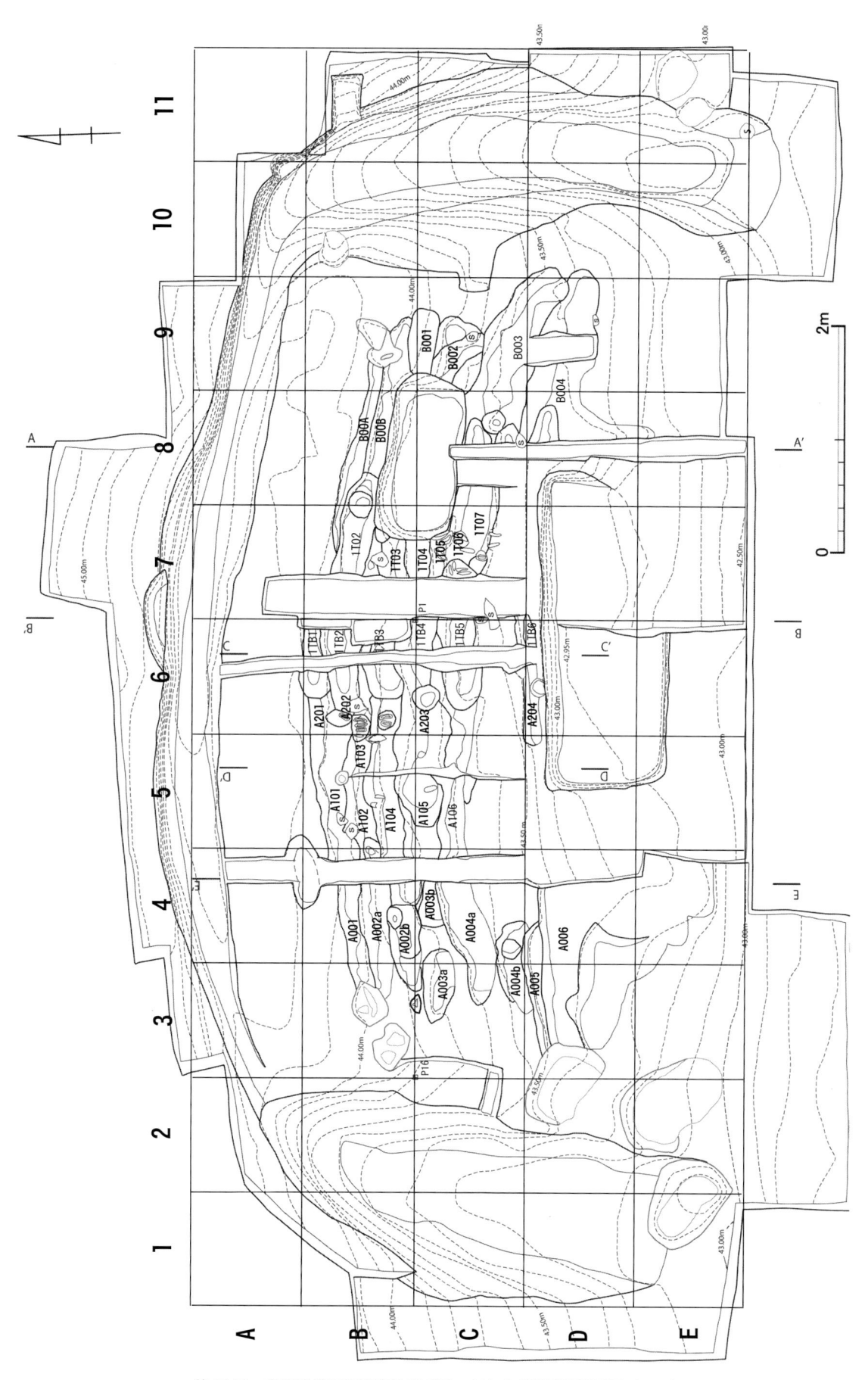

第 29 図　畑状遺構下部構造検出グリッドおよび溝状遺構番号（1/50）

トレンチ東壁（第31図 A-A′ セクション）、西壁（B-B′ セクション）およびその土層ベルトの裏面（C-C′ セクション）、新たに設定した第3次調査区西壁サブトレンチ（A′区東側、E-E′ セクション）および第3次調査確認地点の西壁（D-D′ セクション）などで確認した（これらの地点で最終的に作図できた）。この時点で、畠状遺構覆土中に、地山の黄褐色土をブロック状に多く含む層がレンズ状もしくは下弦の三日月状などの薄い層をなして確認される部分が各所に見られ、おおむね e1 層の下層から e2 層にかけて存在していることが判明し、これを e1′ 層として分層した。

畠状遺構平面の確認　方形周溝墓盛土を除去すると、残存している畠状遺構の北縁が基盤層との境界として比較的明瞭に確認できた。畠状遺構覆土の上面（e1 層上面）は、A′区およびすでに方形周溝墓の調査によって検出している部分も含めて精査したが、いくつかの攪乱以外に溝状などを示す顕著な凹凸などは確認できなかった。畠状遺構検出面の地山は、東側で明るい黄褐色を呈し、西側に向かって次第に暗灰褐色に変化しており、旧地形が西側の谷に向かって深くなるとともに、いわゆる水付の湿気の多い還元状態になっている状況がみて取れた。このため、畠状遺構の掘り込みは、東側では基盤層に達しているが、西端では5層もしくは4層下部にとどまっていることも判明した。こうしたこともあり、畠状遺構東縁は方形周溝墓東溝まで達せず、B〜D-9 区付近で掘り込みが終わっている状況が確認できた。一方、西端は、B〜D-3 区付近の3層ないしは3″層を平面的に掘り下げていく過程で明らかになったが、予想された東西方向の複数の溝の西端が、南西方向の斜面の流失によって失われて途切れるような状況で確認された。この畠状遺構の確認範囲は、最終的に検出された下部の溝状遺構の範囲（第30図）とほぼ一致している。

　畠状遺構覆土の範囲がほぼ確認できたので、略図を作成した後、予想された下部の溝状遺構の平面確認をおこなう予定で、さらに畠状遺構覆土全体を掘り下げていった。この時点から、覆土はすべてグリッドごとに回収した。この掘り下げの過程で、断面で確認していた e1′ 層についても平面的な確認を試みた。必ずしも鮮明にとらえられない地点もあったが、B・C-5 区付近および B・C-7・8 区付近で確認できたものについて平面図を作成した（第33図）。また、全体に覆土中では、肉眼で観察しうる炭化物が散見されたが、特に D-9 区北側付近で炭化物が集中する状況が見られた。この地点については、上部からの遺構の掘り込みなどが存在する可能性を考慮して、サブトレンチを設定して確認したが、そのような状況は認められなかった。さらに全体の掘り下げを進めたが、覆土中では下部の溝状遺構の形状を捉えることは困難な状況であったので、ある程度掘り下げを進めた段階で平面確認を中止し、全体を清掃して全体の確認状況の写真撮影をおこなった（図版36）。なお、この間、古環境研究所の松田隆二氏に土層サンプルの採取と微化石分析を依頼した。また、松田順一郎氏には、現地で土壌についてのご教示をいただき、B-6 区南東側の旧第1トレンチ西壁からのブロックサンプルの採取と分析を依頼した。

下部溝状遺構の検出　第3次調査の結果や各断面の観察および平面検出状況から、下部に東西方向に延び、南北に並列する浅い溝状遺構の存在が予測できたので、断面や東西端部の状況を手がかりに、この溝状遺構を個別に検出していくこととした。西端や各地点の断面から掘り進め、地区ごとで明らかになった溝単位に第29図に示した遺構名を付した。覆土はこの溝単位に遺構名とグリッド名を付して回収した。各溝の検出状況は第30・32図に示したようになったが、北側は地山面の傾斜に沿って東西方向に連続する溝状の落ち込みが5、6条ほど並列する状況として検出され、下段の溝に削り取られるように雛壇状をなしていた。南側の最下段は、中央部を第1主体部の調査で削平しているが、テラス状をなしてほぼ平坦な面を形成していると考えられ、この面の上に e4 層の堆積が見られた。各溝の切り合い状況は判然とし

第3節 畠状遺構の調査 55

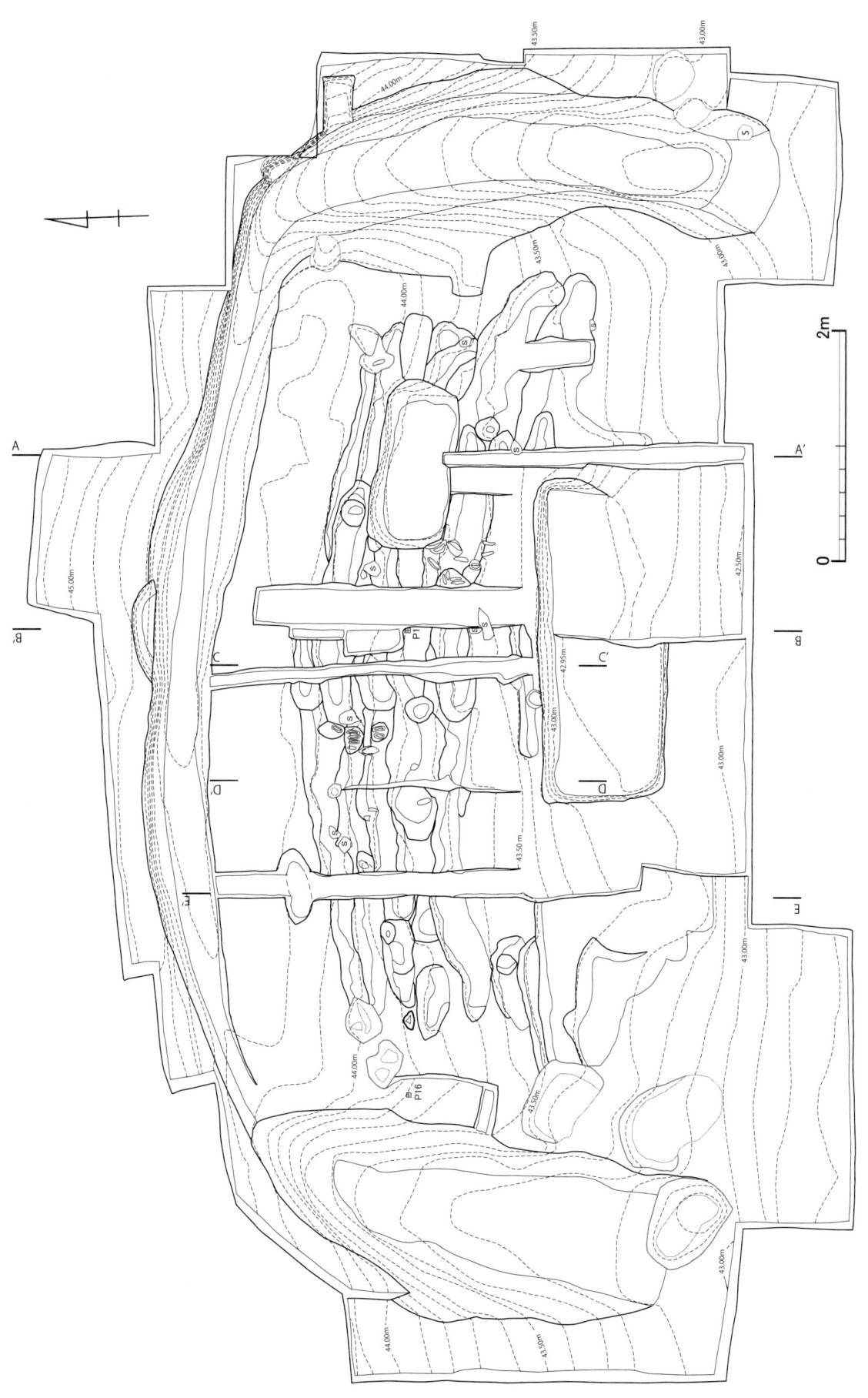

第30図 第4次調査区および畠状遺構全体図 (1/50)

56　第3章　調査の成果

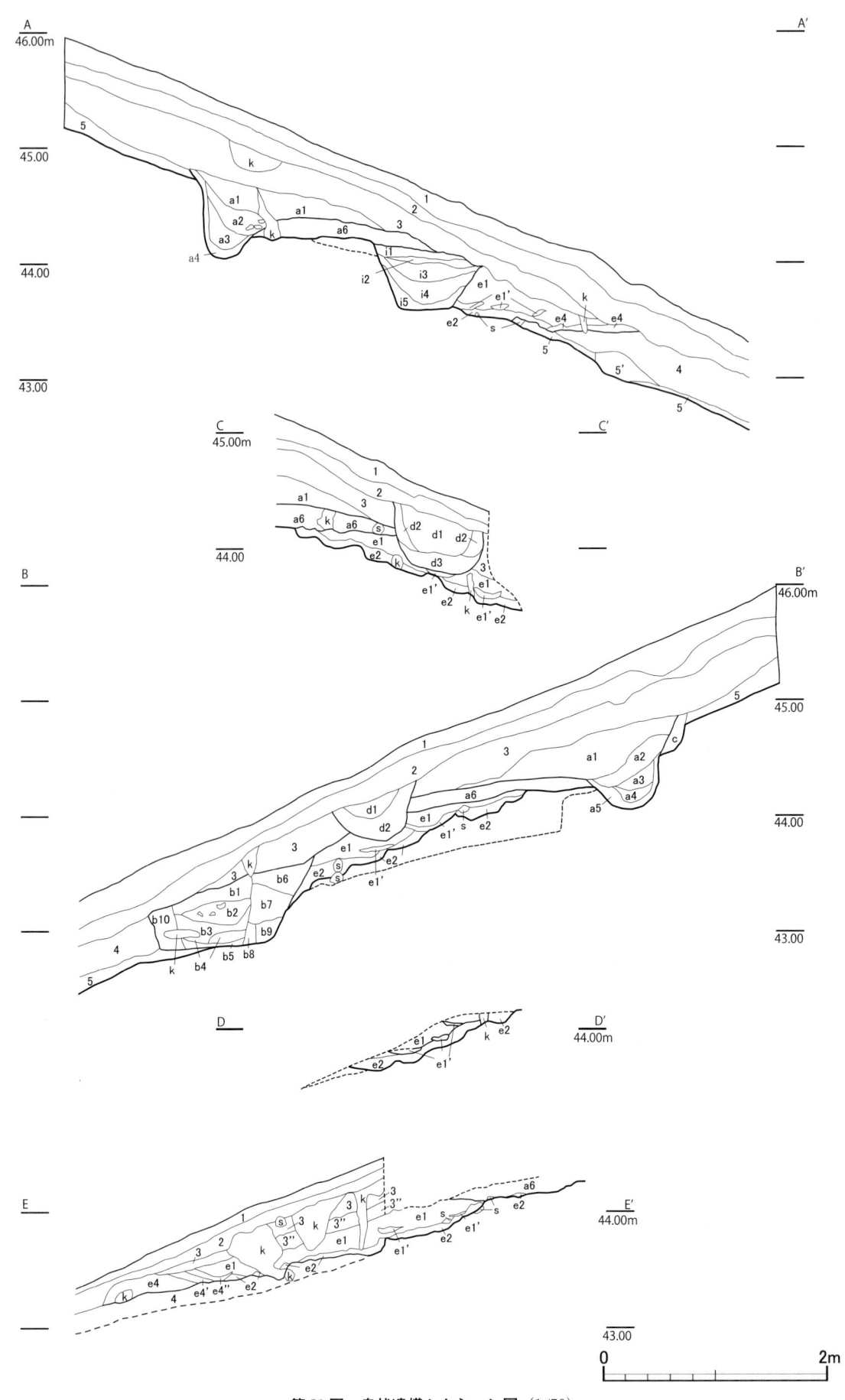

第31図　畠状遺構セクション図（1/50）

> **畠状遺構土層注記（第31図）**
>
> 1層　黒褐色土　しまり強、粘性強。Φ1cm程の礫を少量含む。きめ細かい黒色土中にΦ1mm以下の粒を含む。
> 2層　茶褐色土　しまりあり、粘性あり。Φ1cm～5cm程の礫を多く含む。きめ細かい黒色土中にΦ1mm以下の粒を含む。
> 3層　暗黒褐色土　しまりあり、粘性強。Φ1cm程の礫をわずかに含む。きめ細かい黒色土中にΦ1mm以下の粒を含む。
> 3'層　暗灰褐色土　しまりやや欠ける、粘性強。やや黒みを帯びた褐色土。
> 3''層　灰褐色土　しまりあり、粘性やや欠く。砂粒が多く、Φ1cm～3cmの礫を少量含む。
> 4層　黒褐色土　しまりあり、粘性あり。Φ5mm程の礫を少量含む。黒褐色土中に地山黄褐色土をやや多く含む。
> 5層　明褐色土　しまりあり、粘性なし。Φ1cm程の礫をわずかに含む。地山黄褐色土に黒褐色土をやや多く含む。
> 5'層　薄黒褐色土　Φ1cm程の礫を多く含む。
>
> e1層　暗灰褐色土　しまりやや欠ける、粘性強。やや黒みを帯びた褐色土。Φ1mm～2mmの粒を多く含む。Φ1cm～5cmの礫をやや多く含む。
> e1'層　灰褐色土　しまりあり、粘性あり。3cm～5cmの地山ブロックを多く含み、Φ5mm～3cmの礫を多く含む。
> e2層　黒色土　しまりややあり、粘性強。黒色土にΦ1mm程の粒を多く含む。Φ1cm～2cm程の礫をやや多く含む。
> e3層　灰褐色土　しまりあり、粘性強。Φ1cm～3cm程の礫をやや多く含む。地山土中に黒色土を斑状に含む。
> e4層　黄褐色土　薄褐色土に明橙褐色土をブロック状に含む。
> e4'層　茶褐色土しまりあり、粘性あり。Φ1cm～3cm程の粒を少量含む。Φ3cm～5cmの褐色土ブロックを多く含む。
> e4''層　黄褐色土しまり強、粘性あり。Φ1mm～3mm程の粒をわずかに含む。黄褐色土中に黒色土をブロック状に含む。

ないものがほとんどであったが、北東縁のB00AをB00B、1T02が切っている状況が唯一比較的明瞭に確認できた。

　各溝の検出を終え、最下段のe4層を残した状況で全体を清掃し、写真撮影をおこなった（図版37）。その後、全体の平面図の作成をおこない、コンターラインを記入した。e4層については、その分布状況について平面図を作成し、サンプルを採取して除去した。検出した溝の底面には、まだシミ状に黒色土が残る部分があったが、これらについても精査をおこない、そのいくつかで掘削具の刃部が当たったと考えられる楕円形や角の緩い長方形の落ち込みを確認した。これらについては、掘削痕として後述する。

　これらの作図を終えて調査は終了し、遺構面全体を土嚢で保護した後に、埋め戻しをおこなって現状を復旧した。

4）畠状遺構の覆土の構造

畠状遺構の覆土　畠状遺構の覆土の構造は、前述のように南北方向に設定した5ヶ所の断面で確認し、作図することができた（第31図A-A'、B-B'、C-C'、E-E'、D-D'セクション）。いずれの地点でも北側では方形周溝墓の盛土であるa6層によって削平されており、下面は南に向かって凹凸をなしながら下がっていく。南端はB-B'セクションでは第1主体部の掘り込みによって完全に失われている状況が確認されたが、A-A'およびE-E'セクションでは標高43.4m付近から下面がほぼ水平になり、その南端で斜面によって失われる状況が確認された。また、この部分にはe4層とした地山土を主体とする土層が下面直上に堆積していた。これ以外の確認される畠状遺構の覆土はおおむね上層のe1層と下層のe2層に分けられた。

　畠状遺構の南側に見られる自然堆積層では、地山（基盤層）の黄褐色土の上部は黒味を帯び、5層を経て漸移的に上部の黒色土（4層）に変わっていく。この4層は30cm～40cmの厚さがあり、畠状遺構によって削り込まれるため、それ以前に堆積したものと考えられる。畠状遺構の覆土は、この黒色土と地山の黄褐色土が混合した土として観察される。下層のe2層は、黒色土を主体としながら、地山の黄褐色土がブロック状に混ざった土であり、上層のe1層はe2層より明るい色調を呈して黒色土と地山土とがよく

58 第3章 調査の成果

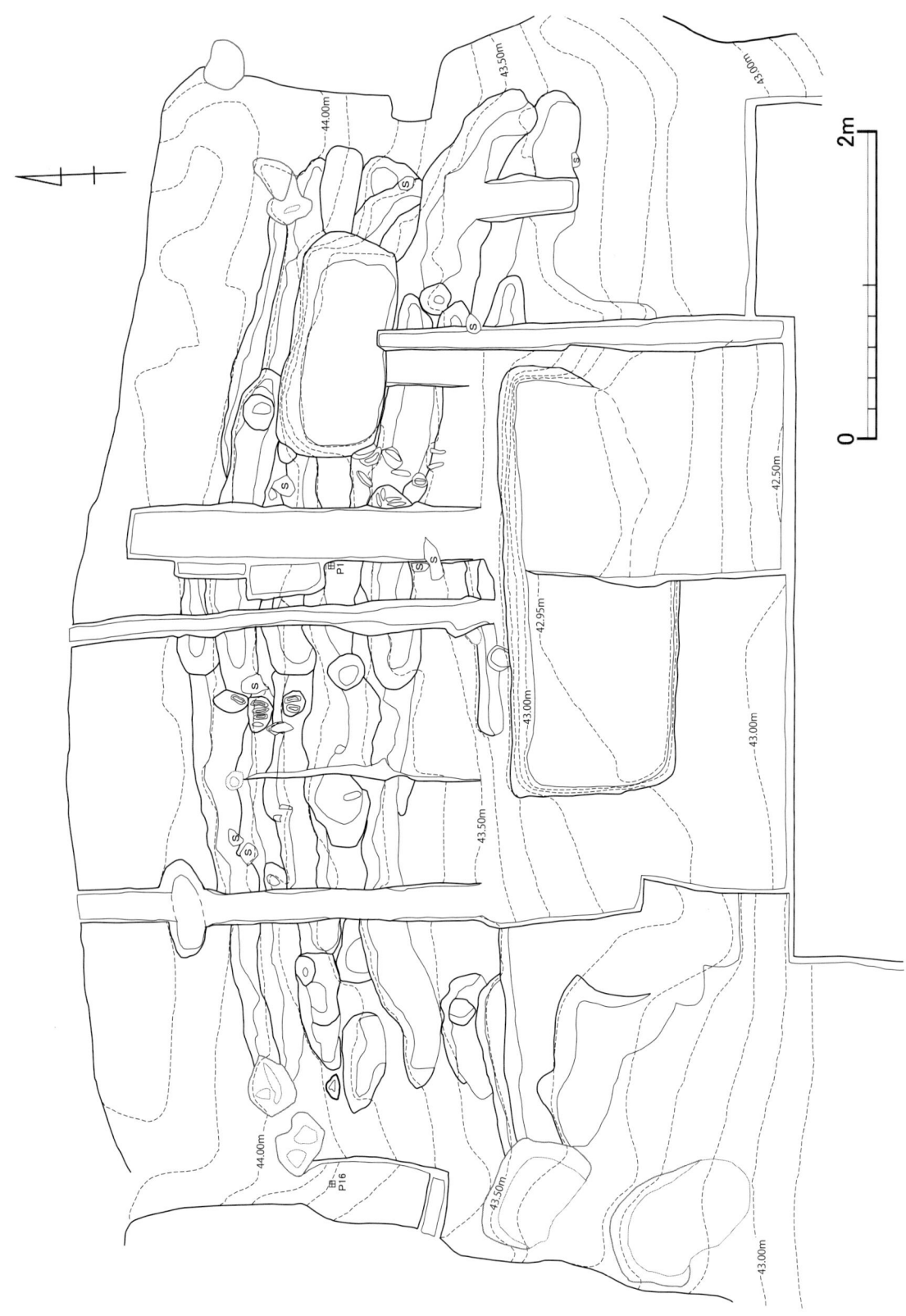

第32図 畠状遺構平面図 (1/40)

混じりあった土として観察された。これらの土層中には、e1′層とした地山の黄褐色土をブロック状多く含む層がレンズ状もしくは下弦の三日月状などの薄い層をなして確認される部分が散見され、おおむねe1層の下層からe2層にかけて存在している。これらの覆土の観察については現地で松田順一郎氏の御教示を得たが、それによれば、4層の土壌自体が粒団の構造を持っているが、e1層やe2層中ではそれが破砕されて他の砂土と混ざって複合的な粒団の構造をなしており、畑の土壌構造によく似ているとのことであった（附編4参照）。こうしたことからも、e1層やe2層はよく撹拌された耕作土を示す可能性が考えられたため、上部に畝立てのような作付に関連して行われた造作が予想されたが、前述のようにそうした状況を確認することはできなかった。

畠状遺構覆土下部（北側）の構造 畠状遺構覆土下部の状況は、下面に細い溝が南北に並列する北側（D・Eグリッド）と最も南側に位置する溝A006、B004付近（B・C-3〜9グリッド）とでは状況が異なっており、ここでは主に前者について述べる。畠状遺構覆土下部はe2層として分層したが、基盤層起源の黄褐色土が4層起源と考えられる黒色土とブロック状に混ざり合う土であり、上部のe1層との境界は必ずしも明瞭ではない。e2層は下部の溝状遺構を直接満たす覆土となっているが、前述のように、溝間の切り合いをe2層中で明瞭に認めることはできなかった。ただし、溝B00AとB00B、1T02の間では、前者が基盤層ブロックを多く含む土で、後者が相対的に黒色土を多く含む土として、後者が新しいという関係を平面的に確認できた。また、松田順一郎氏によるブロックサンプルの薄片分析では、B6区溝1T03付近で、e2層中の基盤層土を主体とするブロックの南側が直線的に切断され、その痕跡が基盤層にまで達して南側に抉られているような状況が確認できた（附編4参照）。こうしたことは、下部の溝状遺構にいたる掘削行為が、隣接する溝の覆土も含めて上部に掘り返された土が存在する状況でおこなわれたことを示していると考えられる。また、e2層自体はその状況からある程度撹拌された層と考えられるが、この層中で溝間の切り合いが必ずしも明らかにならない状況は、先に掘削された溝の覆土が撹拌されて、しまりを失っている状況で、隣接する溝の掘削がおこなわれ、撹拌によって覆土が混合した状況が推定できる。こうした状況は、下部の溝の掘削にいたった行為が、上部の土を含めて基盤層までを掘り返し、その土を破砕撹拌しながらその場にとどめることを繰り返しながら溝の掘削を進め、きわめて短時間の後に隣接する溝を同様に掘り返して撹拌を繰り返す一連の行為であったと考えると説明できる。また、上記の溝B00A→B00B、1T022の切り合い、ブロックサンプルの北側溝覆土が削られるという2例の前後関係から推定すると、こうした溝状遺構形成にいたる掘り返しは北側のものから南側のものへの順におこなわれた可能性がある。

e2層のこうした土壌の構造の上部は、e1層やe1′層が示す別の撹拌行為によって失われていると考えられるが、e2層が残された掘削行為において上部にどの程度の厚さの土が存在していたかは問題となろう。畠状遺構が形成される以前には、南側の自然堆積状況から考えると基盤層および5層の上部に30〜40cm以上の4層が堆積していたと考えられる。どのような道具が使用されたかによっても推定は異なるが、下部の溝の幅から考えても、こうした厚さの土を一気に掘り下げて基盤層にいたる掘削をおこなったとは考えにくく、当時の表土を含めてかなりの量の上部の土が事前に取り除かれたことが考えられる。

畠状遺構下部南側の状況とe4層 畠状遺構の南側では、下位の4層をほぼ水平に削り出した直上にe4層とした基盤層土を大量に含む土が堆積している状況がみられたが、その厚さはA-A′セクションで約10cm、E-E′セクションでは約20cmに達する部分があった。下部の溝状遺構の検出によってこのほぼ

60　第3章　調査の成果

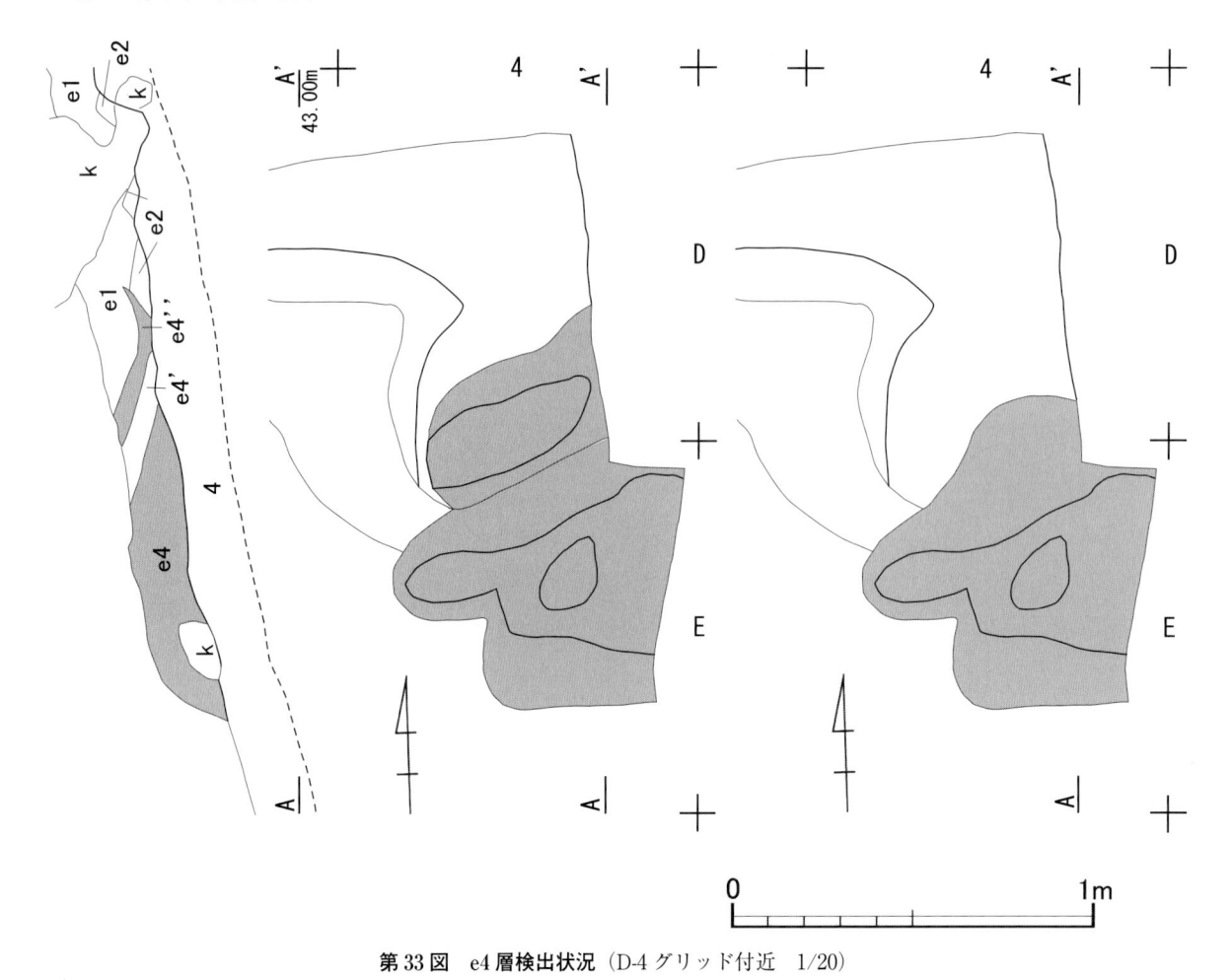

第33図　e4層検出状況（D-4グリッド付近　1/20）

　水平な削り出しは、溝A006およびB004としたそれぞれテラス状の部分の底面であることが判明し、e4層はそれぞれの底面のやや南側に盛土状に堆積していた。これらの間の方形周溝墓第1主体部周辺は、第1次および2次調査における検出作業によって、畠状遺構がほぼ失われてしまっていたが、第1主体部北壁に溝A204、1T06とした溝の一部が残存しており、その位置や底面のレベルから推定して、溝A006およびB004と一連の北にやや弧を描くテラス状をなす部分であったと考えられる。これを畠状遺構の一部をなすテラス状遺構としておく。e4層は、この底面の西端と東端で検出されたことになるが、やはり両者の間には連続してこの層の堆積があったと考えられる。中間にあたる第31図B-B'セクションでは、このe4層が確認できなかったが、ちょうど第1主体部が構築された部分にあたり、さらに上部の流失によって残されていないとみられる（第34図）。

　e4層は、第31図E-E'セクションでは、最大20cmほどの厚さで堆積しており、その北側に覆いかぶさるように黒色土の多いe4'層とe4層に近似するe4"層が見られた。E-4・5グリッド付近でこれらの土層を平面的に検出するとe4"層は、e4層に連続する盛土状になり（第33図左）、これとe4'層を除去すると盛土状のe4層が現れた（同右）。この部分のe4層の南側は、南西方向の傾斜で失われているが、E-E'セクションでは上部の3層・2層中に盛り上がるように残存しており、ある程度流失に耐えて残ったものと考えられる。A-A'セクションではさらに薄い堆積であって、平面的にはセクションベルトの範囲でやや東に広がったが、方形周溝墓検出時の削平で失われていた（第34図）。ただし、もともと東南方向の流

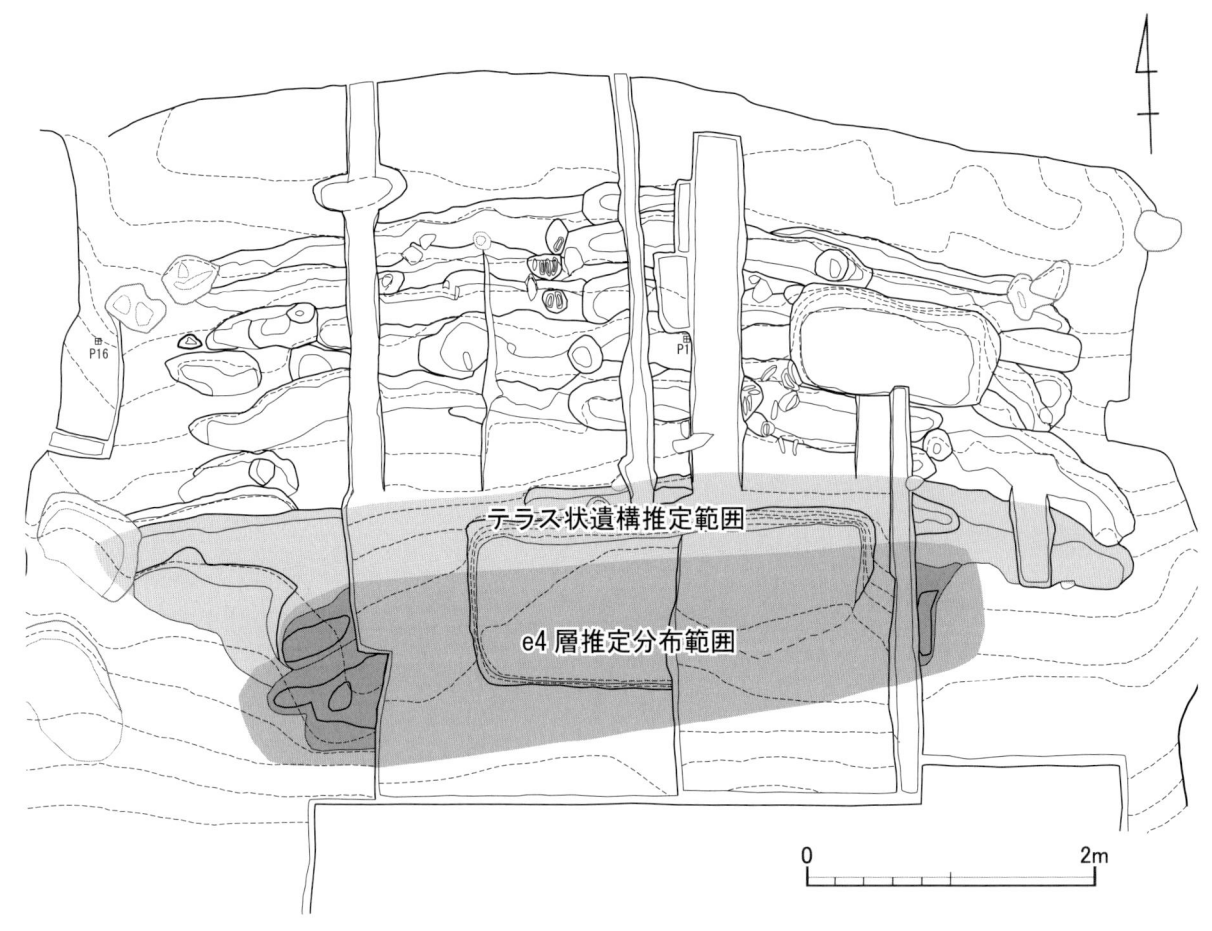

第34図　テラス状遺構及びe4層分布推定図（1/50）

失にさらされていたと考えられ、検出できたテラス状遺構のさらに東側ではe4層の分布が見られないことからも、さほど東側へは広がらないものと考えられる。これらのe4層は、テラス状遺構の奥壁からやや離れた底面上に蒲鉾形のマウンド状に置かれたことが推定できるが（第34図）、底面との間には間層をはさまないので、テラス状遺構が掘削されて間もなくこの地点に運び込まれたものと考えられる。また、このe4層が運び込まれた時点で、テラス状遺構内にはほとんど土が堆積していない、掘りあがった状態であったと推定でき、この点で、北側の細い溝状遺構群と性格が異なっているといえる。e4層は、基盤層土を主体とする土であると考えられるが、かなり明るい色調を呈する高燥な地点の基盤層を起源としていると考えられた（図版38-2〜5）。テラス状遺構自体は基盤層をほとんど掘り込んでおらず、北側の溝群は東側の一部で基盤層をある程度掘り込んでいるが、前述したその形成過程を考えても、これらの溝の掘削によってe4層の土が得られたとは考えにくい。したがって、e4層は、畠状遺構の範囲とは別のより高燥な地点（さらに東側の谷から離れた地点など）で掘削されたものがこの地点に持ち込まれた可能性が高い。

　テラス状遺構と北側の溝群を形成する造作との関係は、調査時点で前述したようなそれらの形成に関する認識をもっていたわけではないので、十分検討したとはいえない。e1層の形成がテラス状遺構および北側の溝群を形成する造作に後続することは確実であるが、テラス状遺構内の奥壁寄り下層にe2層として分層した土層が堆積しており、A-A'セクションではテラス状遺構奥壁の立ち上がり部分にe2層があると判断したことから、テラス状遺構→北側の溝群を形成する造作の順を考えておきたい。

畠状遺構覆土上部の構造と e1′ 層　畠状遺構覆土の上層は e1 層として分層できたが、e2 層より明るい色調を呈して黒色土と地山土とがよく混じりあった土として観察され、前述した畠状遺構覆土下部の撹拌層が形成された後、上部でさらに撹拌がおこなわれたものと考えられる。前述のように確認できた覆土の上面を精査したが、畠状遺構に関連すると考えられる溝や掘り込みなどは確認できなかった。

　覆土中の e1 層の下層から e2 層にかけて確認された e1′ 層は、断面では地山の黄褐色土をブロック状に多く含む層が、レンズ状もしくは下弦の三日月状など下面が弧を描く形状で、e1 層中に巻き上げられるような状況を呈していた。覆土全体を掘り下げる過程で、この e1′ 層についても部分的に平面的な追求をおこなった（第 35 図）。B-5 グリット付近では、第 31 図 D-D′ セクションで 3 つの e1′ 層（第 35 図上、イ、ロ、ハ）が確認できた。平面で確認できた部分は断面で確認できる幅よりせまいが、いずれも東西方向にほぼ同一レベルで帯状の広がりを持っていた。南側のイは、平面では南側で東西 60 cm 程がとらえられたイ 1 とほぼ同じ面で北側に 40 cm 程がとらえられたイ 2 の二手に分かれ、それぞれ西側は次第に不鮮明になって確認できなくなった。ロはイ 2 の上に、ハはロの上にそれぞれ一部被さるように上位で検出できたが、いずれもイと同様に西側は確認できなくなって終わった。第 1 トレンチの両壁（第 31 図 A-A′、B-B′ セクション）でも複数の e1′ 層を確認したが、B-7・C-7 グリット付近で、ニ・ホとした二つの e1′ 層のやはり東西方向に帯状に連なる平面的な広がりを確認した（第 35 図下）。南側のニは、第 1 トレンチ西壁で確認した部分からやや不鮮明になる部分をもちながらも一部第 2 主体部に削られて東壁で確認した部分に連なっている。ホは、以前の第 1 トレンチの調査でかなりの部分を削平していたが、第 2 主体部西側に帯状の一部を確認した。断面の状況からも、ニの上部に形成されていたものと考えられる。これら B-7・C-7 グリット付近の e1′ 層は、北側の一部が地山面まで達していたことが確認できる。

　これらのことから e1′ 層は、下面が凹んだ溝底状をなし、東西方向に断続的に帯状をなして形成されていたと推定される。また、e1′ 層は、基盤層土のブロックを多く含んでおり、それ自体が撹拌を受けたことが考えられるが、断面では、帯状の上部から両端が e1 層中に巻き上げられるように存在していることからも以下のような推定が可能であろう。まず、e1′ 層の下面が示すような溝状の掘り返しがおこなわれ、その底面付近に基盤層土が持ち込まれた。そこに掘り返した土を戻しながら撹拌がおこなわれた。その下部に残された基盤層土を多く含む部分が e1′ 層として確認できたのであり、こうした所作は、東西方向に繰り返し連続的におこなわれたのであろう。

　一方、帯状の e1′ 層は、下部の溝状遺構と同様に平面的には南北に並列して検出されるが、層位的にはそれぞれが前後関係をもっていることが確かめられる。B-5 グリット付近では、層位的な位置や重なり合いから、イ 1・イ 2 → ロ → ハの順に形成されたと考えられ、同様に B-7・C-7 グリット付近では、ニ → ホの順の形成が考えられた。それぞれの e1′ 層の間は主に e1 層で満たされており、この中での切り合い関係は確認できなかったが、上記の推定のように e1′ 層の形成が溝状の掘り返しと基盤層土の搬入、撹拌によるものであったとすると、その上部の土が撹拌されてしまりを失った状態で、次の並列する e1′ 層を形成する所作がおこなわれたとすれば、この状況が説明できる。つまり、下部の溝状遺構を形成する造作で推定されたように、e1′ 層を形成する造作もまた並列する掘り返しがきわめて短時間のうちに連続しておこなわれた可能性が考えられる。また、上記したそれぞれの近接する e1′ 層の間の南側から北側へ向かう前後関係は、断面で確認できたその他の地点での e1′ 層間でも矛盾がなく、e1′ 層を形成する東西方向に連続する造作は、畠状遺構全体としては南側から北側に向かって順におこなわれた可能性が高い。

第3節 畠状遺構の調査 63

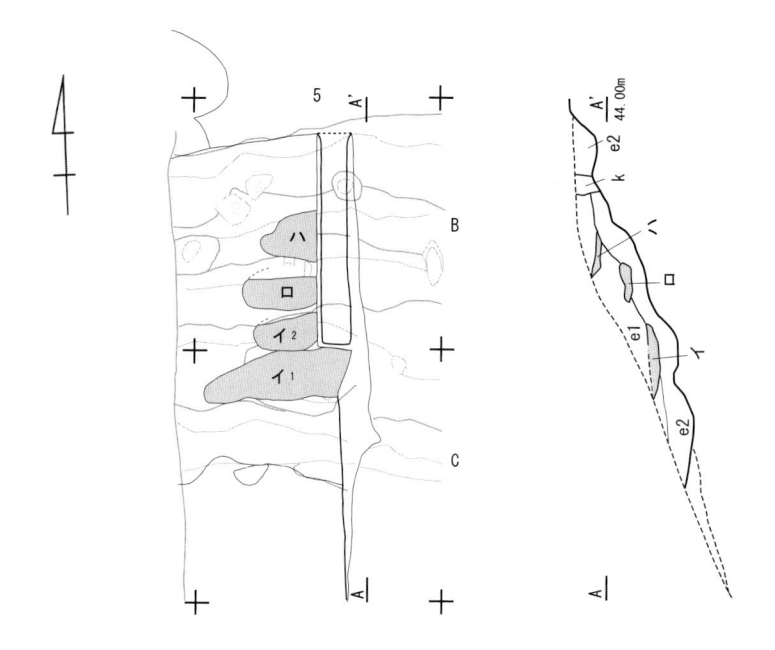

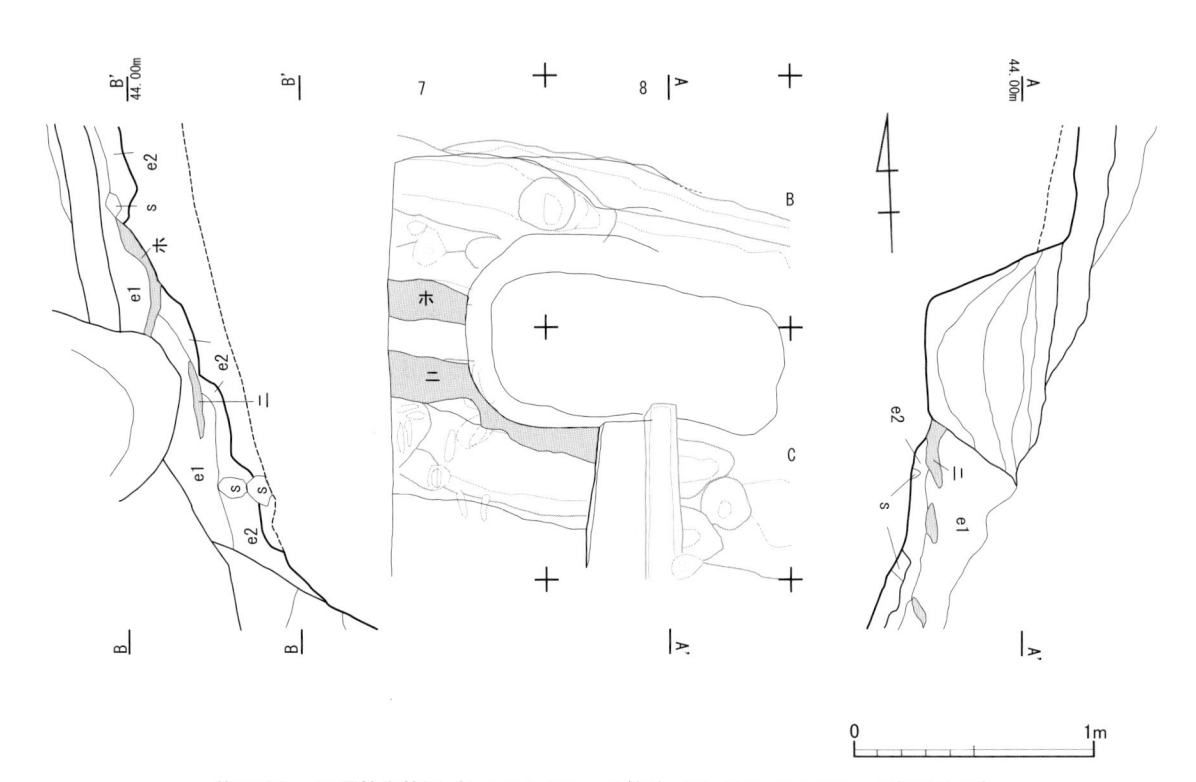

第35図 e1'層検出状況（上：B-5グリッド付近、下：B-7・C-7グリッド付近 1/30）

このように考えてくると、e1′層とその上部に形成されるe1層の北側上部に、おおむね次のe1′層および上部のe1層が形成されており、この関係を乱すような、あるいは、上部からe1′層の形状を乱すような深い撹拌等の造作は認めがたい。したがって、e1層はその上部を除いておおむね上記したe1′層を形成する造作によって形成され、その後も深い掘り返しなどを受けずに保たれた可能性が高い。

5）畑状遺構の下部構造

　畑状遺構の覆土下面は、北側の前述した覆土下部の造作によって形成されたと考えられる東西方向に連続する細く浅い溝が南北に並列する状況と南側のその底面にe4層が盛られたテラス状遺構によって構成される。全体として掘り込みが基盤層もしくはその近くまで及ぶ一方、斜面の傾斜よりやや緩くなるが傾斜をもっており、溝状遺構の並列は雛壇状をなしている。この下面構造と覆土が一体となって畑状遺構を構成すると考えられたが、最終的に面的な形状やその範囲を確定できたのは、この下面構造の残された部分のみであった（第30・32図）。

　検出された畑状遺構底面の範囲は方形周溝墓の方台部内部に収まっている。北側は周溝墓の盛土に際して水平に削平が行われたことにより失われているが、溝状遺構の掘削される地山面の傾斜は北側で次第にきつくなる傾向が認められ、このことからも北側へはさほど広がらずに終わっている可能性が考えられる。東端は、B-9・C-9グリッド付近で北側の溝群が明瞭に終わっており、さらに南側の溝B003がD-10グリッドにかかる付近まで延びている。この溝B003およびB002は南に向かって湾曲して終わる状況が認められ、畑状遺構下部の掘り返しの起点もしくは終点を示している可能性が考えられる。西側はB-3・C-3グリッド付近で、前述のように斜面の流失によって各溝が細く浅くなって途切れるような形で検出されており、本来はさらに西側に広がった可能性が考えられる。また、南東側および南西側は2層もしくは3層を除去した時点ですでに5層ないしは4層に到達し、畑状遺構は残されていないが、このことは方形周溝墓の墳丘が南東および南西隅から崩落が進み、これらの部分が流失した結果であると考えられる。方形周溝墓東溝の東側についても精査したが、同種の遺構は認められなかった。西溝の西側についても調査区を拡張して確認をおこなったが、2層ないしは3層を除去して西溝立ち上がりの上端を確認したが、この段階ですでに4層に到達しており、畑状遺構の覆土は確認できなかった。周溝内の西側で畑状遺構の掘り込みが浅くなることとこの地点の検出面の標高を加味しても、仮にこの地点まで畑状遺構がつくられていたとしてもすでに流失してしまった可能性が高い。以上のことから、覆土下部構造の検出範囲はおおむね東西7m、南北4mほどの範囲となった。

　畑状遺構下部構造の北側を中心に残される溝状遺構は幅30cm～40cmほどで、概して数cmから10cm前後と浅く、それぞれの上端はやや出入りの激しい不整な形状をなして下面も凹凸が激しい。また、検出した見かけ上、斜面下側（南側）に接する別の溝と重複して南側の立ち上がりは明確ではない場合が多い。各溝はこの東端からほぼ直線的にB-6・C-6グリッド付近まで延び、ここからやや南寄りに向きを変えて再び西方向に直線的に延びる。東端の溝の始まりがほぼそろっていることに加え、溝がやや不連続になる部分や溝内に段差が生じる部分が南北に並列する溝間でほぼ一致する状況が、B-8・C-8グリッド付近、B-6・C-6グリッド付近、B-4・C-4グリッド付近で認められるが、一定の長さでの掘り返しの単位を示す可能性が考えられ、それが南北方向に連続して行われた可能性がある。またそれぞれの単位が斜面の上方寄りにわずかに弧を描く傾向も指摘しうるであろう。以上のような所見からすれば、前述のよう

第3節　畠状遺構の調査　65

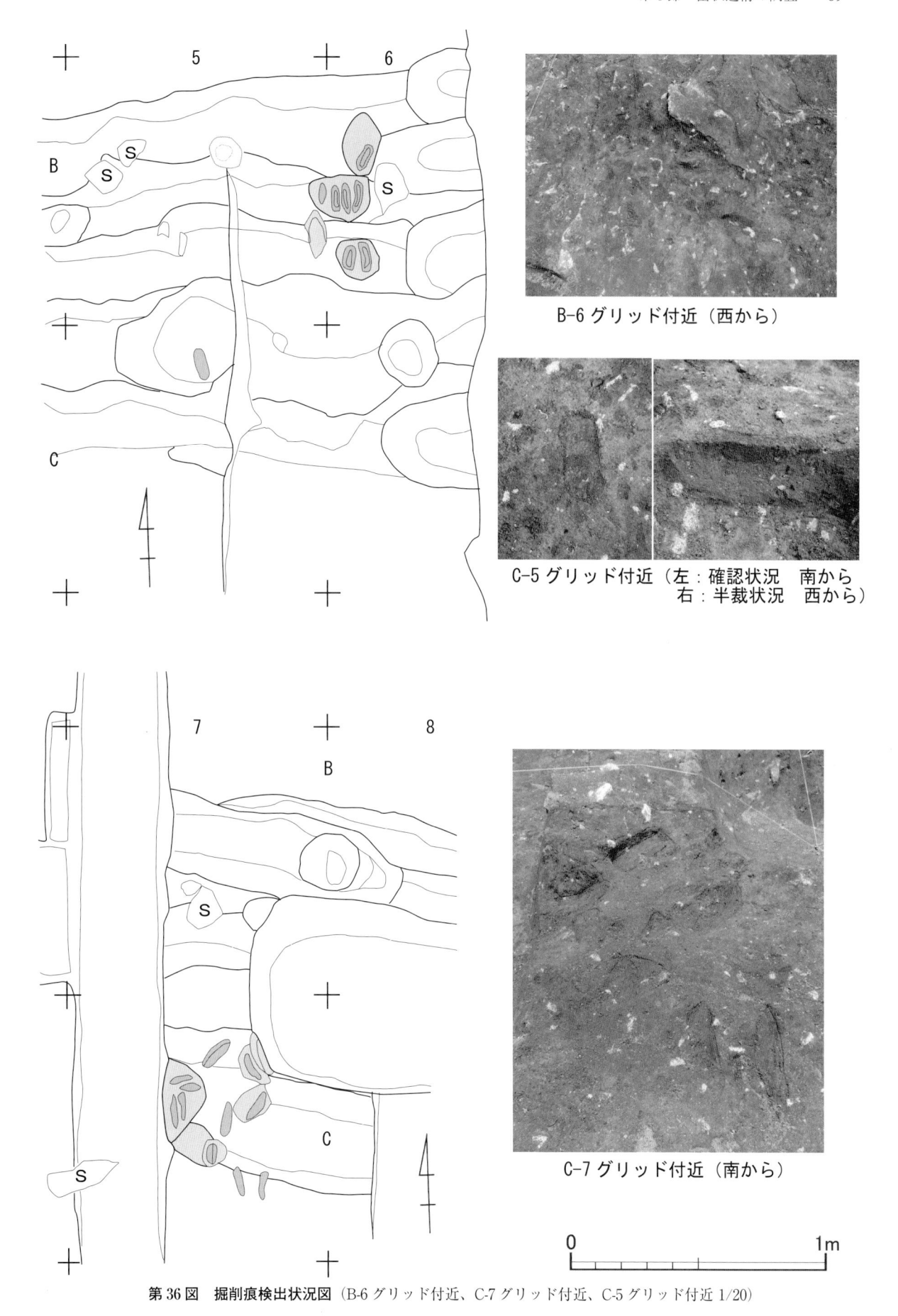

B-6グリッド付近（西から）

C-5グリッド付近（左：確認状況　南から
　　　　　　　　右：半裁状況　西から）

C-7グリッド付近（南から）

第36図　掘削痕検出状況図（B-6グリッド付近、C-7グリッド付近、C-5グリッド付近 1/20）

な溝状遺構を残す覆土下部の造作が、東西に一定の幅でおこなわれ、さらに南北方向に並列して連続的におこなわれた状況を想定しうる。

南側のテラス状遺構は、溝A006およびB004とその間に一部残された溝A204、1T06をつないで復元できる。北側の溝状遺構群と異なり、その底面は平坦でほぼ水平に削り出されており、前述のようにこれが掘削された段階でe4層が積置かれたと考えられる。第34図に示したように、奥壁はやや弧状をなして掘り込まれ、規模は東西約7m、奥行きは確認できる範囲で約1.5mを測り、さらに斜面側に削り出した土が置かれて広い平坦面をなしていた可能性がある。

掘削痕 覆土の除去を終えた段階で、主として溝状遺構が残される部分にさらに小規模な落ち込みを示す黒色土のシミが数か所認められた。これを掘り下げると第36図に示したように幅10 cm前後の隅丸長方形ないしは長楕円形の落ち込みが集中して認められるものである場合が多く、それが単独で認められる場合もあった（図版39）。B-6グリッド付近では長軸を南北方向に向けるものが、3か所ほどに集中して認められた（第36図上）。また、C-7グリッド付近では南北方向を向くもののほかに東西や不定方向を向くものが集中して認められた。これは掘削した道具の先端の痕跡を示す可能性が高いが、長軸方向に裁ち割ってその形状を確認できたC-5グリッド付近の例（同図上、図版39-3）では、長さ12 cmで先端はやや丸みを帯びるものであった。これらの残された掘削痕は、通常の溝の掘り返しよりさらに深く掘削が及んだものと考えられ、石や根などの障害物を取り除いた痕跡などである可能性があるが、長軸を南北に向けるものが多いことは、通常の掘り返しも道具を同方向に向けて掘削した可能性を示唆するものと考えられる。また、その先端の形状はさらに検討を要するが、周辺で採集されている弥生中期前半のものと考えられる大型打製石斧（石鍬）によるものと考えても矛盾はないようである。

畠状遺構については、調査の当初から畠以外の構造物である可能性も検討してきた。最も蓋然性が高いと考えられるのは方形周溝墓の構築に関わる造作であるが、検出部分が周溝墓の方台部に収まるということ以外にその構築に先立ってこのような造作をする合理的な説明は得られなかった。また、周溝墓の盛土下面は畠状遺構の覆土を水平方向に明瞭に削って盛られており、2基の主体部についても畠状遺構の覆土を掘り込んだ面は明瞭であることから、これらの掘削段階で、畠状遺構の土壌はかなり安定していたことが想定される。

6）出土遺物

畠状遺構覆土中に明確にともなったと考えられる土器、石器などの出土遺物はなかった。

第38図10は、B-9グリッドでa6層を除去し、溝B00A・Bの確認をおこなった上面で検出されたものと第2次調査でB-8グリッド付近のa6層より上層で出土した破片が接合した。太い3本の沈線の上下に三角文を描く構図と見られ、下位の三角の中に棒状工具による刺突がみられる。平沢式ないしは遊ヶ崎式土器に比定されるものと考えられる。同図11は、A'区で3"層を除去する過程でC-3グリッドのやや南西よりで検出された。溝A004a西端の延長付近に位置するが、溝は検出できなかった地点である。斜位の条痕を有する小型の壺の胴部破片とみられ、丸子式土器に比定できる。以上の2点が畠状遺構覆土に伴った可能性がある。

（篠原）

第4節　その他の遺構と遺物

1）その他の遺構（第37図、図版5・6・18）

　手越向山遺跡で検出された遺構は、前記した方形周溝墓、畠状遺構に関連するもの以外に、柱穴（SP01〜03）と土坑（SX04）がある。いずれも覆土の状況などから比較的新しい時期に形成されたものと考えられる。

　柱穴　柱穴は第1次調査で、第1トレンチで1ヶ所（SP01）、第2トレンチで2ヶ所（SP02、SP03）検出されている（第10図、第37図、図版5・6）。

　SP01は第1トレンチ南側、西寄りに位置し、上端で南北約36cm、東西約25cmを測り、南北に長軸をもつ隅丸方形を呈している。深さは最深部で約80cmを測る。断面では深くなるにつれ幅が狭くなる様子が見てとれる。覆土堆積の様子から自然に埋まったものとは考えにくく、人為的に埋められたと推定される。トレンチの底面で検出したが、さらに上部から掘り込まれたものと考えられる。

　SP02は第2トレンチ中央部、やや東寄りに位置し、上端で南北約30cm、東西37cmを測り、歪んだ五角形を呈している。深さは約8cmを測る。断面は斜面に平行するような緩やかな弧状を呈しているが、底面は平らであり、柱穴であったと考えられる。

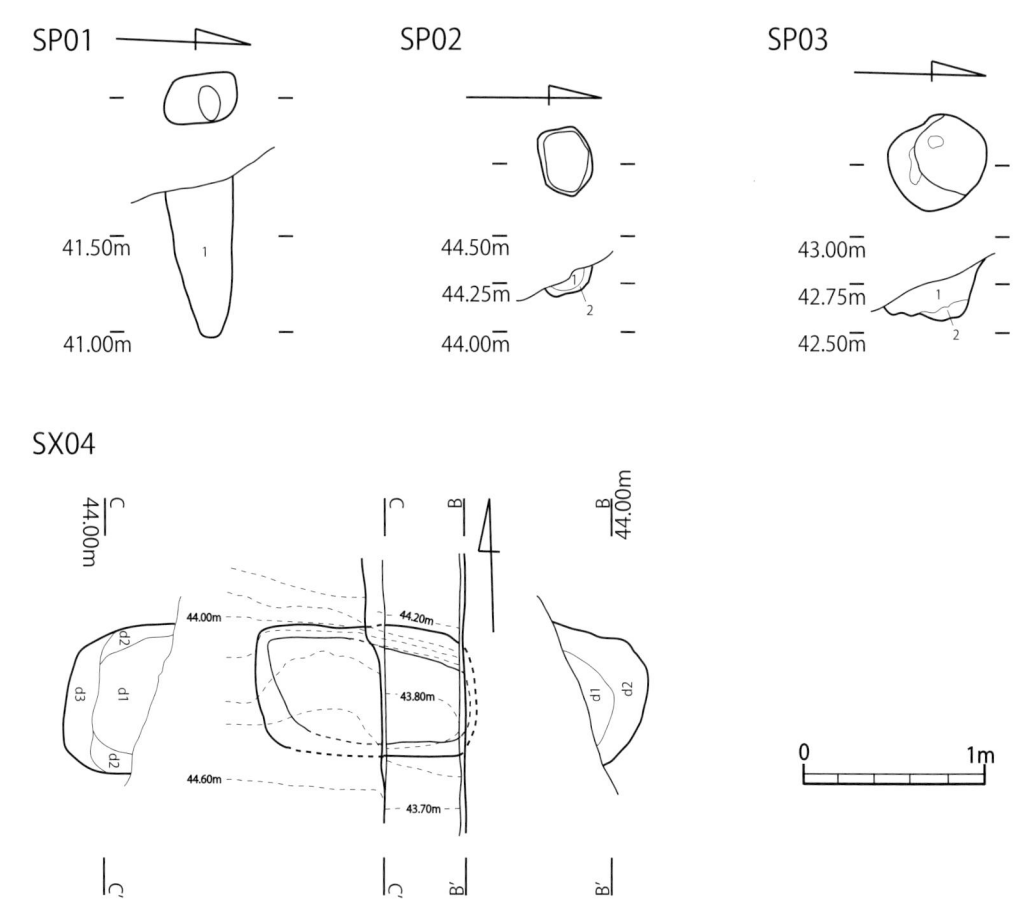

第37図　SX04、SP01、SP02、SP03 平面図および土層断面図

68　第3章　調査の成果

その他の遺構土層注記（第37図）

SP01
1層　暗茶褐色土　1mm程度の黄褐色土粒子を少量含む、しまりよわい、粘性ややあり。

SP03
1層　暗褐色土層　6cm程度の薄い黄土がごく少量あり。
2層　黒褐色土層　6〜8mm程度の礫をごく少量含む。3cm程度の地山層のブロックを少量含む。

SP02
1層　黒褐色土　砂岩を少量含む。
2層　明茶褐色土　地山層のブロックを多く含む。

SX04
d1層　茶褐色土　しまりやや欠ける、粘性あり。Φ1cm程の砂岩礫を少量含む。
d2層　茶褐色土　しまりあり、粘性なし。Φ5mm〜1cm程の砂岩礫をわずかに含む。
d3層　焼土　しまりやや欠け、粘性やや欠く。焼土とΦ1cm弱の炭を多く含む。

　SP03はSP02の南側約1.8mに位置し、上端で南北約40cm、東西約44cmを測り、正円形を呈している。深さは北側で約30cmを測り、中央部では約21cmを測る。断面では底面が、斜面に対してやや水平に削られていることが見てとれる。また中央部から北側にかけて、約6cm下がるため段が一つ形成されている。覆土は黒褐色土に地山ブロックを斑状に含んでおり、底面の凹凸もはげしいことから根による撹乱である可能性も考えられる。

　これらの遺構に伴う遺物は検出されなかった。SP01、SP02は、覆土の状況等から比較的新しい時期に掘られたものと考えられるが、詳しい時期や性格については不明といわざるを得ない。

　土坑　調査区中央部、第1主体部から北に約1mのところでSX04が検出されている（第10図、第37図、図版18-3・4）。SX04の南側は、調査の際の掘削により、削平されており明瞭ではないが、上端で東西約1.2m、南北0.7mを測り、隅丸方形を呈していると推定される。断面では標準土層の3層上面から掘り込まれている様子が確認できる。B-B'セクションでは弧状を呈しているが、C-C'セクションでは平坦な底面をもつことが見てとれる。覆土がレンズ状の堆積をしているため、自然に埋まったものだと考えられるが、d3層に焼土や1mm程の炭を大量に含むことから、何らかの人為的な行為があったことがうかがえる。その他遺構に伴う遺物は出土しておらず遺構の時期、性格は不明である。　　　　　　　　　（真鍋）

2）手越向山遺跡出土遺物（第38図、図版41・42）

　5次にわたる手越向山遺跡の調査で、明確に遺構に伴うと考えられた遺物は、方形周溝墓西溝で出土した壺形土器1点のみであった。このほか、調査の過程では、主として弥生土器の細片などが出土しており、土層標本切出しの際に発見された有舌尖頭器、調査地点近傍で採集した打製石斧を含めてここで取り上げた（第38図）。

　弥生土器　第38図1〜14は弥生土器である。1〜3は第1次、4〜10は第2次、11〜14は第4次調査時に出土したものである。なお10は第2次と第4次調査時に出土したものが接合した。

　1〜6、8、11〜13は外面に条痕による調整が見られる。条痕の原体は棒束と考えられる。横位または斜位の条痕が多く見られ、内面はすべてナデ調整である。1、3、12が甕、4、5、6、8、11、13が壺である。8はハの字もしくは鋸歯状に条痕を施しており、文様部分の一部である可能性がある。羽倉型もしくは平沢型の壺と考えられる。9は壺の底部である。内面はナデにより調整されており、底面に網代痕を残す。

第4節　その他の遺構と遺物　69

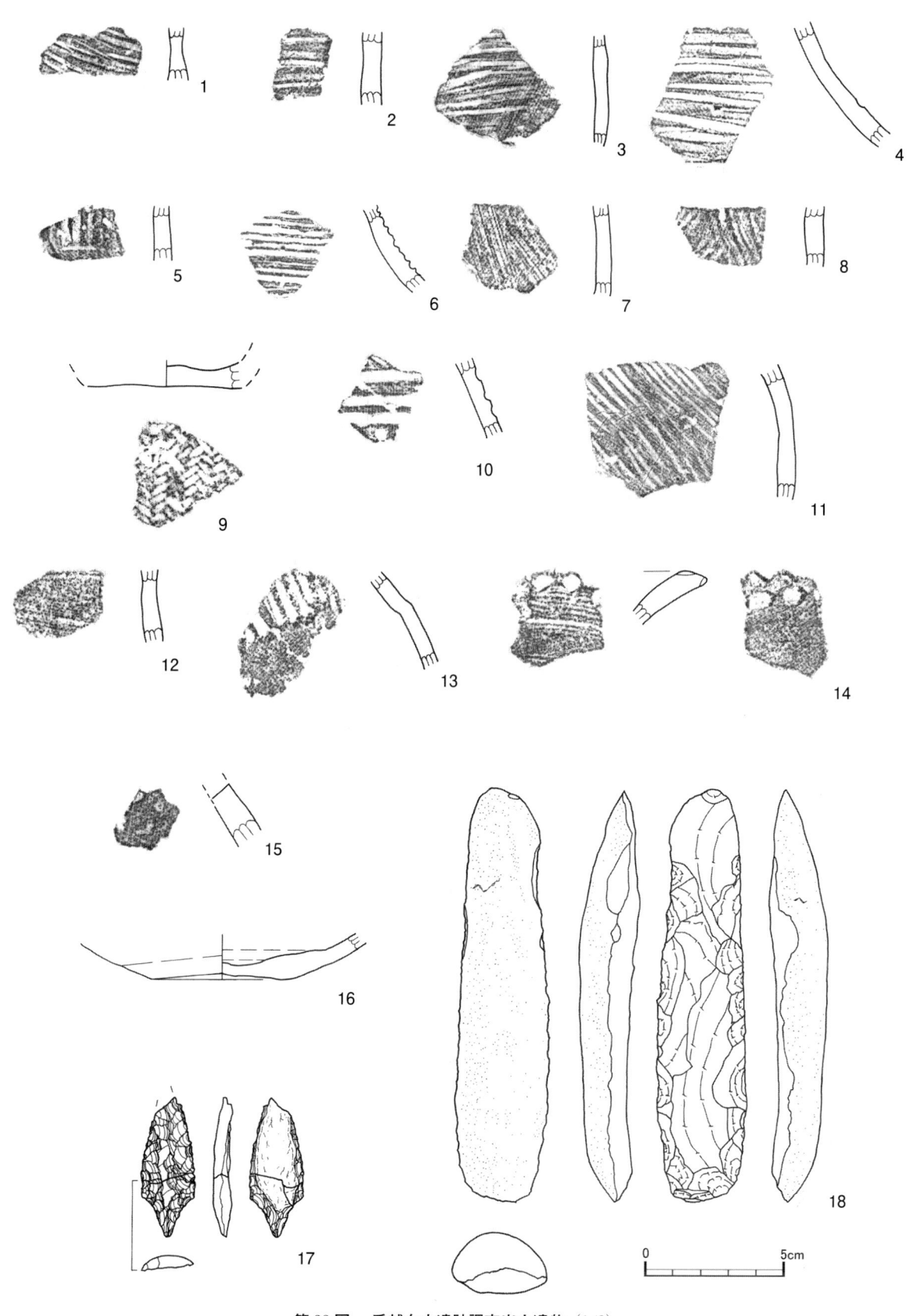

第38図　手越向山遺跡調査出土遺物（1/2）

10は壺の胴部である。外面には横位に3本の沈線、その上下に斜位の沈線が施されている。外面の下部には棒状工具による刺突が見られる。平沢型壺もしくはさらに新しい段階の文様の一部と考えられる。7、14は外面にハケによる調整が見られ、時期は共に中期後半のものと考えられる。7は甕の胴部である。外面には斜位、横位のハケ目が見られる。14は甕の口縁部である。口唇部には工具による刻み、口縁内面には押圧が見られ、外面には斜位のハケ目が見られる。

1〜14のうち3、7〜10の胎土には雲母が少量含まれている。

土師器 15は古墳時代前期の有稜高杯もしくは器台の脚部と考えられる。外内面共にナデにより調整されており、上部には穿孔下端が見られる。

須恵器 16は須恵器の底部である。内外面共にロクロナデによる調整が見られ、外面下部は回転ヘラ

表2 手越向山遺跡出土土器観察表

挿図番号	図版	種別	器形	部位	整形・施文	焼成	残存率	胎土	色調	注記	グリッド	出土位置・層位	備考
第27図1	41-1	弥生土器	壺	頸部	外面：5条/cmのハケ目。胴部上位から頸部にかけてはハケ後ナデか？胴部上位に幅2mm程の横位沈線が一周する。肩部から頸部にかけて2mm程の沈線による線刻が見られる。内面：ハケによる調整後、ナデ、押さえ。内面底部はハケ目を残す。底面に木葉痕。	良	80%（口縁部欠）	やや密、4mm以下の長石、黒色粒、白色粒を多量に含む。	暗淡茶褐色	TGMⅣ西溝	A・B-2	方形周溝墓西溝	外面胴部から底部にかけて煤付着
第38図1	42	弥生土器（条痕文）	甕	胴部	外面：幅3mm程/条の横位棒条痕。内面ナデ。	良	小片	密、1mm以下の長石、黒色砂粒をわずかに含む。	淡茶褐色	TGMNo.1		第1トレンチ北側3層	
2	42	弥生土器（条痕文）	？	？	外面：幅6mm程/条の横位浅い条痕。内面ナデ。	良	小片	密、1mm以下の長石、黒色砂粒をわずかに含む。	淡茶褐色	TGMNo.2		第1トレンチ排土中	
3	42	弥生土器（条痕文）	甕	胴部	外面：幅1〜2mm程/条の斜位細密条痕。内面ナデ。	良	小片	密、1mm以下の長石、黒色砂粒を多量に含む。1mm〜1.5mm程度の雲母片を少量含む。	暗橙褐色	TGMNo.3	D-7	SX02(第1主体部覆土中)	外面煤付着
4	42	弥生土器（条痕文）	壺	肩部	外面：幅2〜3mm程/条の横位棒束条痕。内面ナデ。	良	小片	密、0.5mm以下の長石、白色、黒色砂粒を多量に含む。	淡茶褐色	TGMNo.7 A区		A区北端付近3層	
5	42	弥生土器（条痕文）	壺	胴部	外面：幅4mm程/条の縦位棒束条痕。内面ナデ。	良	小片	密、1mm以下の白色、黒色砂粒をわずかに含む。	暗赤褐色	TGMNo.12 B区	B-10	B区SX03(方形周溝墓東溝)覆土上面	
6	42	弥生土器（条痕文）	壺	肩部	外面：幅1.5mm程/条の深い横位条痕。内面ナデ。	良	小片	密、0.5mm以下の長石、白色粒、黒色砂粒を多量に含む。0.5mm以下の雲母片を少量含む。	暗茶褐色	TGMNo.15 A区	A-5	a1層	
7	42	弥生土器（中期後半）	甕	胴部	外面：7条/cmの斜位、横位のハケ目。内面ナデ。	良	小片	密、1mm以下の長石、白色、黒色砂粒を少量含む。0.5mm以下の雲母をわずかに含む。	暗赤褐色	TGMNo.27 B区		東溝覆土中	
8	42	弥生土器（条痕文）	壺	肩部	外面：幅2mm/条のハの字に描く（？）斜位条痕、磨耗が著しい。内面ナデ。	良	小片	密、0.5mm以下の白色粒、砂粒を少量に含む。0.5mm以下の雲母片をわずかに含む。	淡茶褐色	TGMNo.25 B区	B-11	東溝覆土上層	
9	42	弥生土器（平沢系？）	壺	底部	底面に網代痕。内面ナデ。	良	小片	密、0.5mm以下の長石と黒色砂粒を多量に含む。1mm以下の雲母を少量含む。	暗赤褐色	TGMNo.21 A区	B-2	西溝上層	
10	42	弥生土器（条痕文）	壺	胴部	外面：横位に幅4mm程の沈線3本、その上位と下位に斜位沈線、下位に棒状工具による刺突。内面ナデ。	良	小片	密、1mm以下の長石、黒色砂粒を多量に含む。0.1〜1mm程度の雲母片を少量含む。	暗橙褐色	TGMⅣNo.5 TGMNo.19 B区	B-9 南西 B-8	畠状遺構覆土上面 a6層もしくは3層	
11	42	弥生土器（条痕文）	壺	胴部	外面：幅2mm/条の斜位条痕。内面ナデ。	良	小片	密、0.5mm以下の砂粒をわずかに含む。	暗淡茶褐色	TGMⅣNo.11	C-3	3層もしくはe1層	
12	42	弥生土器（条痕か？）	甕？	？	外面：斜位条痕か？磨耗が著しい。内面ナデか？磨耗が著しい。	良	小片	密、1〜2mm程度の長石、白色粒、砂粒を多量に含む。	暗茶褐色	TGMⅣNo.6	A-4	a6層(墳丘盛土中)	
13	42	弥生土器（条痕文）	壺	肩部？	外面：ナデの後、幅3mm/条の斜位条痕を描く。内面ナデ。	良	小片	やや密、0.5mm程度の長石、白色粒、砂粒を含む。	暗淡茶褐色	TGMⅣNo.8	D-1・2	西溝D-D'セクションベルト表土	
14	42	弥生土器（中期後半）	甕	口縁	口唇部に幅6mm、深さ3mm程度の刻み、口縁内面に幅7mm程の押圧。外面：6条/cmのハケ目。内面ナデ。	良	小片	密、0.1〜2mm程度の長石、黒色砂粒を含む。	淡茶褐色	TGMⅣNo.9	D-1・2	西溝D-D'セクションベルト表土	内面煤付着
15	41-2	土師器	高杯	脚部	外面：ナデ。内面ナデ。内面は磨耗が著しい。上部に穿孔下端がみられる。	良	小片	密、0.1〜1mm程度の長石、砂粒を少量含む。0.1mm程度の雲母を少量含む。	橙褐色	TGMNo.5		第1トレンチ排土中	
16	41-2	須恵器	杯	底部	外面：ロクロナデ、外面下部回転ヘラケズリ。内面ロクロナデ。	良	20%	極緻密、0.5mm以下の砂粒をわずかに含む。黒色粒の発泡あり。	淡青灰色	TGMNo.31 B区		B区排土中	

表3 手越向山遺跡石器観察表

挿図番号	図版番号	器種	材質	グリッド	遺構・層位	長さ(cm)	幅(cm)	厚さ(cm)	重量(g)	備考
第38図17	41-2	有舌尖頭器	赤紫色チャート	B-6	基盤層	4.9 cm	1.8 cm	0.45 cm		
18	41-2	打製石斧	淡緑灰色細粒凝灰岩	調査地点西側約10mの畑地で表採		14.2 cm	3.2 cm	1.85 cm	124 g	

ケズリにより仕上げられている。

有舌尖頭器 17は有舌尖頭器である。松田順一郎氏による土層標本切り出し時に基盤層から出土し、この時に欠損した。先端部は出土していない。表面では斜向剥離が観察される。裏面は被熱によるハジケで大きく欠損している。

打製石斧 18は打製石斧である。腹面は両側縁からの剥離により比較的平坦に整形され、背面は自然面を残している。両側縁部には更に敲打による調整が施されている。下端部には使用によるものと考えられる摩滅が見られることから、刃部と考えられる。石材は淡緑灰色細粒凝灰岩である。　　　　　　　　　　　（真鍋）

第4章　畠状遺構の自然科学的分析

　手越向山遺跡で検出された畠状遺構については、その内容を検討するために自然科学的な分析を実施した。分析をおこなったのは、①畠状遺構覆土を採取しておこなったプラント・オパール、花粉、植物種実の分析、②回収した畠状遺構覆土を水洗した回収物に含まれる種実の分析、③畠状遺構覆土のブロックサンプルを採取しておこなった土壌学的な観察・分析の3項目である。分析は、それぞれ専門家・機関に依頼しておこない、結果については巻末に附編として掲載した。ここでは、それぞれの試料の採取の経過や遺跡においての考古学的な位置づけについて補足するとともに、現時点での所見や注意点および課題を述べておきたい。

1）畠状遺構周辺の微化石分析

　畠状遺構覆土を対象としたプラント・オパール、花粉、種実の微化石・大型化石分析については、第2次調査と第4次調査においておこなった。

　第2次調査では、方形周溝墓の概要が明らかになり、その方台部盛土層（a6層）の下部に確認されていた地山面との間に凹凸をもつ黒色土の堆積（e1・e2層）が、人為的なものであり、かつ方形周溝墓の構築に先行するものであると考えられたことから、畠に関連するものである可能性も考えて分析の対象とした。株式会社古環境研究所の松田隆二氏と協議して、黒色土（e1・e2層）と対照試料として方形周溝墓盛土層（a6層）を試料とし、採取は篠原がおこなった。採取地点は、方形周溝墓盛土が第39図S07a、下層の黒色土がS07bである（図版19）。結果は、附編1に示された通りであるが、プラント・オパール、花粉分析ともに二つの試料の間には顕著な相違は見られなかった。また、プラント・オパール分析では、ネザサ節

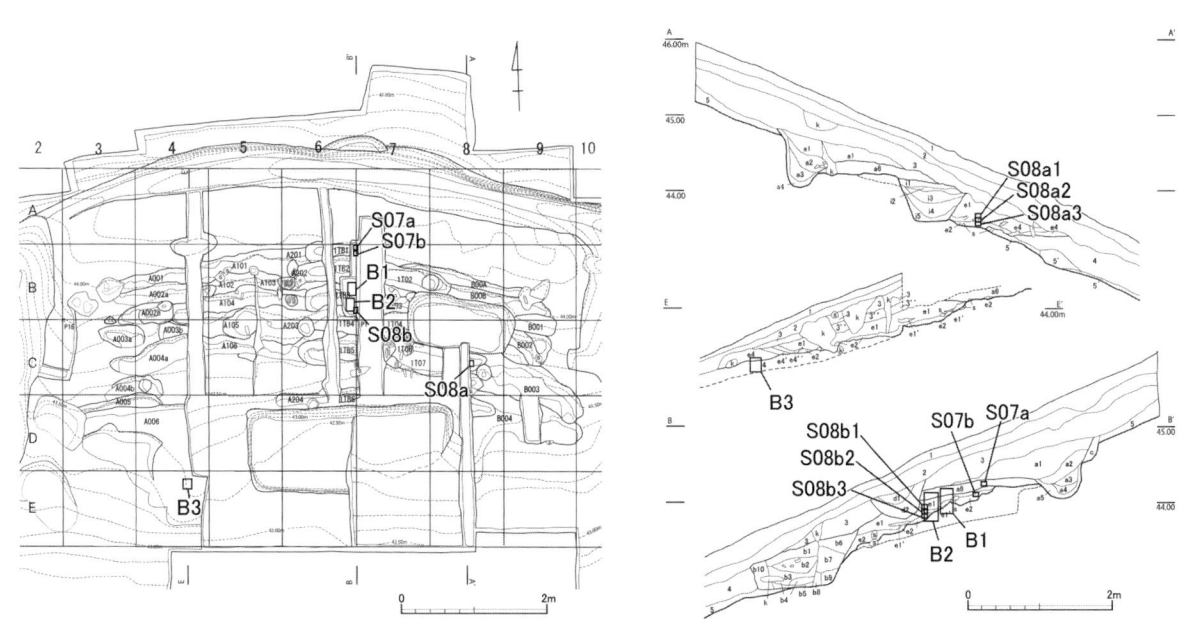

第39図　分析試料採取地点

型、メダケ節型、ススキ属型が高率で検出された一方、イネ科栽培植物が含まれる分類群は検出されず、イネ科の穀類が栽培された可能性は認められなかった。花粉分析では、ヨモギ属とイネ科を主とする草本が生育するやや乾燥した環境が示唆され、周辺でのコナラ属の森林の分布が示唆されているが、明らかな栽培植物の花粉は確認されていない。また、種実の同定では、種実は検出されず、現生の植物の根等が認められた。

　第4次調査では、畠状遺構の広がりが推定されるようになり、覆土の再検討をおこなって、e1、e2層およびe1'層の分層を終えた段階で、松田隆二氏に来跡いただき（2008年8月26日）、試料の採取をお願いした。採取試料は、第2次調査採取地点より南側の畠状遺構覆土で、第1トレンチ東壁A-A'セクションのe1層、間層（主にe1'層）、e2層の3点（第39図S08a1、S08a2、S08a3）、同西壁B-B'セクションのe1層、間層（主にe1'層）、e2層の3点（第39図S08b1、S08b2、S08b3）の計6点であった。結果は、附編2に示されているが、プラント・オパール、花粉分析ともに6つの各試料が類似した傾向を示し、また、内容も第2次調査とほぼ同じ結果が得られた。種実については、ここでは分析を実施しなかった。

　これらの結果は、畠状遺構覆土に含まれるプラント・オパール、花粉が示す植物環境では、イネ科雑穀類の栽培の可能性は極めて低く、メダケ属が繁茂する竹藪のような状態であった可能性が高いとのことであり、ここで農耕がおこなわれていた可能性を積極的に肯定することはできないとのことであった。一方で、畑作の可能性を考えるとすれば、花粉分析の結果から乾燥地に生育する耕地雑草のキク亜科やタンポポ亜科、乾燥地を好むヨモギ属の花粉が検出されていることは比較的乾燥した畠の環境と適合する。また、可能性が低いイネ科雑穀類以外のイモや根菜類その他の野菜類が栽培されていた可能性は否定できないということであろう。

　分析した試料すべてにほぼ同様の結果が得られたことについて、畠状遺構覆土については、その形成過程の検討の結果、短期間の撹拌の連続によって形成されたことが推定され、その後の微化石の蓄積については同様の環境にあったことが考えられる。また、方形周溝墓盛土については、土壌の分析によって基盤層土と畠状遺構覆土起源の土壌を含んでいることが示唆されていることから、畠状遺構覆土の内容を反映していることが考えられる。一方、分析段階ではあまり重視していなかった問題として、微化石の上部からの混入の問題がある。後述する畠状遺構覆土の水洗による回収物では、炭化していない現生種実の混入がかなりの割合で認められた。微化石についても現生のものが高率で混入している可能性がある。現地の調査前は、ササ類が生い茂り、雑草が繁茂する状態であり、調査の過程でもこれらの根が基盤層にまで及んでいる状況が確認された。分析結果が、こうした現生の状況の影響を強く受けている可能性が高いことが考えられるが、この点については、分析後の検討で松田氏にも同意を得ている（篠原ほか2010）。ただし、当時の微化石も残されているとすれば、イネ科の雑穀類の栽培の可能性が低い点などは重視する必要があろう。

2）畠状遺構覆土の水洗選別調査と検出された植物種実分析

　畠状遺構覆土については、土中に含まれる炭化種実などを検出する目的で、上部のa6層や3層の除去が終了した段階以降、他の掘削土との混入の可能性が少ないものについてすべて回収した。この作業の実施については川崎志乃氏の助言を得た。研究室に持ち帰ったこれらの試料については、調査終了後、順次断続的に水洗選別を進め、回収した試料について、株式会社パレオ・ラボの佐々木由香氏に分析を依頼し

た。水洗選別作業については、回収した土嚢袋で183袋に及ぶ試料のうち、現在78袋分を終えているが、分析を済ませ今回報告できたのは70試料分である。分析結果については附編3に示されている。以下では、まず、土壌試料回収の方法、水洗選別の方法、水洗選別回収試料の1次同定（分別）の方法について説明した後に、分析結果についての所見と課題について述べる。

現地での土壌試料回収の方法　第3章第4節に示したように、畠状遺構の覆土は掘り下げをおこなった掘削土を第29図に示したグリッドおよび遺構番号をつけた溝毎に適宜土嚢袋に入れて回収し、土嚢袋にグリッド、遺構名、回収日を注記した。覆土上部では溝を確認できなかったので、上層の試料は基本的にグリッドのみの注記であり、溝の遺構番号がついたものは、溝底面に近い下層試料である。

水洗選別の方法と手順　水洗選別は、土嚢袋で回収された一袋の試料を単位として、高瀬克範氏によって紹介されたフローテーション法（高瀬2004）を参考にしてマニュアルを作成し、以下の手順でおこなった。

1）土壌試料の乾燥　1袋分の試料について、注記を記入したカード（注記カード）を作成し、試料を平箱にあけ広げ、数日放置して乾燥させる。カードは平箱にテープで張る。

2）土壌重量の計測　乾燥した試料の重量を計測する（ひょう量21 kg、目量20 gの電子秤を使用した）。実施簿に実施日、資料の注記内容と重量を記入する。この計測順を試料番号とした。

3）水中への土壌試料投入　乾燥カゴにブロード布を敷いたものを用意し、注記カードを布の端にホッチキスで止める。タライに水（水道水を使用）を張り、1.0 mmメッシュの篩の中に2.0 mmメッシュの篩を入れ子にしてタライの中に浸す。内側の篩の中に試料を投入する。量が多い場合は3）→4）の作業を数回に分ける。

4）浮遊物・沈殿物の回収　篩の中を軽く撹拌したのちにしばらく待って、浮遊物を0.5 mmメッシュの篩（市販の天カス掬いを使用した）で回収し、乾燥カゴのブロード布の上に落とす。さらに撹拌と回収を数回繰り返す。篩を引き上げ、沈殿した回収物がないか確認しながら土を破砕し、再び水没させる作業を繰り返す。回収物があればカゴに回収する。内側の篩の中に溶解物がなくなったら最終的に

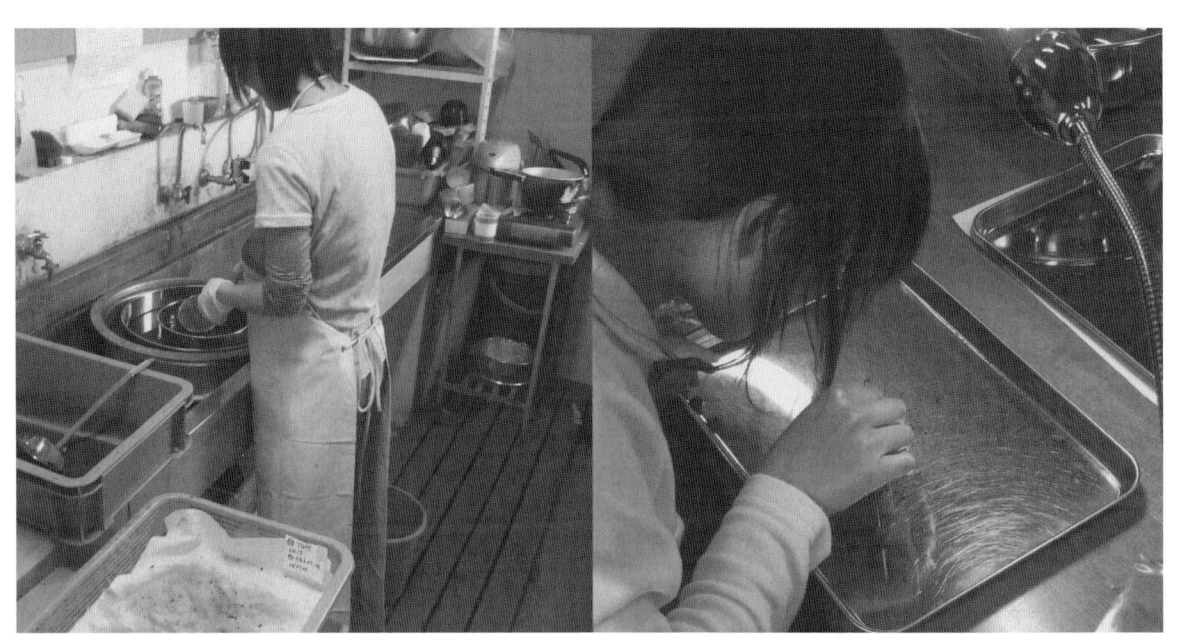

写真3　採集土壌水洗選別作業風景（左：水洗・浮遊物回収、右：回収物選別）

回収物がないか確認して引上げ、外側の1.0 mmメッシュ篩の中でも同じ作業を繰り返す。一箱分の作業が終わったら、フルイとタライは次の資料を処理する前によく洗浄する。

5）回収物の乾燥　カゴ中のブロード布上に回収した資料をカゴのまま棚に収め乾燥させる。

これらの作業で、未炭化の植物の根や皮などとともに炭化物などが浮遊物として回収できた。一方、黒色の土壌は溶解してなくなったが、篩の中の沈殿物として灰白色の砂礫が大量に残った。この中には、回収すべき沈殿物はほとんど見つかっていない。したがって、沈殿物の砂礫は回収物の確認後廃棄した。

水洗選別での回収物の1次同定（試料の分別）　乾燥させた回収物は、「㋐植物の根、茎その他の炭化していない浮遊物で動植物遺体と考えられないもの」と「㋑炭化物と考えられるもの」「㋒明らかに動植物遺体と考えられるもの（植物種子、昆虫、骨など）」の三つに分けられると考えられたが、㋐の細片などが多く完全な分別同定は困難であった。したがって以下の手順で試料を分別しそれぞれシャーレやチャック付ポリ袋に保管した。

1）乾燥した回収物を篩（2.0 mmメッシュの市販の茶漉しなどを使用）の中に投入してステンレストレイの上で篩い分け（篩から落ちたものを①とする）、篩の中に残った回収物（②とする）を別のトレイの上にあける。

2）②をピンセットなどで上記㋐㋑㋒に分け、㋐はチャック付ポリ袋（大）へ、㋑・㋒は個別のシャーレに回収し、それぞれ番号と注記内容を注記する。

3）①を0.5 mm篩（天カス掬い）を使って篩い分け、篩から落ちた0.5 mm以下の試料は、2）のチャック付ポリ袋（大）に回収する。0.5 mm篩中に残った試料は、息を吹きかけるなどして㋐の細片を取り除く。取り除いたものは2）のチャック付ポリ袋（大）に回収する。

4）3）で残った回収物をトレイにあけ、回収可能な㋑㋒があれば2）のシャーレに回収する。トレイを傾け、振動を与えるなどして炭化物を多く含む試料を選り分け、筆などを利用してチャック付ポリ袋（小）の中に回収して注記し、残りを2）のチャック付ポリ袋（大）の中に回収する。

これらの作業によって、0.5 mm以上の種実や炭化物は2）のシャーレか4）のチャック付ポリ袋（小）に回収できたと考えられ、想定される栽培植物種実もこの中に含まれると考えられる。当初は、確認できる炭化種実などを極力ピンセットなどで回収しようと試みたが、かえって破壊してしまう恐れがあった。

回収物の2次同定（各種遺体の同定）　上記した方法で分別した選別回収試料をすべて佐々木氏に送付したが、シャーレに回収した試料とチャック付ポリ袋（小）について特に点検していただいて、種実および炭化種実などを同定していただいた。

分析結果についての所見と課題　種実同定の内容は、附編3に示されている。今回分析できた試料は、回収した全体の半分に満たないが、量の多寡があるものの試料を回収したグリッドすべての試料を対象とすることができた。同定された種実には未炭化のものが多く含まれており、現生のものの混入とみられる。炭化種実については、残存状況が悪くかなりのものが同定不能であるが、未炭化物を上回る量が、ほとんどのグリッドにわたって検出されている。畑で栽培された可能性のある植物としては、アワ-キビとゴマ近似種が各1点得られている。その他、食用可能な植物としてクワ属、キイチゴ属、ブドウ属、タデ属が得られた。アワ-キビ1点は、今回おこなった自然科学的分析の中ではじめて具体的な栽培植物を示したものであるが、混入の可能性も含めて慎重に検討しなければならない。ゴマ近似種についても同様であるが、当時の存在の可能性についても検討すべきであろう。

今回は、種実の同定を目的として分析をお願いしたが、回収試料には角礫状になった木片とみられる炭化物を中心として大型のものを含むかなりの量の炭化物が見られ、これもグリット全体および上下層にわたって検出されるようである。炭化種実の存在状況もおおむねこれを示していると考えられるが、子嚢菌や虫えいの炭化物が多く含まれる理由についても炭化物全体の性格に関連して検討する必要があろう。現生種実の混入の事実から、炭化物にも新しい時期のものが混入している可能性が考えられるが、大型の炭化物は同じ理由での混入の可能性が低くなると考えられる。これらの全体の炭化物の同定や存在状況の検討を進めることによって、炭化種実を含めた試料の性格をさらに追求できるであろう。

今回の分析によっても、今後、残された土壌回収試料の処理と分析を進めることの意義は大きいことが確認されたが、種実同定を終えた試料の上記の視点からの検討も含めてさらに作業を進めていきたい。畠状遺構の形成過程の検討（第5章4）からは、畠状遺構覆土は短期間のうちに形成され、特にその下層はその後人為的な撹拌の可能性が少ないことが推定される。このような覆土中に炭化物が多く含まれることの意味についても、それが灰などを混ぜる目的などで意図的におこなわれた行為の結果である可能性も視野に入れて検討していきたい。

3）畠状遺構覆土の自然科学的分析

畠状遺構の覆土およびその周辺の堆積物については、第4次調査の2008年8月27日に松田順一郎氏に現地へ来ていただき、観察していただいた。また、その際、第1トレンチ西壁土手から方形周溝墓盛土（a6層）、畠状遺構覆土（e1層、e1'層、e2層）、基盤層にわたるブロックサンプルを回収していただき（採取位置は第39図B1）、その後堆積物に関する各種の分析をおこなっていただいている。また、その南に接する部分のブロックサンプル（採取位置は第39図B2）とE4区のe4層から下部の4層に至るブロックサンプル（採取位置は第39図B3）を調査中に篠原が回収し、松田氏に適宜提供した。

松田氏による畠状覆土の現地観察では、①通常の土の移動よりも強くもとの土壌が破壊されてよくかき混ぜられており、下層より上層でそれが顕著であること、②上・下の層準より粗孔隙が発達する部分があり、畑地にともなう土壌構造とみなせること、③順序が不明瞭な溝の切り合いを示す凹凸があり、階段状の浅い掘り返しがほぼ同じ位置で複数回行われるような耕起行動が考えられることなどの指摘を受けた（附編4）。①は、私たちの土層観察の所見とも適合しており、その構造が畠の構造とみなせるという指摘をふまえて、以後の調査をおこなうことができた。また、③についても、私たちが解釈困難であった溝状遺構の切り合い状況を合理的に説明することができた。

持ち帰っていただいたブロックサンプルについては、附編4に示されたように、薄片を作成して観察していただき、分析結果を得た。詳細は附編を参照されたいが、微細堆積相のより詳細な観察結果は、「畑地耕作土を示すと考えられる」とのことであった。

手越向山遺跡の畠状遺構は、堆積物の分析からは畠である可能性が極めて高いといえるわけである。この場合、基本的には畠の形成地点に存在した4層の黒ボク土と5層から基盤層にいたる土層が、その母材となっていると考えられる。ここで、作物がつくられたとするならば、そのような証拠が土壌に残されているかなどの点は、さらに検討していく必要がある。また、別に回収した、黒ボク土層（4層）ほかの周辺堆積物や周辺の現在の畑地試料との対比、畠状遺構覆土を含めた粒度分析や砂粒の含有の違い、腐食の含有量などについても分析を継続していただいており、今後検討していきたい。

（篠原）

第5章　考察・論考

第1節　丸子式土器の検討と手越向山遺跡の位置

1．はじめに

　手越向山遺跡から出土した土器は、方形周溝墓西溝から出土した弥生中期後半の壺と同時期の数点の破片を除いて、セイゾウ山遺跡や佐渡遺跡で出土している「丸子式土器」と考えられる土器片からなる。方形周溝墓下層の畠状遺構に明確にともなった土器はないが、方形周溝墓にともなう土器と「丸子式土器」の間を埋める資料は見つかっていないので、畠状遺構の時期もこの「丸子式土器」の時期である可能性が高い。一方、セイゾウ山遺跡や佐渡遺跡の資料を含めて、これらの「丸子式土器」中には、関東地方の平沢式土器（石川2001ほか）もしくはそれを前後する時期の土器を含んでいるとみられる。

　いわゆる丸子式土器は、杉原荘介氏の評価（杉原1962）以来、弥生時代中期初頭の位置づけがなされてきたが、すでに、丸子式土器の主要な特徴は、伊勢湾地域の条痕文系土器の変遷に対比して、中期初頭段階まで溯り得ないとの指摘があり（谷口1993）、平沢式土器に相当する縄文や太描沈線をもつ土器群については中期中葉に下る可能性が指摘されている（佐藤1987）。平沢式土器については、その特徴である平沢型壺が広域に分布することが示され、一部は伊勢湾地域の朝日式土器に併行する可能性が指摘されている（石川1996）。また、さらに古相を示す資料として埼玉県前組羽根倉遺跡例などが示されていたが、最近では「羽根倉型壺」としてその特徴をもつ一群が示されている（植木2007）。佐渡山周辺の「丸子式土器」には、後述するように、この「平沢型壺」と「羽根倉型壺」とみられるものが存在している。

　つまり、佐渡山周辺の「丸子式土器」には、中期前葉頃における編年的な位置づけの問題と平沢式土器を中心とする異系統土器の共存の問題が課題として挙げられるわけである。ただし、これまで明らかになっている佐渡山周辺の「丸子式土器」の資料は、そのほとんどが破片資料であり、出土状態が明確な一括資料も限られている。一方、遠江地域も丸子式土器の分布圏と考えられているが、土器棺などの資料が多く、その特徴がつかみやすい。そこで、ここでは、佐藤由紀男氏によって示された遠江地域における丸子式土器の編年案（佐藤1994、2002）を参照しながら、そこでの丸子式土器の段階区分を考え、それに照らして佐渡山周辺の「丸子式土器」の位置づけを予察し、前記した系的な問題についても整理してみたい。

2．遠江地域における丸子式土器の変遷

　遠江地域の中期前葉から中期中葉にかけての土器については、佐藤由紀男氏によってその変遷が示されてきた（佐藤1994、2002など）。佐藤氏は主に口唇部の装飾に着目して口唇のみに施文されるⅠ群土器、口唇の文様に加えて口縁に各種の文様が付加されるⅡ群土器、口唇はナデで面取りされ口縁のみに施文するⅢ群土器を分類し、長頸壺・受口壺の出現過程を見据えて、Ⅰ群のみからなる中期1期（佐藤2002のⅡ-3様式）、Ⅱ群を主体とし長頸壺が出現する中期2期（Ⅲ-1様式）、Ⅲ群を主体とし、長頸壺が定着する中期3期（Ⅲ-2・3様式）に時期区分した。丸子式土器は、前期の条痕文土器である水神平式の伝統を強くひい

て成立した土器と考えられ、調整や文様なども各種の条痕手法を特徴とするが、佐藤氏による中期3期には、いわゆる嶺田式土器が成立し、条痕手法は大きく変容している。したがって、ここでは、佐藤氏が中期1期、2期とした時期について検討し、変遷を確認しておきたい。

　基準となる中期1期の資料を出土する遺跡には都田川流域の前原Ⅷ遺跡（浜松市文化協会1990）、沢上Ⅵ遺跡（同前）、三方原台地東縁の半田山Ⅰ遺跡（浜松市教育委員会1986）の丘陵部の遺跡があげられ、後続する中期2期の条痕文系統の資料としては東遠江原野谷川流域の低地集落である原川遺跡（静岡県埋蔵文化財調査研究所1988）の資料があげられる。

　前原Ⅷ遺跡、沢上Ⅵ遺跡の土器について検討すると、沢上遺跡SK382（土器棺）資料（第40図3・4）は胴下部の張る器形が水神平式に近いが[1]、胴部縦羽状、口縁横位の調整や口縁の緩く開く形態は前原Ⅷ遺跡SK85、SK105等の両遺跡で主体を占める中期1期の土器棺甕形土器（5・6）に近い。後者の資料では、胴部羽状条痕が普遍的にあり、口唇部の面の形成が顕著でないものが多い。口唇部にピッチの短い刻み状の押し引きをおこなうものが主体であり、押圧や無文のものもみられる。壺の例は少なく、沢上ⅧSK446例（1）とSX325例の条痕帯間に波状文を描くもの（2）があるが、水神平式に見られるものよりも振幅の幅が狭いものになっている。

　半田山Ⅰ遺跡資料では、甕では口縁部が口唇部にかけて次第に肥厚し、口唇部に明瞭な面を持つものが主体になる（16〜20）。口唇部に横位または斜位の条痕を残すのみのものが半数近くを占めており（17）、これに指つまみや押圧文を施すもの（16・18）、ナデで押圧文を施すもの（20）などと少量の押し引き文（19）のものが加わる。壺の口縁部でも同様の特徴を持つものが多く、文様では多段化すると考えられる条痕帯の間に半肉彫り状の波状文（10）やコンパス文（11）、斜線文（12・13）といった、丸子式土器で波状文や跳ね上げ紋が後退して生じると考えられてきた文様（谷口1993など）が存在する。また、斜線文の間に条痕帯が無く横位の羽状文（13）になるものも認められる。また、土器棺の7では、横位条痕帯の間に波状文や縦の短線文が加えられるが、その下部に無文帯を持っている。下滝遺跡群SK76の土器棺は壺2個体、甕3個体が出土し、一時期の様相を示す可能性が高い（浜松市文化協会1997）。壺では直線的な条痕帯二帯の間を無文とし口縁下は縦位条痕となると考えられるものと直線的な条痕帯の上下にややピッチの長い横位の羽状条痕帯を設けるものがあり（14・15）、横位条痕帯の多段化などの一方でこのような省略の方向があることを示している。甕は口唇を条痕で面取りして数か所をつまむものと無文面取りした口唇部にやや内側から押圧を加えるものがある（21〜23）。また、壺・甕ともに整然とした縦位の羽状条痕調整は完全に失われている。

　中期2期とされた原川遺跡SD10B16資料は、壺で、外方を向く口唇面に横位の条痕調整をおこなって内外方に拡張する共通した特徴が認められるが、25の横位条痕帯の間をピッチの長い横位の羽状条痕で埋める文様は中期1期の後出的な文様の延長にとらえられる。26は同様の口縁部で長い頸部を持ち条痕で重四角文、鋸歯文、羽状文を描いた下に弧線の間に軸線の無い葉脈状の綾杉を描く。在来の条痕文系統の成形の土器に各種の異系統の文様を配した折衷的な土器であると考えられるが、弧文と綾杉の組合せは、平沢式土器に見られるモチーフと関連するとみられ、27は「羽根倉型壺」と考えられている（植木前掲）。SD10B16資料の甕では、残りの良い資料は少なく、佐藤氏がⅡ群としたもの（30）ほかに、中期1期の特徴を持つⅠ群の甕が伴っている。一方、集落南側で検出された土器棺群は、外方を向く口唇を条痕で面取りして内外方に拡張するSD10B16の壺と共通した特徴を持つ甕が卓越している（28・29）。これらは、

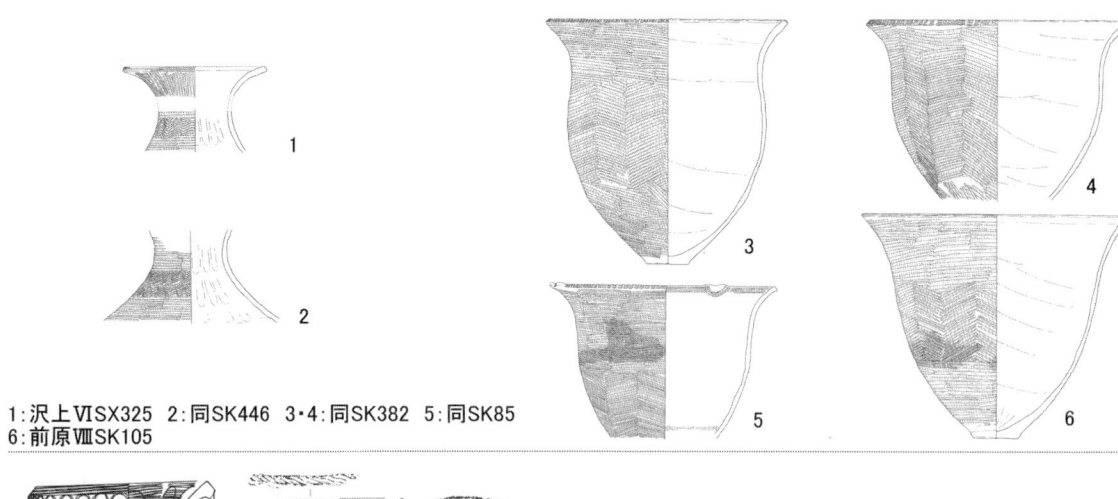

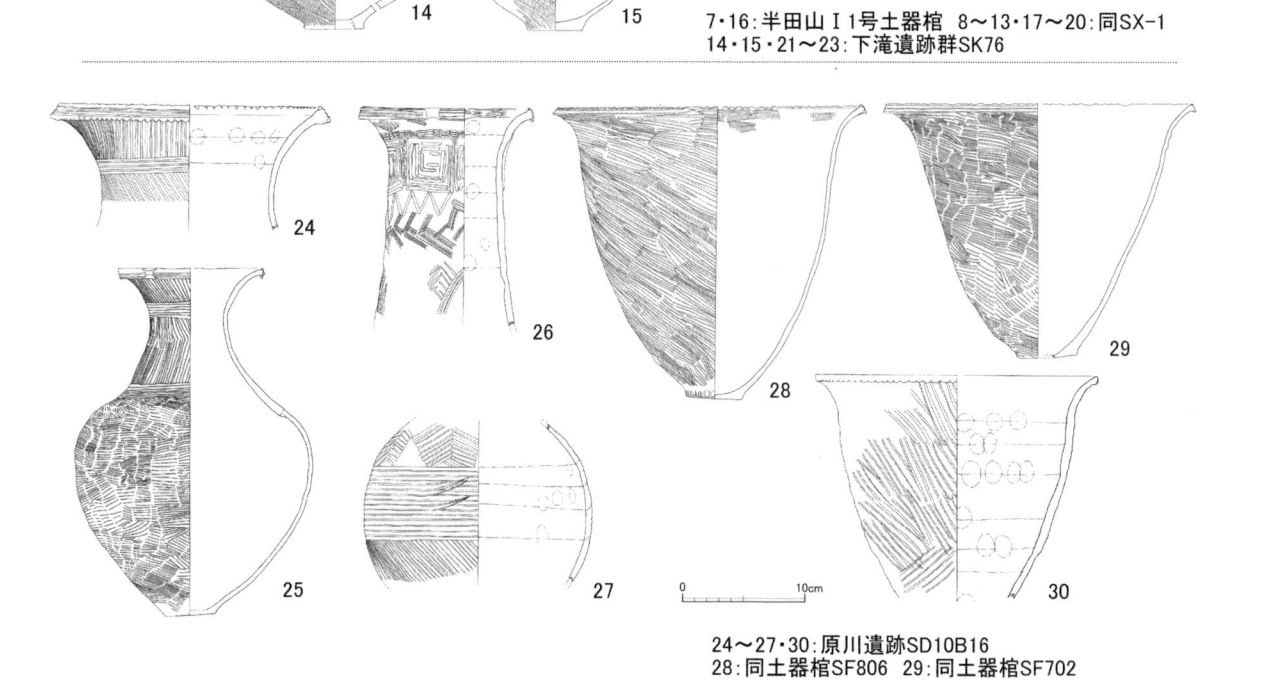

第1節　丸子式土器の検討と手越向山遺跡の位置　81

1：沢上ⅥSX325　2：同SK446　3・4：同SK382　5：同SK85
6：前原ⅧSK105

7・16：半田山Ⅰ1号土器棺　8～13・17～20：同SX-1
14・15・21～23：下滝遺跡群SK76

24～27・30：原川遺跡SD10B16
28：同土器棺SF806　29：同土器棺SF702

第40図　遠江地域の丸子式土器変遷図

口唇部外縁や内縁もしくはその両方に刻みを施す佐藤氏のⅡ群の特徴を備えている。また、部分的に胴部縦位の羽状条痕を施すものが1点あるほかは、斜位を中心とする調整となっている。

　以上は佐藤氏によって中期1期および2期とされた資料群を中心とするものであるが、おおむね①沢上Ⅷ・前原Ⅵ遺跡の中期1期を中心とする資料→②半田山Ⅰ資料（→下滝SK76）→③原川遺跡資料の順で、甕の口縁部装飾や器形・調整、壺の同種の特徴や文様に変遷が認められよう。この①から③のそれぞれの特徴を基準に、以下の3段階を区分しておきたい。

　第1段階　甕は、口唇面にピッチの短い押引きが施されるものが主体となる。胴部がやや張るが、口縁が緩く開く深鉢形の器形で、胴部が縦位に羽状条痕調整され、口縁付近は横位に調整されるものが主体となる。壺は、不明な点が多いが、口縁部は大きく開くが、口唇面の形成がさほど顕著でない単純口縁と口縁外面の口唇直下に凸帯をめぐらせ、押引きを加えるものがあるとみられる。文様は、条痕による横位の直線文と波状文の組み合わせが複段化している可能性があり、波状文は、振幅が大きく軸が傾斜した入組文風のものや半肉彫り風のものもこの段階に成立している可能性がある。跳ね上げ文も同時期にある可能性が高いが、類例は少ない。

　第2段階　甕では、口縁部が口唇部にかけて次第に肥厚し、口唇部を条痕で面取りするものが主体となり、数か所をつまんだり刻みを入れるなどするほかは無文のものが多いと考えられる。施文するものでは、指頭などによる口唇面の押圧が比較的多いが、押引きは激減してややピッチの長いものが見られる。口縁が緩く開く鉢形の器形で、胴部の縦位羽状条痕が後退傾向にあり、斜位の条痕調整が中心になることが推定される。壺では、口唇部を横位または斜位の条痕で面取りする単純口縁と押圧などを施す凸帯がつくものがあるが、口唇部の施文については、甕形土器と同様の傾向が見られる。胴部の調整も縦位の羽状条痕が後退していることが考えられ、口縁部下は縦もしくは斜位の条痕調整となるものが多い。文様は、条痕による横位の直線文と各種の文様の組み合わせが多段化していると考えられ、直線文間の文様には、波状文、半肉彫り状の波状文やコンパス文のほか、斜線文がある。斜線文間の直線文が省略されて横方向の羽状文となるものは後出的な文様として考えられる。

　第3段階　甕・壺ともに口唇面を強く条痕調整して、上下方向にはみ出す様に面をもつことが特徴となり、口唇面への施文はなくなり、内方か外方もしくはその両方の口縁端部に刻みをもつものが現れる。甕では、口縁部の数か所をつまむなどするほかは、ほぼ前記した刻みを施すものになるとみられるが、一部に口唇部ナデで口縁部に押圧を加えるものもあるようである。胴部の縦羽状条痕はほぼ消滅し、斜位の条痕調整となる。壺は、口唇を前記したように面取りし、刻みの無いものもあるが、数か所をつまむなどして、楕円状の面を作る手法が目立つ。押圧などのある凸帯を付すものも引き続きある。文様は、条痕による直線文と斜線文の組合せが主体になるようであり、直線文が省略されて横位の羽状文になるものも多いようである。平沢式（羽根倉型）の影響を受けたとみられる文様も存在する。肩の張った長頸の器形になり、甕同様、胴部の縦位羽状条痕は完全に消滅するとみられる。

　以上の段階区分は、佐藤氏が中期1期としたものを水神平式とされてきたものを加えて第1段階と第2段階に分離し、ほぼ中期2期としたものを第3段階としたものである。佐藤氏は主に口縁部装飾の頻度によって様相の分別を試みたが、口縁部の調整法や形態の特徴を加味することによって、ある程度個体毎にもこの三段階を識別することが可能であると考えられる。また、佐藤氏が中期3期としたものは、鶴松遺跡SD4などを指標とした、いわゆる嶺田式をともなう段階のものである。佐藤氏のⅢ群に含まれる口唇

部ナデ調整の嶺田式にともなう甕は、口唇部を強くナデるなどして形成された凸帯状の口縁部に施文するものであり、第3段階の甕の特徴とは識別できる。また、この3段階に区分した土器群は、水神平式の伝統をひいて成立したと考えられる条痕文土器の製作手法を維持し続けるものを主体としており、その意味で後続する嶺田式を伴う段階と区別されるが、この3段階の土器群の変遷をこの地域の丸子式土器の変遷ととらえておきたい。特に第3段階は、佐藤氏が指摘するように異系統土器の影響を受けるなどして壺の長頸化が起こっている。この段階を中期中葉ととらえるか否かについては今後の課題としたい。

3．佐渡山周辺の丸子式土器の検討

　遠江地域の資料をもとに、丸子式土器を3段階に区分したが、これに照らして、佐渡山周辺の該期の土器について検討することにする。まず、比較的資料の多いセイゾウ山遺跡と佐渡遺跡の資料を対象とする（第41図）。両遺跡の資料はそれぞれ破片資料中心であるが、佐藤氏によって検討され、先述の半田山Ⅰ遺跡に対応する古い部分とさらに新しい部分が存在することが指摘されている（佐藤1987）。

　セイゾウ山遺跡資料（第41図1～41、70～74）は、壺では口唇部を条痕で面取りするもので押圧をもつ凸帯を付すものと単純口縁のものがある。前者は口縁直下に半肉彫りの波状文（1）や縦位羽状文（2）をもっているが、遠江地域では類例の少ないものである。これらと単純口縁の口唇面に施文する3・4・28は第2段階に対応し、口縁部をつまむ5・6や口縁部に施文する7・8は第3段階に対応するものとみられる。文様は直線文間に振幅の狭い波状文（9・10）や軸の傾斜した波状文（11）、縦の短線文を伴うもの（12～14）と斜線文や横位の羽状文（15～17）などがあり、後者は後出的であると考えられるが、第2段階を前後する時期から第3段階のものと考えてよいであろう。18は直線文間の無文部を縦の条痕で繋ぐもので、これまでの資料を逸脱するが、丸子式の手法で理解してよいだろう。19～27は平沢式系統の壺と考えられるが、狭い折返し状の口縁に押圧（19）や縄文を施すとみられるもの（20）、文様で鋸歯文やハ字文を条痕で描くもの（21～23）は羽根倉型壺に類する平沢式の中でも古いものの可能性がある。円文を描くもの（24～26）や条痕と縄文・沈線を組み合わせる典型的な平沢式もあるが、25の刺突はさらに後続する要素である可能性がある。甕は、口縁部にかけてやや肥厚して口唇部に面取りするものが多く、口唇部に施文するものでは、ピッチの長い押引きをおこなうもの（29・30）、押圧をおこなうもの（31・32）などがあり、部分的なつまみをおこなって条痕のみのもの（33、内面に施文する）、ナデのみのもの（34）もある。これらは第2段階に相当し、口縁部に施文する35～37は第3段階に相当するだろう。38は亜流遠賀川式的なハケ目調整の壺口縁部、39はナデ調整で口縁内に波状文と縄文を施すもの、40は沈線のみの文様、41は磨消縄文とヘラ羽状文をもつ無頸壺であるが、平沢式系統以外と考えられる異系統土器であろう。

　セイゾウ山遺跡の1963年調査資料は、一部が公表されているが、第3段階に相当すると考えられる壺（70・71）と甕（74）とともに羽根倉型壺と考えられる壺口縁部（72・73）がある。

　佐渡遺跡資料（42～67）は、壺では、押圧をもつ凸帯を付すもの（42・43）の口縁下は横位の条痕になっている。単純口縁は口唇を比較的広く面取りするもので、条痕のみのもの（44）、押圧を付すもの（45）、部分的な押圧を付し口縁内端に刻みを入れるもの（46）などで、口縁直下の調整は縦位もしくは斜位である。46は第3段階に相当しよう。文様はやはり直線文間の波状文（47～49、49は横位直線文の上に縦の条痕が見られる）、縦の短線文的な文様（50）、斜線文（51）、横位羽状文（52・53）などがあり、第2段階を中心

84　第5章　考察・論考

1〜41　セイゾウ山遺跡
42〜67　佐渡遺跡
70〜74　セイゾウ山遺跡（1963年調査資料）

第41図　佐渡遺跡・セイゾウ山遺跡出土土器

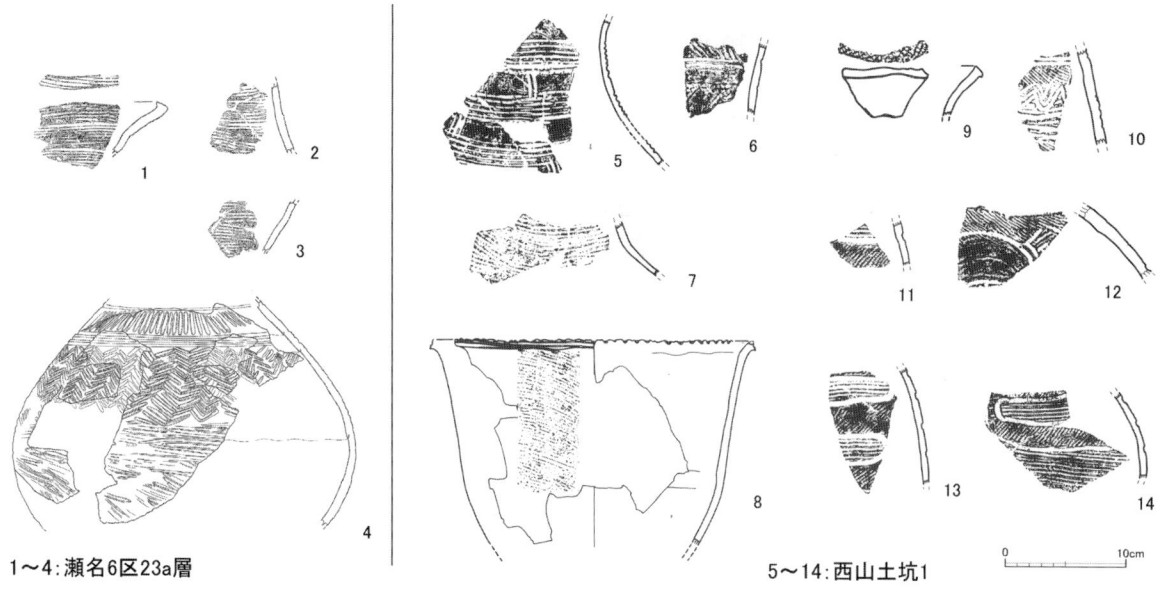

第42図　瀬名遺跡・西山遺跡出土土器

として第3段階に相当する可能性があるものがみられる。54〜56は、羽根倉型壺と関連するとみられるもので、沈線の区画や山形文、横位の羽状文などがみられる。甕は、口唇部に施文するものでは、ピッチの長い押引きをおこなうもの（57・58、57は押圧を付す突起を伴い内面に施文する）、押圧をおこなうもの（59・60）などがあり、条痕のみのもの（61・62）もある。60は口縁部が肥厚せず、外面は縦位の羽状条痕的な調整をおこなっており、古い要素をもつ。63は、口唇部の部分的な棒押圧と口縁内端の刻みをもち、第3段階に相当しよう。異系統土器としては、ナデ調整で条痕（65）や沈線のみの文様をもつもの（66）、磨消し縄文の無頸壺（67）のほか、器形などからは伊勢湾地域の朝日式段階まで下ると思われるが、遠賀川系とされてきた底部に籾痕をもつ壺（64）がある。

　佐渡山周辺では、これらのほかに西山遺跡の調査資料があるが、土坑1出土資料（第42図5〜14）はある程度の一括性が考えられるものとして重要である。5の壺は長頸化したものと考えられるが、棒状具による条痕の直線文間が無文で、これを縦の条痕で結ぶものであり、第41図18に類似する。ほかに直線文と斜線文の組み合わせ（6）、横位条痕のみの頸胴部破片（7）などがある。甕は、口唇部を横位条痕で面取り拡張し、口縁内端に刻みを加えるもの（8）が出土しており、これらは第3段階以降のものと考えられる。一方、これらには平沢式系統の土器（10〜14）が伴っている。12は条痕による弧文の間に綾杉文を入れ、沈線で区画した後に縄文を充填する典型的な平沢式のモチーフを描くものであるが、10はその頸部である可能性がある。13・14は同種の平沢型壺の手法で王字もしくは匹字のモチーフを描く。9は波状口縁の壺の口唇部に縄文を施すが系統不明である。5の壺は、直線文間に無文部をもつなど丸子式の主体的な文様からやや逸脱する観があるが、手法上は丸子式土器の流れでとらえてよいものであろう。その評価も含めて、これらの資料はやや新しい可能性もあるが、第3段階に相当するものと考えられ、典型的な平沢式土器がこの段階にともなうことを示すものとしてよいだろう。

4．佐渡山周辺の丸子式土器の評価

　佐渡山周辺の「丸子式土器」は、遠江地域の丸子式土器の変遷に照らして、第2段階から第3段階の土

器を主体としており、特に平沢式系統の土器を伴っていることが示されたと考えられる。水神平式土器に後続する中期前葉の条痕文系土器は、伊勢湾東部から駿河湾西部付近まで主体的に分布するとみられるが、遠江地域から駿河湾西部まではある程度共通した土器群として丸子式土器が考えられ、三河地域の中期段階の条痕文系土器や岩滑式土器とは、諸要素の組成が異なることなどが佐藤氏によって示されている（佐藤1991など）。今回の分析によっても、丸子式では壺の跳上げ文や大振りの波状文が少なく、独自の文様が発達すること、口縁下の縦条痕調整が比較的早い段階から成立しているとみられること、甕の口縁部装飾などが独自の発達を遂げることなどが、先の地域との違いとして示されたと考えられる。

　遠江地域の丸子式土器と佐渡山周辺の土器の比較では、条痕文系統の土器群は、おおむねその特徴を対比できる。提示したセイゾウ山遺跡資料では、第2段階から第3段階の土器を主体とするとみられ、佐渡遺跡資料では、第2段階を中心として少量の第3段階の土器があるようである。口縁下に凸帯を付す壺では、外面直下が文様や横位条痕になるものがあり、古い要素である可能性もあるが、単純口縁では縦位の条痕が主体であり、前者に限られた特徴かもしれない。甕を中心として口唇部に施文するものがかなり多いが、押引きはピッチの長いものであり、押圧なども含めて第2段階に位置づけられると考えられる。量的な問題は、採集資料という問題もあるかもしれないが、遠江地域との地域差である可能性がある。

　佐渡山周辺では、第1段階の土器が希薄であるとみられるが、遠江地域との地域的な差異である可能性も考えられるかもしれない。一方、静岡清水平野の清水天王山遺跡では、第4層から5層を中心に水神平式土器と胎土や調整法がこれと分けられる後続する中期段階の土器が出土している（静岡市教育委員会2008）。これらの続水神平式や丸子式とされた土器は、口縁部の特徴などは不明なものが多いが、胴部に明瞭な縦位羽状条痕を残すものが含まれており、第1段階を埋める資料になる可能性が高い。

　佐渡山周辺の丸子式土器には、壺で平沢式系統の土器が伴うことも示されたが、西山遺跡土坑1資料は、第3段階の土器と典型的な平沢式土器が供伴することを示している。これらの平沢式系統の土器には、羽根倉型壺とされる特徴をもつものが含まれ、平沢型壺に一部併行する可能性も考えられているが、基本的に先行するものと考えられる（植木前掲など）。したがって、羽根倉型壺の特徴をもつものは、第2段階に遡る可能性も考えられる。静岡清水平野の低地部に位置する瀬名遺跡では、弥生中期の水田層の最下層から羽根倉型壺に類する文様をもつ壺（第42図4）が出土している。平沢式土器は、神奈川県平沢北ノ開戸遺跡資料を指標として、関東地方西南部を中心に分布すると考えられているが（石川2001、渡辺2007など）、より近隣では甲府盆地南西部の低地部に位置する十五所遺跡（山梨県教育委員会1999、第43図1〜5）、油田遺跡（山梨県教育委員会1997、6〜12）で、包含層資料ではあるがまとまって出土している。十五所遺跡では、羽根倉型壺（1）や大型の平沢型壺（2・3）と長胴の口縁部に押圧を付す甕（4・5、5は採集品）がある。油田遺跡の平沢型壺は、頸部に意匠文をもつもの（9）などやや新しい可能性があるが、甕は長胴で口縁部が緩く開き、細った口唇部に刻みを有するもの（11・12）が出土している。中間地点の関連する遺跡として富士宮市渋沢遺跡（富士宮市教育委員会1989）があり、出土資料には平沢式の明確なものはないが、壺には羽根倉型壺的な山形文や羽状文を施すものがある。丸子式土器と考えられる壺棺（同図13〜15）が知られているが、横位の条痕による直線文間にやや乱れたコンパス文（13）、半肉彫りの波状文（14、最下段に列点を伴う）、短線文（15）がそれぞれ配置される文様をもち、胴部は縦に比較的整然と分けられた横位方向の条痕調整（14では羽状となる）が施されている[2]。丸子式土器でも第1段階に遡る可能性が考えられよう。甕は多様なものがあるが、十五所遺跡例や油田遺跡例に類するものや条痕調整で口縁部に口外帯が

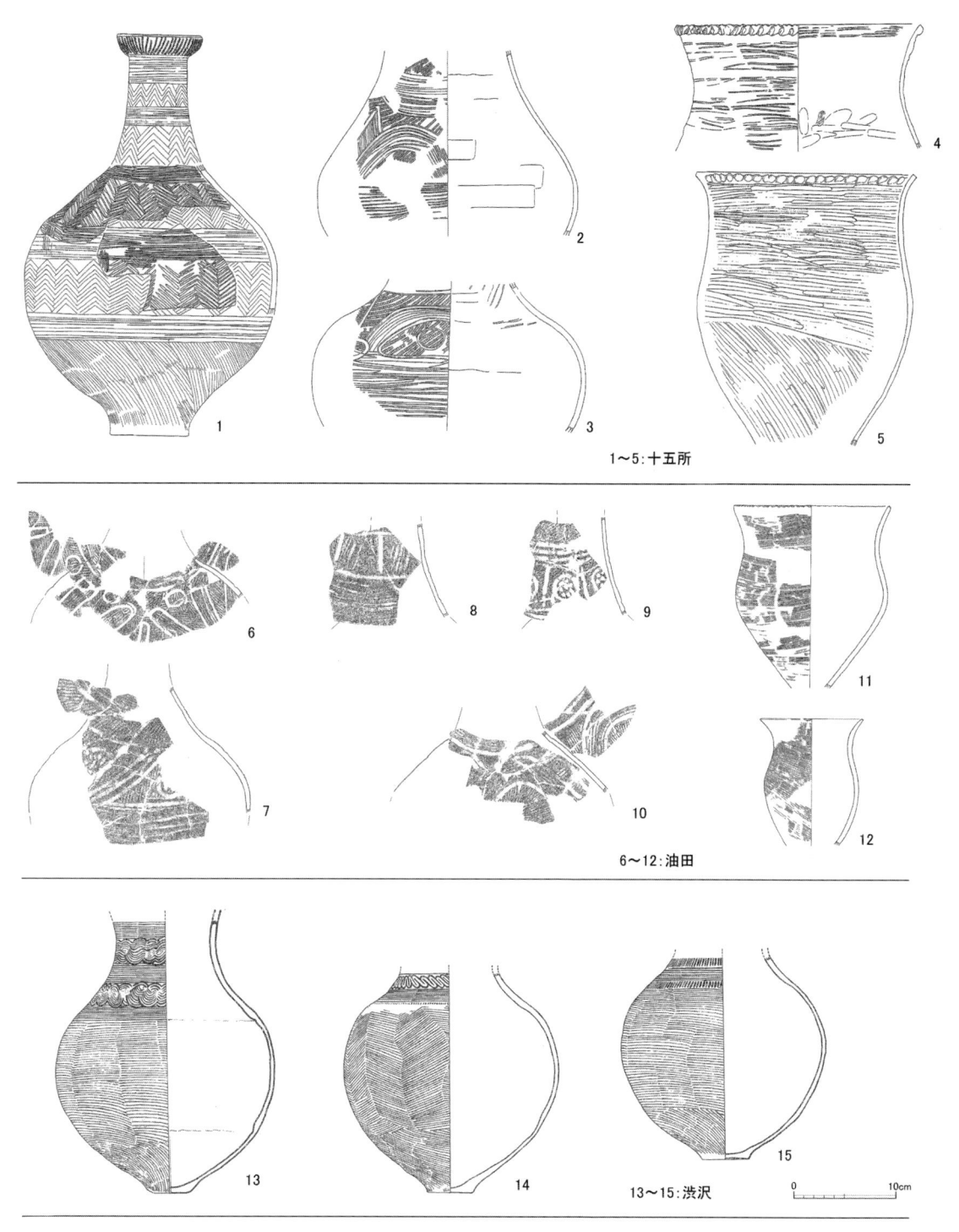

第 43 図　十五所遺跡・油田遺跡・渋沢遺跡出土土器

退化した様な面を連続させる施文をもつものがあり、中部高地との関係が考えられる。富士川町山王遺跡（富士川町教育委員会 1975）や清水天王山遺跡では、樫王式土器や水神平式土器と浮線文系土器が伴っており、静岡清水平野周辺では、こうした縄文時代以来の中部高地地域との継続もしくは断続的な交渉が考えられる。佐渡山周辺の丸子式土器に伴う平沢式系土器についてもこのような交渉の結果として存在していることが考えられる。

平沢式系統以外の異系統土器では、遠賀川系や亜流遠賀川系土器に類するものがあり、中期段階に下る

ものとは考えられるが、そのまま評価すれば中期前葉でも新しくは位置づけられないと考えられる。このほかの異系統土器も含めて、その系統については今後の課題としたい。

5．まとめ

　佐渡山周辺の丸子式土器について、遠江地域の丸子式土器の変遷に照らしてその位置づけを考察したが、三段階に分けた丸子式土器の第2段階と第3段階を中心とする資料であると考えられた。手越向山遺跡出土土器は、細片が中心で位置づけは難しいが、条痕を有する細片の中に羽根倉型壺に類する文様をもつもの（第38図8・13）がある。また、太い沈線で文様を描き棒状工具の刺突がみられる同図10は、細片で判断が難しいが平沢式でも新しい特徴である可能性がある。手越向山遺跡の畠状遺構については、明確に伴う資料が無く、遺物から時期は定めがたいが、方形周溝墓の中期後半に先行する周辺出土土器や隣接する佐渡遺跡の土器がほぼ丸子式の第3段階までに限られることからも、第2段階から第3段階の所産である可能性を考えておきたい。

　佐渡山周辺の弥生中期前葉を中心とする遺跡形成は、その土器様相から丸子式土器の第3段階をもって終焉を迎えるとみられるわけだが、丸子式の後出的な文様壺と口縁部施文甕に典型的な平沢型壺が伴う、西山遺跡土坑1資料は、ほぼその時期を示していると考えられる。一方、周辺の弥生中期中葉の低地部遺跡では、有東遺跡16次調査の遺構群（静岡市教育委員会1997）や瀬名遺跡7区12層上の方形周溝墓群の形成（静岡県埋蔵文化財調査研究所1992ほか）に見られるように、平沢式土器に後続する土器と伊勢湾地域などの遠隔地や周辺地域に由来する異系統土器が加わって本格的な遺構形成が始まるとみられる。甕形土器は、丸子式土器の第3段階の甕形土器とは異質なものに変容しており、条痕文系統の土器としての丸子式土器の消長も佐渡山周辺の丸子式土器の消長とほぼ一致すると考えられよう。これら、丸子式土器の前後の時期との関係も検討ができていないが、今後の課題としたい。

（篠原）

註
1）これらを含めて、前原Ⅷ遺跡、沢上Ⅵ遺跡の土器棺を含む資料は、佐藤氏によって水神平式に位置付けられているものも多いが、甕で口縁部が緩く大きく開き、口縁下に横位の調整をもつものは（第40図3）、水神平式に後続する特徴をもつもの（前田ほか1993）と考えられる。また、壺2は、比較的細頸の肩の張る器形が予想され、単帯であるが同様の櫛描波状文をもつ1が、口縁下に縦位の条痕を施す以降の丸子式に通有の特徴をもつことからも、これらの土器を丸子式土器の範疇に含めた。
2）13は、同図よりもやや細頸に復元されるものであり、14・15との共通点は多い。
※参考文献は巻末に記した。

第2節　佐渡山周辺の弥生時代石器について

1．はじめに

　佐渡山周辺の佐渡遺跡、セイゾウ山遺跡を中心とする丸子式期の遺跡では、大型の打製石斧（石鍬）をはじめとした石器群が発掘・採集されている。手越向山遺跡の調査では、この種の石器は出土しなかったが、畠状遺構が造成された際の掘削、撹拌の作業には、これらの石鍬にあたる石器が使用された可能性が考えられる。

　これまで佐渡山周辺で出土している石器については、石鍬を中心に資料が公表されているが、報告時期が古いものが多く、図化されていないものある。また、現地で採集されている資料も比較的多い。そこで、今回の調査にともなって、それらの資料を収集し図化作業をおこなった。対象とした資料は、登呂博物館に所蔵されている佐渡遺跡およびセイゾウ山遺跡の資料の一部、現地周辺で古くから資料採集をおこなってこられた勝山修二氏所蔵資料、佐渡遺跡周辺で農業を営んでおられる大畑敏明氏所蔵資料および手越向山遺跡周辺の分布調査で採集した資料である。また、セイゾウ山遺跡の資料の一部と明治大学所蔵の資料については、直接図化作業をできなかったが、松氏一明氏によって報告されている図（松井1995）を再トレースしたものと報告書に掲載された図（杉原1962）をそれぞれ掲載した。なお、考古学研究室で借り受けた石器については、伊藤通玄氏に石材を鑑定していただき、結果は観察表に示した。

　ここでは、これら佐渡山周辺の弥生時代石器と考えられる資料を紹介し、若干の考察を試みたい。

2．佐渡山周辺の弥生時代石器の概要
1）セイゾウ山遺跡の石器（第44図、図版43）

　セイゾウ山遺跡の石器には、大型の打製石斧（石鍬）と石鏃、石剣、独鈷石形石器などがあるが、ここで図示するのは石鍬のみである（第44図、以下同図）。これらは、1939年の発掘（安本1939）で出土した2点の打製石斧（1,2）とその後今村康彦氏の採集によって加えられたもの（同3~5）とされる。

　大型打製石斧（石鍬）　いずれも原石を分割した大型の剥片の背面にも加工を加えて扁平にした石材を素材としてさらに縁辺に加工を加えて成形した打製石斧であり、これを大型打製石斧Ⅰ類としておく。刃部が広い三角形ないしは撥形を呈する2点（1,2、大型打製石斧Ⅰa類）と短冊形に仕上げられたもの（3~5、大型打製石斧Ⅰb類）に分けられる。

　1は、三角形状を呈し刃部の広がりが顕著である。腹面に大きな主剥離面を残している。両側縁部は左右両方向から打撃され剥離されているが、基部付近および刃部に近い部分ではその様子が明瞭ではない。刃部では比較的大きな剥離が見られ、鋭い刃縁が残されているが、二次的な加工による刃部の整形は顕著ではない。基部は素材の先端が残され、二次的な加工の痕跡はみられない。使用の痕跡はわずかに稜部の磨滅などがみられるが、明瞭には認められない。2は、両側縁がやや外側に反り、刃部が大きく広がる三角形ないしは撥形を呈している。腹面に大きな主剥離面を残す。両側縁は左右両方向から剥離され、細かな剥離によって整形されている。基部は数回の剥離によって単純に形成されており、二次的な加工の痕跡は見られず、側縁に原石面を残す。刃部は比較的大きな剥離によって形成され、剥離の際に一部欠損したものと考えられる。刃部に二次的な加工の痕跡は少ない。使用の痕跡は1と同様であるようである。3は、

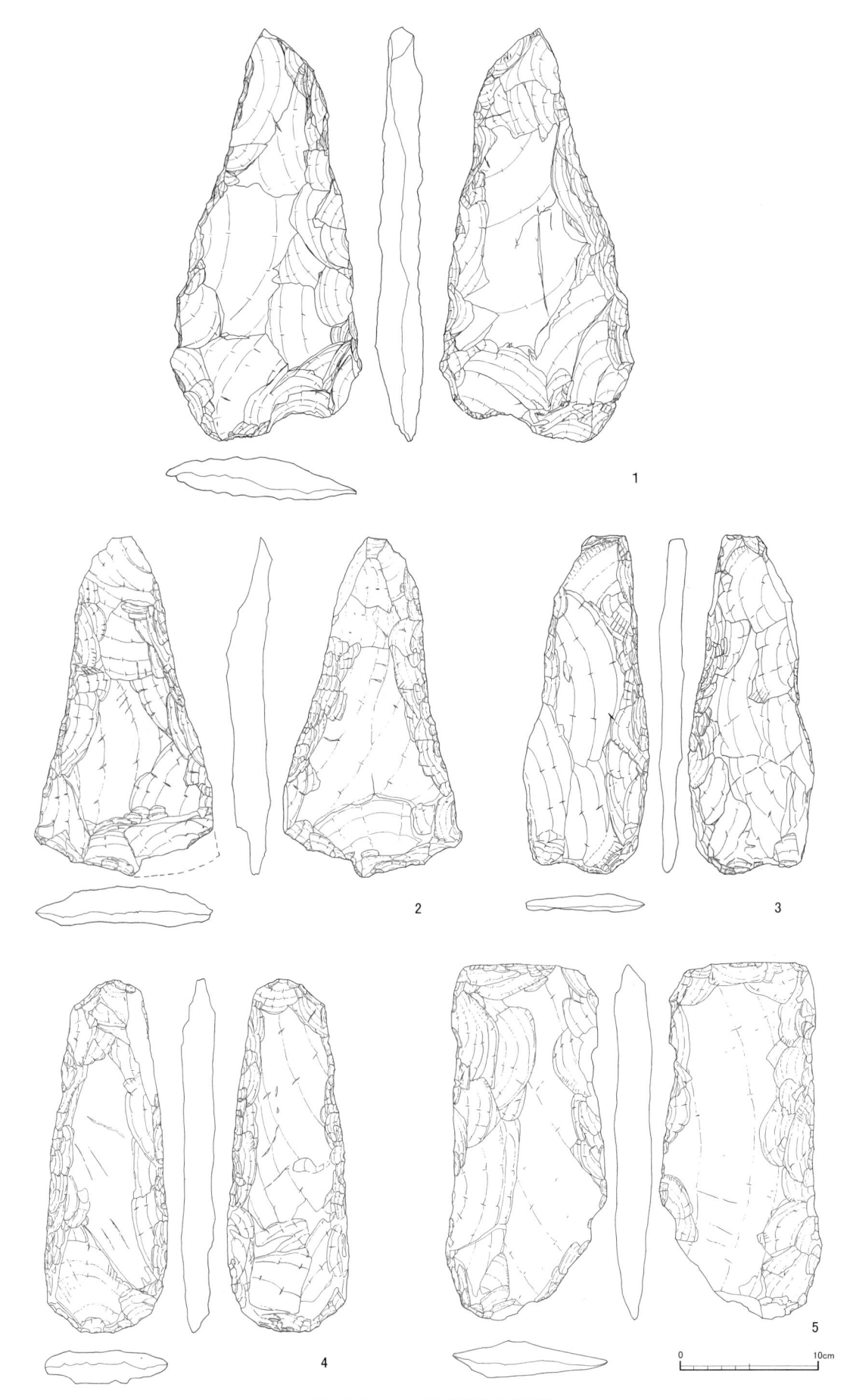

第44図　セイゾウ山遺跡出土石器

撥形を呈しており、腹面、背面ともに大きな剥離により、平坦面が形成されている。両側縁は左右両方向から剥離されており、一方の側縁中央部のみ細かな剥離により整形されている。基部、刃部ともに素材を成形する際の剥離を残しており、二次的な加工の痕跡は明瞭ではない。刃部は片刃に近いものとなっている。4は刃部先端があまり広がらない撥形を呈する。背面には原石面を残し、腹面には大きな主剥離面を残している。両側縁は左右両方向から剥離され、細かな剥離により整形されている。基部は上方向からの剥離の後、角をとるように丸く整形されている。刃部は、下に弧を描くように整形されている。5は短冊形を呈し、背面と腹面に大きな主剥離面を残している。両側縁は左右両方向から剥離されているが、剥離の数に偏りがみられる。二次的な加工は明瞭ではない。基部は数回の剥離で平坦に成形され、二次的な加工の痕跡は明瞭ではない。刃部は主剥離面に剥離を数回入れることで、成形しており二次的な加工の痕跡は少ない。

2）佐渡遺跡および手越向山遺跡の石器（第45・46図、図版43〜46）

　佐渡遺跡の石器は、大型の打製石斧（石鍬）と中・小型の打製石斧、石錘、磨石、くぼみ石などがある。登呂博物館の収蔵品は、望月薫弘氏らによって採集されたものとみられるが、詳細のわからないものも含まれている。勝山修二氏の採集品は主に佐渡山周辺で採集したものとのことである。大畑敏明氏採集品は、佐渡山山頂北東側付近の氏の畑地より採集したものという。

　大型打製石斧（石鍬）　セイゾウ山遺跡同様の大型打製石斧Ⅰb類があるが（第45図6、以下同図）、これに扁平な大型の円礫を分割したもので、背面に礫面を残す剥片を素材として側縁に加工を施して成形した厚みのある大型打製石斧Ⅱ類が加わり（9〜14）、それらの破損品と考えられるものも存在する。

　6は刃部側がわずかに開く撥形を呈しており、腹面に大きな主剥離面を残し、背面、腹面ともに平坦に成形されている。両側縁は左右両方向から剥離されており、細かな剥離により整形されている。基部は、上方向からの剥離により成形され、中央にやや抉りが入ったような形を呈している。刃部は二次的な剥離によりやや丸みをもつが直線的に整形されている。よく使いこまれているとみられ、刃部先端は摩滅して光沢があり、腹面の刃部先端から8cm程度の範囲で摩滅と線状痕が観察できる。背面の刃部付近も磨滅が見られるが、腹面ほどではない。7はⅠb類の刃部と基部を欠損したものとみられる。短冊形を呈するものと考えられ、腹面は複数の剥離により平坦に形成されている。両側縁は左右両方からの剥離により成形され一部ではあるが細かな剥離での整形もみられる。背面の中央部に摩滅が観察できる。8はⅠb類の刃部と考えられる。背面に原石面を残し腹面には大きな剥離面を残している。両側縁の角度から撥形を呈すると考えられる。両側縁には細かな剥離による整形がみられるが刃部には認められない。背面の刃部先端に摩滅、刃部先端から4.5cm程度の範囲で線状痕が観察できる。9は短冊形を呈しており、基部の一部を欠損する。背面に原石面を残し腹面は複数の剥離により比較的平坦に成形されている。両側縁は左右両方向からの剥離で成形され、細かな剥離と敲打によって整形されている。刃部は二次的な加工によって比較的丸く整形されている。刃部の先端は敲打状に潰れているが、使用の痕跡と考えられる。この先端から背面の刃部付近にある大きな剥離の周辺にも摩滅と線状痕が観察できる。10は短冊形を呈し、背面に原石面を残すが中央付近が大きな剥離によって失われている。両側縁は左右両方から剥離され、その後細かな剥離、敲打で整形されている。基部は背面、腹面ともに二次的な加工はみられない。刃部は背面からの加工で丸く仕上げられているが、素材の形状を残しているようである。刃部先端は敲打状に潰れている

92　第5章　考察・論考

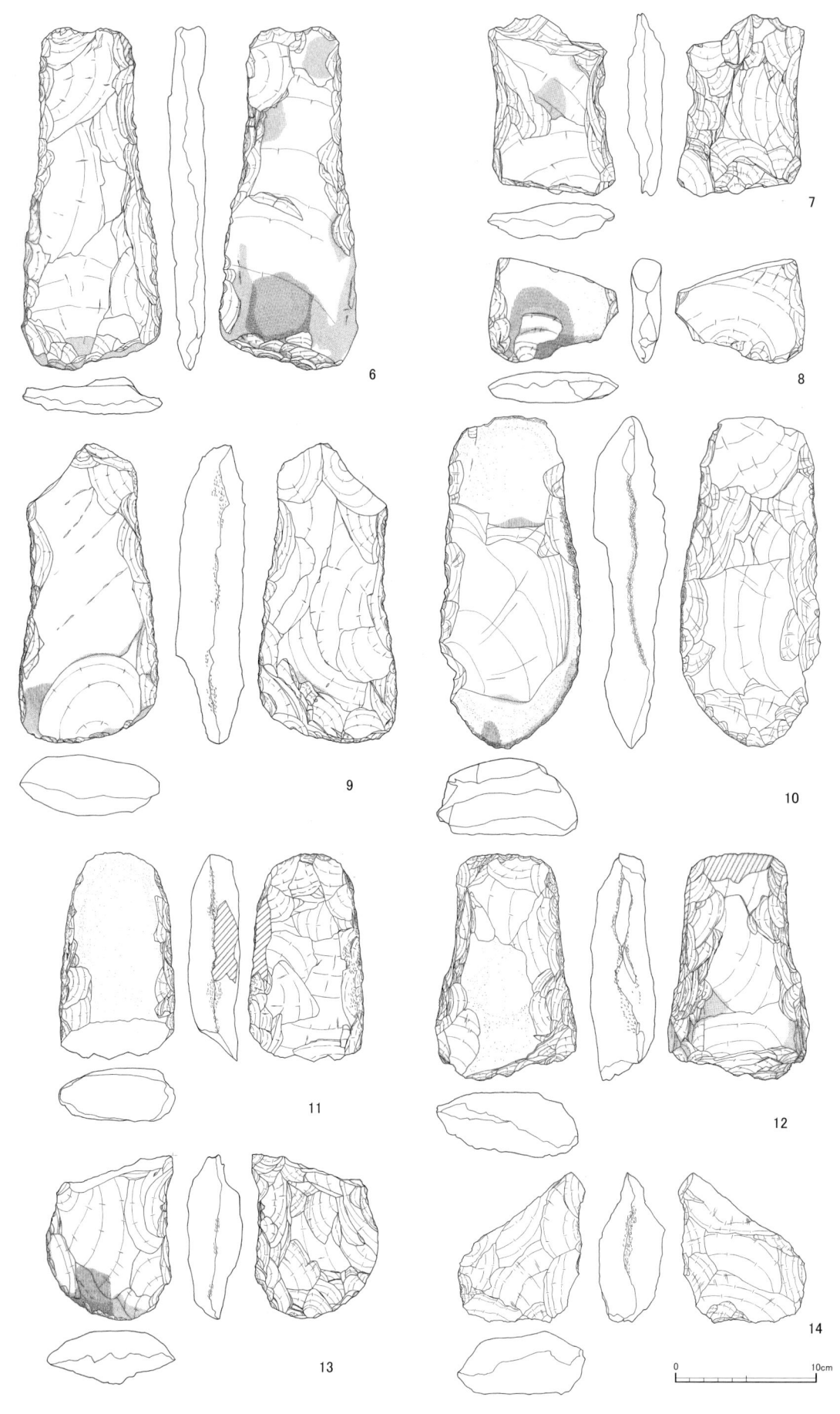

第45図　佐渡遺跡出土石器①

様子が観察でき、ここから背面部にかけては摩滅と線状痕が観察できる。11 は刃部を欠損しており、短冊形もしくは撥形を呈すると考えられる。背面に原石面を残し、腹面は複数の剥離により平坦に整形されている。両側縁は左右両方向から剥離されており、敲打によって整形されている。基部は丸く整形されているが主に背面からの剥離で整形されており、背面で二次的な加工はみられない。刃部は欠損しており、使用の痕跡は明瞭には認められない。12 は撥形を呈しており、背面に原石面を残す。両側縁は左右両方向から剥離されており、細かな剥離、敲打により整形されている。基部は腹面においては節理面が残され二次的な加工はみられないが、背面は細かな剥離により直線的に整形している。刃部は潰れて破砕されたように欠損している。腹面刃部付近両端に摩滅が観察できる。13 は刃部のみであり基部を欠損している。短冊形もしくは撥形を呈すると考えられる。背面に大きな剥離面を残す。両側縁は左右両方向から剥離され成形されているが、特に腹面において細かな剥離により整形されている。刃部は主に背面からの剥離で丸く成形されている。背面の刃部先端に摩滅、線状痕が観察できる。14 は基部と刃部の先端を欠損しており、短冊形を呈すると考えられる。背面、腹面とも比較的大きな剥離により平坦に成形されている。側縁は成形のための剥離後に、敲打によって整形されている。使用の痕跡は明瞭には認められない。

打製石斧 大型打製石斧同様に両面を加工した薄い素材を用いる Ⅰ 類（第 46 図 15、16、以下同図）と礫面を残して主に腹面に加工する Ⅱ 類（17〜25）に分けることができる。

15 は撥形を呈しており、背面、腹面ともに複数の剥離により平坦に成形されていて薄い。両側縁は左右両方から剥離されているが、二次的な加工は顕著ではない。基部、刃部ともに平坦面を形成する過程での剥離面をほぼ利用しており目だった整形はみられない。腹面中央部に摩滅が観察できる。16 は短冊形を呈しており背面にやや大きな剥離面を残す。両側縁は左右両方向から剥離されており、特に腹面に整形がなされている。基部、刃部ともに二次的な加工はわずかであるが比較的丸く整形されている。使用の痕跡は明瞭には認められない。17 は両側縁の中央部にやや抉りが入った撥形を呈している。背面に原石面を残し、腹面は複数の剥離により平坦に成形されている。両側縁は左右両方向からの剥離により成形されているが、二次的な加工は顕著ではない。基部は背面からの剥離により直線的に成形されている。刃部は二次的な加工は顕著ではなく、素材の丸い先端をやや加工して形成したものとみられる。背面の刃部先端から 8cm 程度の範囲で両側縁に向かって摩滅と線状痕が観察できる。19 は短冊形を呈している。背面に原石面を残し、腹面に主剥離面を残している。両側縁は左右両方向からの剥離後、背面腹面ともに細かな剥離と敲打により整形されている。基部は欠損している可能性がある。刃部は背面からの剥離によってやや丸く整形される。背面、腹面ともに刃部先端に摩滅が観察できる。20 は基部のみが残されたもので、短冊形に整形されたものとみられる。21 は刃部で、背面に原石面を残し腹面が加工される。刃部の先端は欠損しているとみられ背面の左側縁と腹面の先端付近に一部磨滅が見られる。22 は背面に原石面を残す小型品。基部は欠損しており、刃部は比較的丸く仕上げられる。刃部付近の両面に磨滅が見られる。23 は背面に原石面を残す小型品。両側縁は背面からの加工によって仕上げられ、背面には剥離がほとんどみられない。刃部は一部欠損している。背面の刃部先端から中央部の範囲で線状痕が観察できる。24 は刃部を欠損している細身の打製石斧と考えられるものであるが、背面とした面の基部付近に一部原石面を残す。両側縁は一部敲打がみられるが両面から加工が施され、断面はやや厚みがあるが紡錘形になる。基部は細かな調整により半楕円状に整形されている。他の打製石斧の作りと比べて異質であり、石剣の可能性も考えられよう。25 は撥形を呈して薄く石篦状の石器である。背面に原石面を残す。両側縁は左右両方

94　第5章　考察・論考

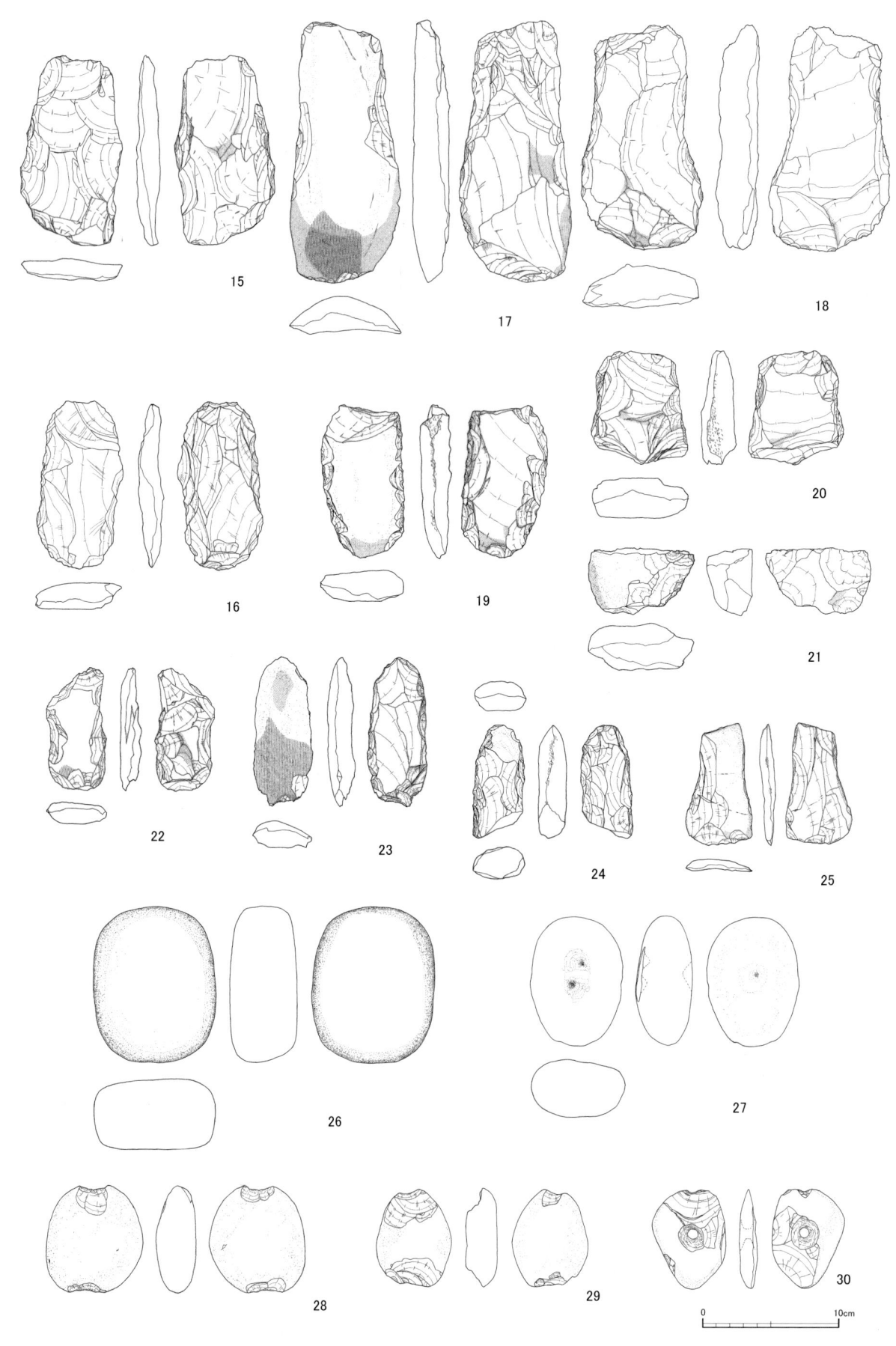

第46図　佐渡遺跡出土石器②

向から剥離され、細かな剥離による整形がややみられる。基部、刃部ともに二次的な加工は顕著ではない。刃部先端から側縁にかけてわずかに摩滅がみられる。

磨石・くぼみ石 26は磨石である。腹面、背面、側面のすべてが良く磨耗して使いこまれているとみられる。27はくぼみ石である。背面中央部に2ヶ所、腹面中央部に1ヶ所の窪みがみられる。

石錘 28、29は石錘で、いずれも扁平な円礫の上下両端を、表裏両面から打ち欠き紐掛部を作り出している。

環状石斧 30は大畑氏採集品の穿孔もつ石器である。扁平な楕円形の礫に側縁から若干の加工を施して薄くし、さらに中央部に両面から穿孔している。いわゆる環状石斧に類する形状をなすが、側縁は研磨などの痕跡はなく、刃部は形成されていない。

3．考察
1）大型打製石斧について

大型打製石斧は、その素材や成形法から両面を剥離させた扁平な素材を使用するⅠa類、Ⅰb類と背面に原石面をもつ厚みのある素材を使用するⅡ類に分類できた。

Ⅰa類は、セイゾウ山遺跡出土の2点（1,2）のみで、刃部にかけて大きく広がる三角形を呈するものであるが、両側縁の二次加工が刃部や基部付近に及んでおらず、刃部は大きな剥離を残したまま一定の形への成形がおこなわれていないとみられる。使用の痕跡も見られないようであるが、Ⅰb類に対比してその製作途上段階に位置づけられる可能性が考えられる。この2点は、安本氏らの発掘によって出土したもので「石剣の位置より東一米の所に二個山頂に先端を向けて出土す」という出土状態が記録されている。これが確かであれば、祭祀的な意味合いで石剣とともに石鍬の未製品が埋納された可能性も考えられるだろう。Ⅰb類は、短冊形ないしはわずかに刃部が開く撥形に仕上げられたものであり、セイゾウ山の資料については観察ができなかったが、佐渡遺跡の6では、顕著な使用痕が見られる。刃端の磨滅が顕著で光沢が見られ、刃部付近の磨滅や線条痕は特に腹面側に偏って認められる。刃端部の腹面側に向かう細かい剥離も使用によるものである可能性があるが、背面側を内側にして膝柄に装着し、鍬のように用いたと考えれば使用の痕跡と整合的であろう。セイゾウ山遺跡のものを含めてⅠb類は平たく薄い刃部で端部は直線的なものが多い。400g台から900g台の重量であるが、大きさの割に薄く軽いものが含まれる。同様の素材を用いているⅠa類がこれらより大きく重い傾向があることは、先の未完成品であるという想定と矛盾しない。

Ⅱ類は、原石面をもつ厚手の素材を加工するものであるが、完形品（9,10）はそれぞれ1189g、1276gを量り、Ⅰb類に比してかなりの重量がある。9・10は刃部先端が敲打状に潰れている状況がみられ、そこから刃部付近に磨滅や線条痕が見られる。これらの痕跡は、砂礫を含む土などに打ち込むように使用したと考えれば整合的であり、刃部が潰れるように破損している12や欠損する11などの破損状況もこうした使用の結果が推定される。柄の装着法は判断し難いが、使用痕が原石面のある背面に偏るものもあり、形状からも平たい腹面を内側にして膝柄に装着した可能性と棒状柄に装着して鋤のように用いた可能性が考えられる。Ⅱ類の刃部は丸いものが多い。いずれにしても、Ⅰb類を中心とするものに対してⅡ類は刃部も厚く、大きさに対して重量があるものに仕上げられる傾向がある。

このように、大型の石鍬でもⅠb類を中心とする大きさに対して薄くて軽く、平たい刃部をもつもの

96　第 5 章　考察・論考

と、Ⅱ類を中心とする大きさに対して重量があり、厚い刃部のものとで用途が別れていた可能性が考えられる。後者は、深い掘削や掘り返し、前者は土の撹拌や移動などに用いられたことなども推定が可能であろう。

　なお、これらの中小型品も含めた打製石斧の石材は、観察表に示したように砂質や凝灰質の粘板岩や砂岩などであるが、いずれも安倍川水系に転石として存在しているものである。

2）石器類の組成について

　佐渡遺跡周辺およびセイゾウ山遺跡で出土している土器や採集される土器は、丸子式期のものがほとんどであり、縄文時代のものは今のところ希薄である。今回提示した資料は、採集品を多く含むが、おおむね丸子式期のものと考えてよいだろう。これらの石器の組成をみると、大型の打製石斧（石鍬）、中小型の打製石斧が多く、図示したものでは磨石・くぼみ石、石錘、環状石斧がある。また、セイゾウ山遺跡で発掘された石剣（第 47 図 1）、採集品の独鈷石形石器（2）もこれに加えられ、今回図示しなかったが登呂博物館資料には黒曜石やチャート製の石鏃やその破片が含まれている。採集資料が多く含まれるため量的な問題は検討し難いが、打製石斧がかなりの量を占めていることが特徴であり、図示したものでは大型品が半数以上を占めている。一方、その他の磨石・くぼみ石、石錘、石鏃などは縄文時代以来一般的な石器であり、近隣では、晩期を中心とする清水天王山遺跡の石器群（静岡市教育委員会 2008）と形態も含めて大きな差異は認められない。また、石剣や独鈷石形石器・環状石斧[1]といった呪具は県内でもそれぞれピークは異なっているようだが縄文晩期頃に多く（静岡県 1992）、そうしたものが残されていると考えられる。

　こうした石器の組成は、ほぼ同時期や前後する時期である程度石器組成がわかる先述した清水天王山遺跡や遠江地域条痕文期の殿畑遺跡（三ケ日町教育委員会 1985）、都田川流域の前原Ⅶ、Ⅷ、沢上Ⅴ、Ⅵ、Ⅸ遺跡（浜松市教育委員会 1990）、愛知県麻生田大橋遺跡（豊川市教育委員会 1993 ほか）などと比較しても、器種や形態は大きく変わらないとみられる。それぞれに、石鏃が多いなどの組成比の違いがあるとみられるが、佐渡山周辺の大型打製石斧の多さもこのような性格の違いととらえることも可能であろう。つまり、おおむね縄文晩期以来の伝統的な石器組成に大型打製石斧が発達した様相といえるだろう。

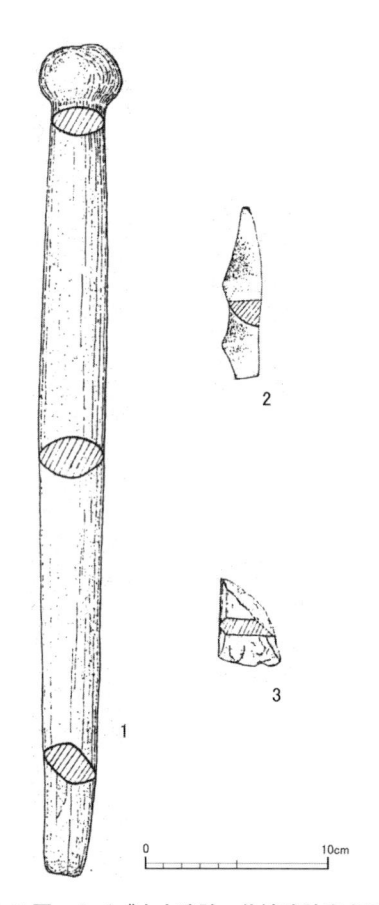

第 47 図　セイゾウ山遺跡・佐渡遺跡出土石器

4．まとめ

　佐渡山周辺のおおむね丸子式期と考えられる弥生時代石器の特徴は、従来から知られているように大型の打製石斧（石鍬）が発達していることに特徴づけられるが、それ以外の石器群の組成については、縄文晩期から条痕文期の組成との類似点がみられる。こうしたことは、縄文時代以来のある程度広範囲の複合

的な生業がおこなわれる中で、その一つとして大型打製石斧（石鍬）を用いる生業がとくに発達していたと考えることができるだろう。

 大型打製石斧は、その形態や製作技法と使用痕などから少なくとも二つのやや異なった使用法に供する作り分けがおこなわれている可能性が考えられた。このほかに各種の打製石斧が加わることから考えても、かなり集約的な作業がおこなわれていたことが推定でき、手越向山遺跡の畠状遺構形成過程に想定される作業とも整合的である。

 これまで触れていないものとして、佐渡遺跡で採集されている扁平片刃石斧が1点あり（第47図3）、この地域で弥生時代中期中葉以降生産が盛んになるいわゆる大陸系磨製石斧も既に存在する可能性が考えられている。一方、手越向山遺跡の方形周溝墓の発見はこれが中期後半の所産である可能性も示すことになる。いずれにしても、先に述べた佐渡山周辺の石器群の評価がこれによって大きく変わることはないと考えられる。

（篠原・真鍋）

註
1) 環状石斧は三ケ日町殿畑遺跡や愛知県麻生田大橋遺跡など条痕文期を前後する時期に例があるが、周縁を研磨して刃部を形成するものであり、今回提示した30は、未製品またはその形骸化したものである可能性がある。

表4 佐渡山周辺の石器観察表

挿図番号	番号	器種	材質	注記	長さ(cm)	幅(cm)	厚さ(cm)	重量(g)
45	1	打製石斧(石鍬)	暗褐灰色砂質粘板岩	昭和一三、一一、九発掘セイザウ山出土(登呂博)	28.7	13.9	3.5	1275
	2	打製石斧(石鍬)	暗灰色砂質粘板岩	昭和一三、一一、九セイザウ山出土 □村□(登呂博)	23.6	13.0	3.8	851
	3	打製石斧(石鍬)	(粘板岩)	(セイゾウ山・松井氏図転載)	23.6	9.0	1.6	432
	4	打製石斧(石鍬)	(緑泥片岩)	(セイゾウ山・松井氏図転載)	24.7	8.8	2.3	805
	5	打製石斧(石鍬)	(泥岩)	(セイゾウ山・松井氏図転載)	24.8	11.5	2.5	936
46	6	打製石斧(石鍬)	暗灰色砂質粘板岩	(大畑氏採集)	23.5	9.9	2.5	681
	7	打製石斧(石鍬)破片	淡褐灰色凝灰質粘板岩	(注記なし、登呂博)	12.5	8.9	2.5	295
	8	打製石斧(石鍬)刃部	灰色含礫中粒砂岩	51年3月佐渡山 K22 Ⅲ-B-8(登呂博)	7.1	9.1	2.1	174
	9	打製石斧(石鍬)	灰色凝灰質砂岩	昭和24年6月15日佐渡出土望月董弘発掘(登呂博)	20.5	10.2	4.1	1189
	10	打製石斧(石鍬)	淡緑灰色凝灰岩	佐渡山Ⅲ-B-28 K33(登呂博)	22.7	10.0	5.3	1276
	11	打製石斧(石鍬)	暗灰色細粒砂岩	(注記なし、登呂博)	14.2	8.3	3.7	644
	12	打製石斧(石鍬)	暗灰色やや石灰質粘板岩	(勝山氏表採 No.6)	15.6	10.0	4.5	857
	13	打製石斧(石鍬)	暗灰色板状細粒砂岩(少し凝灰質)	佐渡山(勝山氏表採 No.5)	11.3	9.0	3.6	422
	14	打製石斧(石鍬)破片	灰色細粒砂岩	佐渡山Ⅲ-B-5(登呂博)	10.3	9.0	4.3	399
47	15	打製石斧	淡緑灰質凝灰質粘板岩	佐渡山(勝山氏表採 No.9)	13.4	7.3	1.6	163
	16	打製石斧	暗灰色砂質粘板岩	佐渡山(勝山氏表採 No.10)	11.9	6.1	1.9	156
	17	打製石斧(石鍬)	暗灰色粘板岩	佐渡 昭23・1・29(登呂博)	18.5	8.2	2.6	498
	18	打製石斧	黒色粘板岩	(注記なし、登呂博)	15.9	8.4	3.1	495
	19	打製石斧	淡緑灰色凝灰質凝灰岩	佐渡山(勝山氏表採 No.12)	10.3	6.1	2.2	216
	20	打製石斧(石鍬)基部	淡緑灰色凝灰岩	Ⅲ-B-3(登呂博)	8.1	7.0	2.3	200
	21	打製石斧(石鍬)	(不明)	TGM No.30 表採(手越向山遺跡)	4.7	7.6	3.3	134
	22	打製石斧	暗灰色砂質粘板岩	佐渡山(勝山氏表採 No.15)	8.7	4.3	1.5	67
	23	打製石斧	暗灰色粘板岩	Ⅲ-B-2(登呂博)	10.6	4.4	1.9	103
	24	打製石斧(石剣?)	黒色粘板岩	(勝山氏表採 No.1)	8.0	3.8	2.1	88
	25	打製石斧	黒色粘板岩	佐渡山(勝山氏表採 No.14)	8.6	4.8	0.9	45
	26	磨石	淡灰色粗面岩	(注記なし登呂博)	11.1	8.8	5	866
	27	くぼみ石	淡褐灰色細粒斑レイ岩	寄48佐渡山(登呂博)	9.2	6.7	4.1	346
	28	石錘	褐灰色凝灰質砂岩	佐渡山(勝山氏表採 No.7)	7.6	7.0	3.0	210
	29	石錘	黒色珪質頁岩	佐渡山(勝山氏表採 No.8)	6.9	5.5	2.3	115
	30	環状石斧?	淡褐灰色凝灰質粘板岩	(大畑氏 表採)	7.0	5.3	3.3	46

第3節　急傾斜面における空間利用について〜土木工学的視点からの検討〜

1. はじめに

手越向山遺跡の畠状遺構は、丘陵部の急傾斜面に立地する。その立地は、これまでに見つかっている灌漑水田稲作導入期の畠と全く異なるものであった。

そこで本稿では、手越向山遺跡で確認された畠状遺構について、まず急傾斜面の空間利用の視点から、土木工学的な側面から検討を行う。これは、現代における土砂の流出防止を目的とした土木工学的工法と比較することによって、土木工学的側面から急傾斜面における空間利用の歴史的意義を解明するための一助とするものである。

2. 畠状遺構の概要

手越向山遺跡では、2007年8月の第2次調査において、周溝から弥生時代中期後葉の土器が出土した方形周溝墓が確認された。その際および下層遺構の確認等を目的とした2008年3月の第3次調査の際に畠状遺構の存在が把握された。

筆者は、第4次調査において2008年8月9・23・31日の3回にわたり、現地での検討に参加した。結果、第3次調査で畠と考えられた遺構はいわゆる地山直上で確認されており、e層には擬礫が多く含まれていたことから、第一に加工面で確認された人間活動の痕跡（遺構）と判断した。

第二に、e層は下面である加工面の痕跡が確認されるが、上面は上部の方形周溝墓の盛土成形時に部分的に削平されており、上面の残存している可能性のある部分は地層が類似していたため、e層機能時の平面形態の検出は困難と判断した。

第三に、e層は一律ではなく、下方に地山である4層が〜2cmの擬礫となってブロック状に含まれており、上方ほどブロックが少なく、擬礫の大きさも小さいことからこなれていることを把握できた。また、e層は層内の上下で変化が見られることから、一回の作業で作られた地層ではなく複数回の作業の繰り返された累積の結果形成された層相である可能性が考えられた。

第四に、加工面（畠状遺構下面）での断面形態は階段状となっており、急傾斜面を階段状に造成していると考えられた。

以上の所見のうち、第三の所見から当該遺構が畠であった可能性も考えられる。次に、第四の所見からは、畠に限らず人間活動の痕跡と捉えた場合に、加工面の形態は広義の造成痕跡といえるのではないかと考えた。

広義の造成痕跡と捉えた場合に、当該地点は急傾斜面であることから、階段状に造成することによって土砂の流出を防ぐ目的をもって形成された痕跡とも捉えられる。そこで本稿では、まず現代の急傾斜面で用いられている土木工学的工法を紹介し、比較することにする。

写真4　丸太材による土留め
（静岡市駿河区手越）

3．急傾斜面における空間利用

1）現代の土木工学的工法

急傾斜面において、長期間にわたって土地を利用するためには、土の流出を防ぐ必要がある。

それは現代においても同様であり、わずかに丸太材や石で支える簡易なもの（写真4）から本格的な造成を伴うものまで様々な対策が採られている。

ここでは、山間部における道路拡幅事業で用いられている工法を紹介する。

写真5は、地山を階段状に切ることによって土の流出を防止している状況であり、「段切り」と呼ばれている工法である。写真5の場合は、道路を「段切り」の下方（右側）に通すために、土を階段状に切った後に法面強化のために植物の種子を含んだ土を吹きつけて仕上げる[1]ということである。

つまり、道路として長期間にわたり土地を利用をするための急傾斜面利用技術として、階段状に地形を造成されている。

写真5　道路拡幅事業による段切り
（三重県松阪市飯南町仁柿峠）

写真6　畠状遺構断面
（静岡市駿河区手越）

2）畠状遺構と現代の土木工学的工法

畠状遺構（写真6）は、長期間にわたり土地を利用をするための急傾斜面利用技術として、階段状に地形を造成されている点で、現代の道路拡幅事業などで用いられている工法である「段切り」と共通する。したがって、急傾斜面を利用する土砂流出防止技術は弥生時代まで遡るといえる。

また結果として、実際に調査区の周囲で地滑りが生じている[2]中で、畠状遺構の上層に位置する方形周溝墓が現在まで残存していた点で、畠状遺構下面の階段状痕跡の機能の有効性は明白といえる。

4．まとめと今後の課題

今回みつかった遺構は、長期間にわたって土地を利用するために形成された痕跡と理解できる。

その工法は、急傾斜面において現代の道路拡幅事業などでも用いられている土砂の流出防止を目的とした土木工学的工法である「段切り」と共通しており、丘陵部の急傾斜面を利用する土砂流出防止技術は弥生時代まで遡るといえる。

耕作地である畠としての土地利用が行われていたのかについては、栽培植物の検出を待ち多角的な視点から検討したいと考えている。また一般的に、丘陵部における耕作地は、長期間にわたって地上に露出していた可能性が高い地層と考えられる。この点で地層形成過程において純粋な層準であれども、当該遺構との有機的な関係にない遺物を検出してしまうコンタミネーションの生じる可能性も高い。微細遺物であるがゆえに、農耕の問題を扱う際には山本（2007）が指摘するように、栽培植物そのものの年代決定を行

うことも課題の一つとして挙げられよう。

（川崎志乃・奈良県立橿原考古学研究所）

註
1）三重県松阪建設事務所岡田実氏のご教示による。
2）篠原和大氏のご教示による。

引用文献
山本直人 2007「縄文時代の植物食利用技術」『縄文時代の考古学』生業 pp.17-30、同成社：東京。

謝辞
　現地調査に参加させていただく機会を与えて下さった篠原和大氏および土木工学的側面からの検討には三重県松阪建設事務所岡田実氏から多くのご教示を得ました。また、道路建設現場の見学に際し、三重県松阪建設事務所にお世話になりました。記して感謝します。

第4節　手越向山遺跡畠状遺構の構造と特徴

1．はじめに

　手越向山遺跡では、弥生中期後半の方形周溝墓の下層で畠状遺構を検出した。畠状遺構としたものは、主に基盤層にまで及ぶ人為的撹拌を示す土壌とその下面に残された浅い溝状遺構群を指す。現在のところ、ここで作物が栽培されたことを示す完全な証拠は得られていないが、調査の結果から復元されるこの地点での人為的造作や、土壌の構造などから考えると、これが耕作地としての「畠」である可能性は極めて高いと考えられる。この畠状遺構が畠であることの確証を得るためには、さらなる分析結果に期待するか、良好な類例をもって検証することが考えられるが、そのためにも、調査の成果として考えられた、畠状遺構の構造とその特徴を示し、現状でのその位置づけを考察しておきたい。

2．手越向山遺跡畠状遺構の構造と特徴

　畠状遺構は、覆土と下面の溝状遺構に分けられるが、覆土は、地山面直上の黒色土（e2層）と上部の暗灰褐色土（e1層）の上下2層に分けられ、両層にわたって土が巻き上げられたようなe1'層が確認された。このような覆土中の各層の関係は、畠状遺構の各地点で同様のパターンが繰り返し確認できた。また、下部の溝状遺構は、不整形な浅い溝が、東西方向に連続し、同様の溝が南北方向に並列するものであるが、このような状況はそれが確認されたどの地点でも等質的である。こうした、溝状遺構や覆土の状況からそれが残されるにいたった作業や行為が復元されるが、まず、それらが、畠状遺構覆土が形成されたほぼ全体にわたって、連続的かつ反復的に行われていると考えられることが重要な特徴となる。

　以下、畠状遺構の調査で得られた所見とそこから復元される作業や行為を摘記しておく。

　①覆土下層の撹拌と溝状遺構の形成　畠状遺構北側の覆土下部はe2層として分けられ、その下部の溝状遺構を満たしているが、溝状遺構間の切り合いは不鮮明である。e2層は4層土と下部の層が良く混じり合って撹拌されていると考えられることからも、上部の土を含めて基盤層付近までを掘り返し、その土を破砕撹拌しながらその場にとどめる耕耘とみられる行為が、下部の溝の方向に連続的におこなわれ、また、きわめて短時間の後に隣接する溝を形成する撹拌行為がおこなわれたと考えられる。これらの行為は、北側のものから南側のものへの順におこなわれた可能性がある。

　②覆土上層の撹拌　畠状遺構覆土の上層はe1層として分けられ、e2層よりよく撹拌されていると考えられた。e1'層は、e2層付近からe1層中に基盤層土を多く含む土が巻き上げられたような痕跡であるが、それが下部の溝状遺構と同じように東西方向に連続し、南北にも並列している状況が部分的に平面でも確認できた。断面でも各所でこのような状況が南北に連続する状況が見られたが、これらのことから、e1'層を形成する行為は①と同様に溝状の掘削と撹拌を繰り返すもので、それが東西方向に連続し、南北方向に並列しているものと考えられる。e1層は、この想定される溝状の掘削・撹拌の内部を満たしていると考えられ、e1層は①のe2層形成後その覆土中でおこなわれたこのe1'層を形成する溝状の撹拌行為によっておおむね形成されたと考えられる。また、この過程では、e1'層に含まれる基盤層土を多量に含む土が持ち込まれた可能性がある。e1'層の層位的な関係からはこれらの行為は南から北に向かって並列しておこなわれた可能性がある。

③テラス状遺構の形成とe4層の搬入　畠状遺構の南側では、テラス状遺構が形成され、ここにe4層とした基盤層土を大量に含む土が積み置かれたと考えられる。e4層の形成の理由は判断しにくいが、土留めの土手の役割を果たしていたことは考えられ、また、②の段階に基盤層土をここから運び込んで混入させた可能性があり、その目的であらかじめ積み置かれたことも考えられる。

①、②の行為はテラス状遺構の覆土中にもe1層e1′層が確認されe2層も存在するとみられることから、③の後におこなわれたと考えられる。下面の溝状遺構面には掘削痕が確認されたが、その形状は周辺で採集されている大型打製石斧によるものと考えても矛盾はない。この掘削具が何であるかにもよるが、①の行為は、基盤層付近までを一気に掘り下げるものと考えられ、上部に一定以上の堆積がある場合困難であり、事前に表土や上部の堆積土が取り除かれたと考えられる。これらの復元される行為とその順序から畠状遺構の形成過程を復元すると以下のようになろう。第48図にはその断面の模式を段階的に示した。

0．畠状遺構形成前　現地は斜面地であり、基盤層土上に5層と4層黒ボク土が堆積し、若干の表土と植生があったと考えられる。4層の堆積は30～40cmほどであった可能性がある。

Ⅰ．整地と準備　畠状遺構を形成する予定範囲の上部の土壌は、一定量除去されたと考えられる。また、その南端で平場（テラス状遺構）が形成され、基盤層土（e4層）が搬入されて積置かれた。

Ⅱ．1次掘削・撹拌　①の基盤層上面まで及ぶ掘削と撹拌が東西方向に連続的におこなわれ、それが南北方向に繰り返された。この結果として東西に連続し、南北に並列する下部の溝状遺構が形成された。

Ⅲ．2次掘削・撹拌　Ⅱで撹拌した土の上部を②の行為でさらに撹拌することがおこなわれた。遺構として明確に検出できないが、Ⅱと同様の溝状に掘り返し撹拌する行為を東西方向に連続させ、南北にそれを繰り返す作業であったと考えられる。また、この過程でe4層が混入された可能性がある。

Ⅳ．その後、畝立てなどがおこなわれ、作物が栽培されたと考えられるが、この痕跡は検出できなかった。また、天地返しのような再利用のための撹拌はおこなわれていないと考えられる。

畠状遺構は、その廃棄後、その上部は斜面によってある程度流失し、堆積があったと考えられるが、弥生中期後半に方形周溝墓が造られたことによって、一部は破壊されたが、その時点以降の流失を免れ、覆土が残されたものと考えられる。

調査成果から復元されるのは、Ⅰ～Ⅲまでの作業であるが、Ⅳ以降のように畠を形成する行為であったとすれば、Ⅱ・Ⅲの作業はその初期の作土を形成するための作業であったと考えられる。整地をして準備をし、大きく2度にわたる耕耘をおこなっていることになるが、工程の分かれた集約的な作業であったといえる。おそらく、一人または少人数で作業にあたり、数日程度の短期間で作業は終えられたものであろう。

これらの結果として遺構を検出できたのは、ほぼ下部の溝状遺構群のみであったが、これらは、作土形成のための耕耘の痕跡として評価できると考えられ、広義の「耕作溝」に含めることができると考えられる。また、これらの溝状遺構の検出が可能であったのは、作土が基盤層から黒ボク土にいたる土層を母材としており、その掘削が覆土と明瞭に分けられる基盤層にまで及んでいたことによる。この基盤層に及ぶ掘削は、Ⅰ以下の工程から考えても、作土の母材として基盤層を混入させるために意図的におこなわれたものであると推定される。畠の土壌学あるいは作物学的な検討が必要であるが、基盤層土は粗面玄武岩の風化崩積土で多量の風化砂粒を含んでおり、母材の主体である黒ボク土に砂質土を混ぜて、性質を変えることが目的であったのではなかろうか。こうした行為が、畠状遺構全体にわたっておこなわれていること

104　第5章　考察・論考

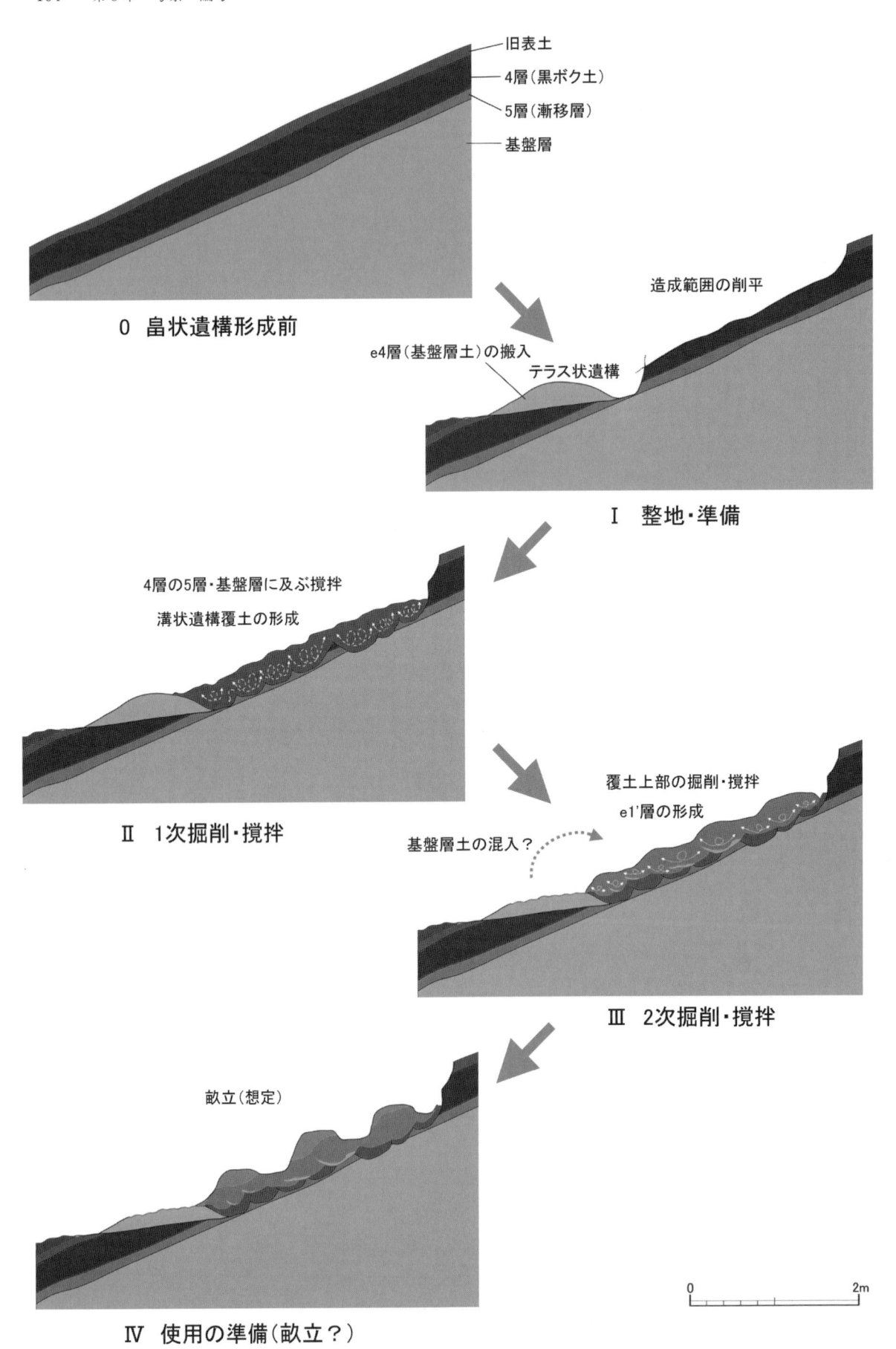

- 旧表土
- 4層（黒ボク土）
- 5層（漸移層）
- 基盤層

0　畠状遺構形成前

造成範囲の削平
e4層（基盤層土）の搬入
テラス状遺構

Ⅰ　整地・準備

4層の5層・基盤層に及ぶ撹拌
溝状遺構覆土の形成

Ⅱ　1次掘削・撹拌

覆土上部の掘削・撹拌
e1'層の形成
基盤層土の混入？

Ⅲ　2次掘削・撹拌

畝立（想定）

Ⅳ　使用の準備（畝立？）

第48図　畠状遺構形成過程復元図

には、作土全体を均質な状態に形成しようとする意図が推測され、作付された作物も条件に適したある程度一定の限られた種類のものであったことが推測される。

　以上のことから、畠状遺構の形成過程は、工程の分かれた集約的なものであり、全体にわたって均質な作業がおこなわれていると推定されるが、これらのことを敷衍すると、その後の作付や収穫にいたる過程も除草や必要な土壌の移動・耕耘、保水などをおこなう、ある程度管理的で集約的な栽培が想像できる。

3．畠状遺構下部の溝状遺構と耕作痕

　前項で、畠状遺構下部に残された溝状遺構群を「耕作痕」としたが、これは作土の形成から作付、再利用などにいたる耕作作業の中の初期の作土形成に関わるものの意味で、正確には作土形成のための耕耘の痕跡といえるだろう。佐藤甲二氏は、畠遺構を検討する中で、畑作土の下部に残る耕作痕の主な成因に「天地返し」と「根菜類用畝床」があることを示し、それぞれの形成過程や認定基準を示している（佐藤1998）。「天地返し」は地力の回復を意図して、畑が一定期間使用された後におこなわれるもので、間隔のあいた立ち上がりの急な溝として確認でき、「根菜類用畝床」も作土の形成後に形成されるものである。手越向山遺跡の耕作痕はこれらには当たらず、特徴も一致しない。一方、佐藤氏は、「畝の認定基準」の中で畠の耕作土の下面には起伏が見られることをあげているが、初期の作土の形成や通常の耕作の中でこの起伏は生じると考えられる。手越向山遺跡の場合、耕作土を形成する掘り返しが、一定方向に連続・並列し、かつ、基盤層にまで及んでいたことによって並列する溝として確認されたものであると考えられる。

　作土の形成や通常の耕作は、畠の全面にわたっておこなわれるものであり、これらの痕跡は部分的であっても面的に検出されるものと考えられる。手越向山遺跡の溝状遺構が接して並列し、畠と考えられる範囲の全面に広がるのもこうしたことによると考えられる。ただし、掘削具や手順によっては、それが溝状になって現れるとは限らず、むしろまれなケースかもしれない。また、作土の形成が、作土と同一の母材層の中でおこなわれているような、耕作土とその下部層の区別が困難な場合には、こうした痕跡を検出することはほぼ不可能であろう。手越向山遺跡の場合もⅢの段階の覆土上部でおこなわれた撹拌についてはその痕跡を明瞭な遺構として検出することはできなかった。ここでは、畠の初期の作土形成の痕跡が、耕作痕として確認されることがあり、それが間隔をあけずに面的に広がることを特徴とすることを指摘しておきたいが、このようなものが、手越向山遺跡のように溝状遺構が並列する状態として検出されるような状況は必ずしも普遍的なものではないと考えられる。

4．弥生時代の畠遺構

　手越向山遺跡の畠状遺構との比較として、関連する弥生時代の畠遺構のについて検討しておきたい。

　手越向山遺跡の畠状遺構の時期は、弥生中期前葉頃の可能性が高いが、弥生時代前半期以前の畠遺構の確実のものとしては、福岡県三沢蓬ヶ浦遺跡第3地点例（第49図1、前期末〜中期初頭、小郡市教育委員会2004）、徳島県庄・蔵本遺跡例（同2、前期中葉、定森ほか2008）、三重県筋違遺跡例（同3、前期、三重県埋蔵文化財センター2004）の3例が知られている。三沢蓬ヶ浦遺跡例は、居住域に接した微傾斜地で畝間を中心に畠の上面を検出して確認されたもので、畠の耕作土に相当する層の下は地山面で比較的平坦であったとされる。埋土からコメを中心にアワ・オオムギ・ササゲ属の炭化種実が検出されている。庄・蔵本遺跡例は、堆積物におおわれた畝や水利施設などの畠の構造を上面で確認して全体を検出したもので、水口部

106　第5章　考察・論考

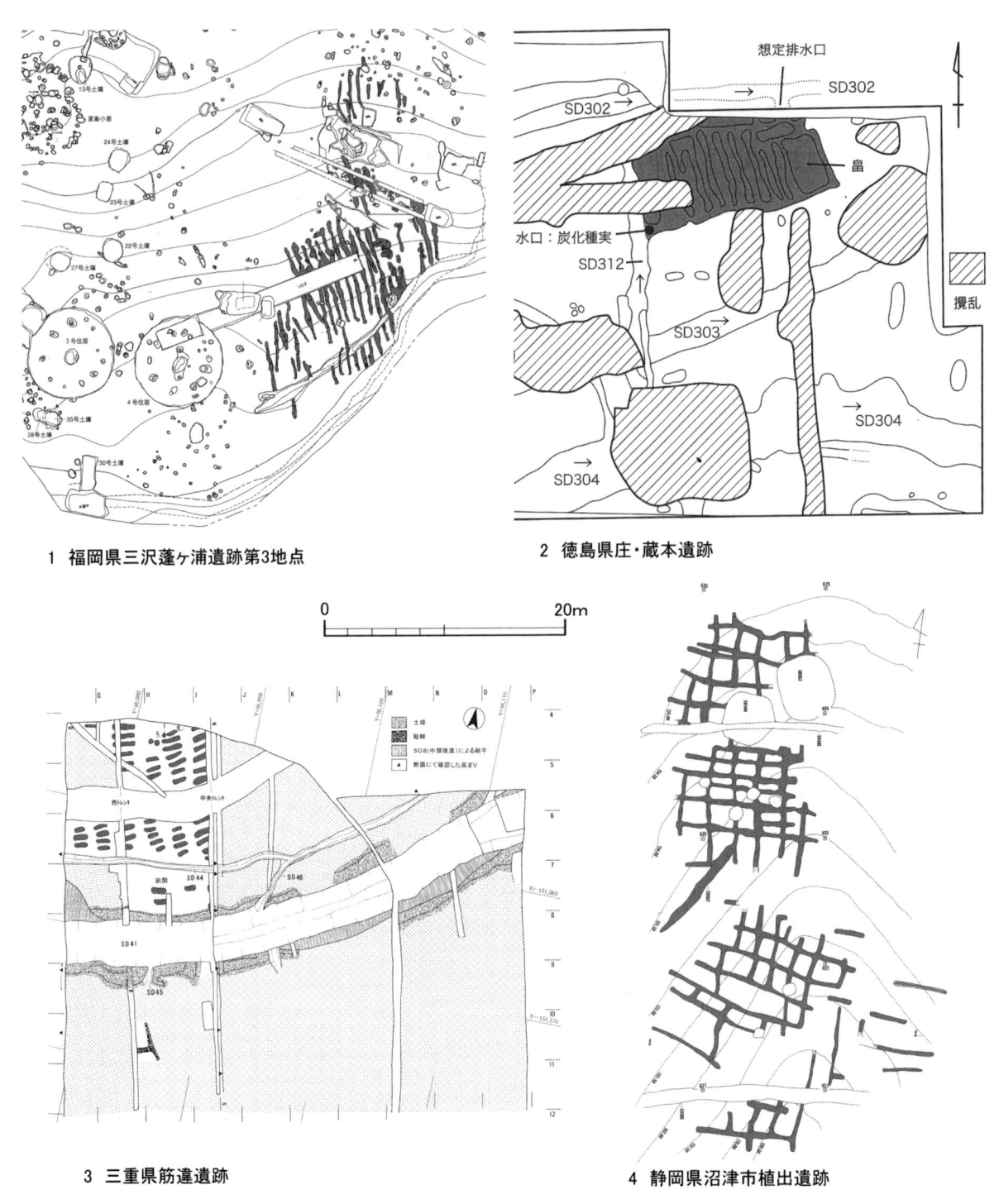

1　福岡県三沢蓬ヶ浦遺跡第3地点

2　徳島県庄・蔵本遺跡

3　三重県筋違遺跡

4　静岡県沼津市植出遺跡

第49図　弥生時代畠遺構の諸例

分からイネ・雑穀類が検出されているが、詳細は整理途上である。筋違遺跡例は水田の下層で畝間の平坦面を検出したもので、これらの下によく撹拌されたとされる耕作土層を確認している。これらの例は、畠の耕作土上面の畝や畝間の構造を検出して畠をとらえたものであり、耕作土も確認されているがその下部の痕跡は不明瞭である。耕作土はよく撹拌されていることが示されるが、それ以外に手越向山遺跡例と対比できるデータは必ずしも多くない。

　一方、静岡県内の愛鷹山麓では、弥生後期後半の居住域と近接・重複して、間隔をあけて並行する細溝

群や格子目状の細溝群が検出されており、畑に関係する遺構と考えられている。植出遺跡（静岡県埋蔵文化財調査研究所1997）では、こうした溝が多く検出されているが（第49図4）、その耕作土と考えられた土壌について、加藤芳朗氏が土壌学的な見地から分析をおこなっている。分析項目の土壌の攪乱度などの観察所見と根密度などのデータについては、現世の畑土壌や畑遺構下層土などとの比較から畑と判定するのに有効な結果が得られており、埋没環境の中でもこうした属性が残されることが指摘されている。このことは、手越向山遺跡の土壌分析とも対比できる所見である。検出されている溝状遺構群については、先の佐藤氏の基準に照らせば、天地返しの耕作痕の特徴とよく一致すると考えられる。天地返し痕であるすれば、畑の作土や表面の構造はさらに上部にも形成された可能性があり、ある程度長期の使用や周辺への広がりも推定できる。

　このように、弥生時代の畑遺構の諸例は、畑表面の畝立てなどの構造や天地返し痕などによって確認できるものであり、手越向山遺跡例のように作土の特徴やその形成痕跡のみによって畑を確定できた例はないようである。植出遺跡の土壌分析所見は、手越向山遺跡の土壌分析で、畑状遺構の覆土に畑の土壌構造が保存されているとの結果と整合的であるが、ほかの自然科学分析例も含めてさらに検討していきたい。

5．手越向山遺跡畑状遺構とその周辺の状況

　手越向山遺跡の畑状遺構が畑であるとするならば、それを管理した集団との関係はどのようなものだったのだろうか。手越向山遺跡における丸子式土器の出土状況はそれを使用した人々の居住域も比較的近接して存在する可能性を示唆する。この観点から、第5次調査を実施したが成果は得られなかった。一方、手越向山遺跡の周辺地域には畑状遺構と同様の立地に居住域が検出される例がある。

　セイゾウ山遺跡では、山頂西側の急斜面部から1棟分の住居址状遺構を検出している（第50図2、田辺1990）。また、西山遺跡では、丘陵頂部南側の急斜面で、丸子式期の新しい段階の土器を出土した土坑1やテラス状遺構など住居址と考えられる遺構を検出している（同図1、静岡市教育委員会1985）。西山遺跡ではこれらの居住域に隣接して、性格不明遺構とされた階段状の地山面と複雑に入り組む細い溝状遺構群を検出しており、出土遺物から縄文時代のものと考えられているが、今回の調査成果に照らせば、畑状遺構と同種のものである可能性が考えられる[1]。いずれにしても、このような急斜面地の上部に居住域を営む例は他の時期には乏しく、畑状遺構と同時期と考えられる居住域が、それと同様の急斜面に形成される理由には、それぞれの地点に近接して畑があり、その管理・経営をおこなった可能性が考えられる。想定される居住域は、検出例やその立地からも1～2棟ほどの住居からなる小規模なもので、それぞれの集団の単位も小規模であったと推定される。

6．まとめ

　今回検出した畑状遺構の調査所見からは、2で示した整地や大きく二度にわたる攪拌行為が復元され、それらは主に畑の耕作土を形成した状況を示すものと考えられる。想定される畑は、小規模であるが、かなり集約的に形成・管理されていたことが考えられる。本調査では、こうした状況や土壌の分析結果から畑を認定しているが、現状ではそれだけをもって畑を確認する例は少ないとみられる。土壌の水洗選別などの分析をさらに進める必要があるが、他の時期の類例の検討を進めるとともに、新たな検出例にも期待したい。手越向山遺跡の畑状遺構が畑と考えられることによって、周辺の大型打製石斧を伴う丸子式土器

108　第5章　考察・論考

1　西山遺跡調査区全体

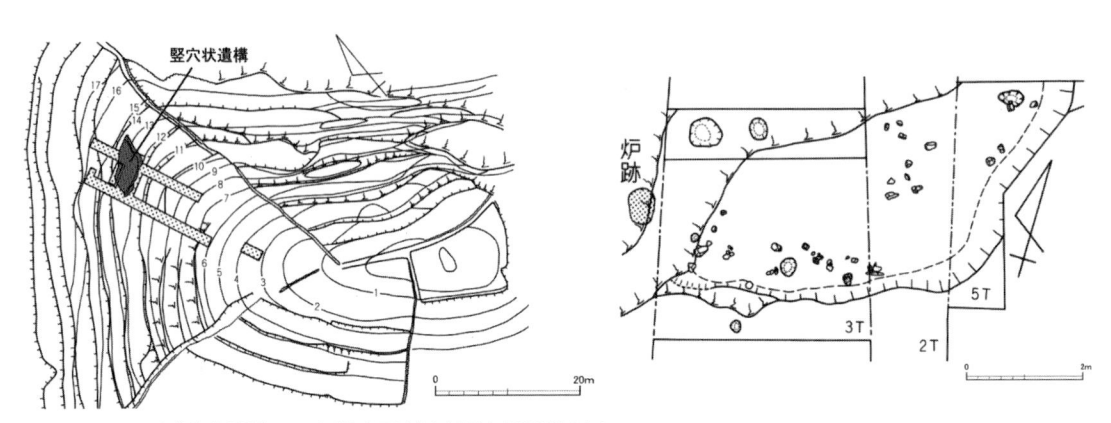

2　セイゾウ山遺跡1963年調査区(左)と竪穴状遺構(右)

第50図　西山遺跡・セイゾウ山遺跡調査状況

文化の再評価が可能になると考えられる。周辺で検出されている同時期の居住域の状況や周辺地域の散漫ながらも広範囲にわたる遺物の散布状況から、小規模な集団が比較的流動的に居住し、その生業の中に畠の経営が組み込まれていたことが推定されよう。

(篠原)

註
1) この性格不明遺構の西側の階段状の地山面は、畠状遺構下部の溝状遺構の状況と類似する。覆土は黒褐色土層となっているが、東側の細溝群も含めて、覆土に黒色土の混在層とされる部分があり、黒ボク土が混入するとすれば、出土した縄文中期の土器の時期より新しい可能性が高い。畠であるとすれば、東側の細溝群は天地返し痕である可能性が出てくる。さらに可能な限りで検討・追究していきたい。
※参考文献は巻末に記した。

第5節　手越向山遺跡の方形周溝墓について

1. はじめに

　手越向山遺跡の調査地点では、方形周溝墓1基を検出した。構築時期は第2次調査で西溝底部付近から出土した壺の時期から弥生中期後半の新しい段階が考えられるが、現状の静岡清水平野の弥生遺跡の調査結果では、弥生中期頃までの方形周溝墓は平野部に群をなして形成されるものであり、丘陵斜面に構築される確実なものはない。したがって、本方形周溝墓は20度を超える傾斜地に立地することが特徴であり、その構造の特徴も傾斜地に築造することと関係する点が多い。また、斜面に構築されていることにより、特に斜面側の当時の構造の多くは失われているものと考えられた。ここでは、調査結果をもとに、流失したと考えられる部分も含めて、手越向山遺跡方形周溝墓の構造について復元し、その特徴、時期や立地の点から、周辺地域、特に静岡清水平野における位置づけを考えておきたい。

2. 手越向山遺跡方形周溝墓の復元とその特徴

　方形周溝墓の復元　手越向山遺跡で検出した方形周溝墓は、調査した範囲では第1主体部を中心に周囲に溝を掘って方台部を作りだし、確認できた部分では方台部の削り出された地山面上に盛り土をしている。墳丘南側の構造は斜面による流失でほぼ失われていると考えられるが、北側斜面や周溝の掘削によって生じた砂土を南側に積み上げて、方台部を作り出したと考えられる。構築の順序は、判明している範囲では、北側斜面を削平する平坦面の構築・第2主体部の構築→北側部分の盛土・北溝の掘削と考えられるが、平坦面の構築段階で南側の盛土（1次盛土）がなされていると考えられる。第1主体部とこれらの関係は判明していないが、北側の立ち上がりから考えて、南側の盛土構築後にその上部から掘り込まれ、埋葬後にその上部を北側に見られる盛土（2次盛土）で覆ったと考えられよう。

　このような想定から、方形周溝墓築造当初の状況を復元すると第51図のようになると考えられる。墳丘方台部の規模は第1主体部を通る東西方向で周溝底の内側下端間の距離が8.6ｍを測り、第1主体部の中軸線から北溝内側下端までが3.6ｍを測る。北側盛土下の方台部上平坦面は、南に向かってやや傾斜しているが、これを延長して1次盛土上面を考え、その方台部上面の規模は、第1主体部が中心になるように第1主体部軸線から方台部北端までを折り返してほぼ方形に復元した。すると、この1次盛土部分を加味した南側墳裾は、第3次調査で4層を削るように堆積していた3'層の始まり付近に求めることができる。この部分を墳裾を削り出したものとして再評価する必要が出てきた。このようにして復元した墳丘裾の南北間は8.3ｍほどであり、ほぼ方形の墳丘となる。

　周溝は、西溝の北端から深く掘り込まれ、南側では底面はほぼ水平になるので、この付近から斜面によって途切れ、さらに南側は盛土や削り出しの構造が墳裾を形成したとみられる。東溝は西溝よりもやや深く掘り込まれているが、西溝と同様に南端は途切れて、墳裾の構造に連続すると考えられる。東溝から北溝にかけては、検出された通りであるが、東溝の北側で浅くなりながら急角度で西に向きを変えて北溝に連続し、北溝は細くやや北に弧を描きながら西溝北端の段差に連接する。西溝と北溝の接合部は内側の方台部との段差もほとんどなく陸橋状となる。

　方形周溝墓築造以前の地形がどのようになっていたかも問題となるが、先行して構築されていた畠状遺

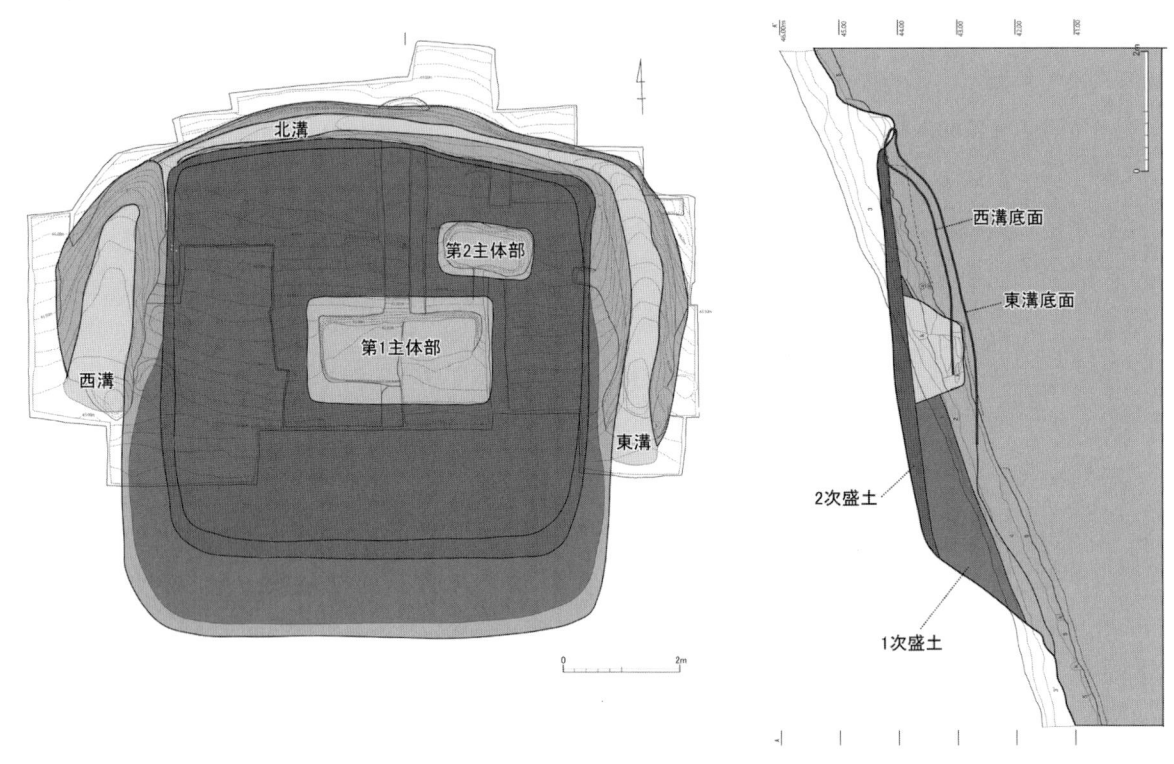

第51図　手越向山遺跡方形周溝墓想定復元図

構のやや窪んで平坦になっていた部分を利用した可能性が高い。南側の1次盛土を形成した積土はかなりの量になると考えられるが、北側の周溝外では4層が確認されておらず、周溝外周辺部の土も方台部の構築に使用された可能性が考えられる。

主体部の構造とその評価　第1主体部は、中央に木棺痕跡を検出している。木棺の形状はその痕跡から箱型であったと考えられるが、墓坑底部には小口材の掘り込みなどの痕跡は認められなかった。周囲の埋土には、木口部分を補充した土の塊や木棺に沿って置かれた部材状の痕跡などが見つかったが、平坦な墓坑底面上に置かれた組合式の木棺の構造を支えるものであった可能性がある。墓坑は整った方形で、底面も水平平坦で方形に掘られている。木棺痕跡の規模は推定で、長さ1.65m、幅0.6m前後、墓坑は底面で東西2.78m、南北0.97mを測る。松井一明氏の静岡県内方形周溝墓主体部の集成的研究（松井1998）に照らせば、同時期でも大型の部類にあたると考えられる。第2主体部は、検出面で東西1.51m、南北0.8mを測る隅丸方形を呈する土坑で、第1主体部のほぼ1/2の規模である。底面が平坦で壁が直線的に立ち上がる点も第1主体部と共通する。覆土は埋め戻された土と考えられ、木棺は確認されないが埋葬施設であった可能性は高いと考えられ、幼児や小児の埋葬の可能性が高いであろう。第2主体部は2次盛土以前に構築されたことが明らかであるが、その上部は盛土に先立って削平された可能性が高く、2次盛土が第1主体部の埋葬に伴っておこなわれたとするとそれに先行して存在していた可能性がある。

以上が、手越向山遺跡の方形周溝墓の復元と概要であるが、これまで静岡清水平野で調査されている弥生中期の方形周溝墓と比較して、①急傾斜地に立地し、それに対応した削り出しや盛土の構築方法をとること、②一般的な四隅の切れる形態をとらず、南側は不明であるが平面的には北西の一隅が切れる形態をとると考えられること、③周溝を接して群集するとは考えられないなどの点が特徴であろう。

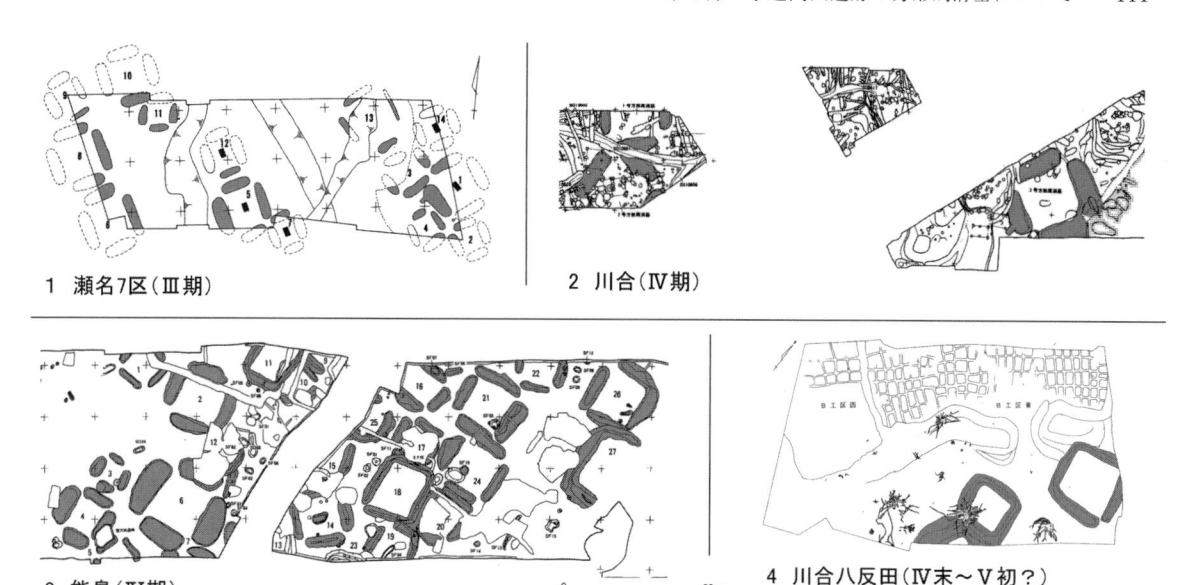

1　瀬名7区（Ⅲ期）　　2　川合（Ⅳ期）

3　能島（Ⅳ期）　　4　川合八反田（Ⅳ末～Ⅴ初?）

第52図　静岡清水平野の方形周溝墓諸例

3．駿河地域の弥生時代中期の方形周溝墓と手越向山方形周溝墓の位置

　静岡清水平野では、弥生中期中葉（Ⅲ期）に方形周溝墓の築造が始まり、中期後半（Ⅳ期）には、さらにその数を増すと考えられる。これらのほとんどは低地部に形成された規模の大きい集落の近傍に群をなして形成されると考えられる（第53図）。瀬名遺跡7区12層で検出された方形周溝墓群（第52図1、静岡県埋蔵文化財調査研究所1992）は、Ⅲ期に形成されたと考えられるが、いずれも四隅切れの形態で構成されると考えられる。川合遺跡の3基の方形周溝墓（2、同1990）は、Ⅳ期の中頃に相次いで築造されたものであり、比較的幅の広い四隅切れの周溝形態のものからなっている。このほか、有東遺跡周辺（Ⅲ期～Ⅳ期）や鷹ノ道遺跡（Ⅳ期）で方形周溝墓群の検出があるが、いずれも四隅切れの方形周溝墓が群をなしている。隅が切れない形態のものは、能島遺跡（3、同1989）と川合遺跡八反田地区（4、同1995）に認められる。能島遺跡ではⅣ期に継続して方形周溝墓群が形成されたものと考えられるが、群集する四隅切れの形態のものの中に、いくつかの隅は切れない形態のものがあり、切り合いからは四隅切れのものより新しい。川合遺跡八反田地区では、四隅が切れるタイプではない3基の方形周溝墓が検出されており、遺物から中期末から後期初頭に構築されたと考えられる。このように弥生中期中葉から後半にかけて構築された方形周溝墓は、その出現段階から四隅切れの形態のものが継続して構築され、中期後半の新しい段階に一部に四隅の切れない形態のものが現れると考えられる。手越向山遺跡の方形周溝墓の一隅が切れるとみられる平面形態は、このような、中期後半の新しい段階になって現れる1例といえよう。

　埋葬施設については、不明なものが多いが、前述したⅢ期の瀬名遺跡例では主体部が残されているものが多く、かなりの盛土が確認される5号墓、1号墓でも主体部はその下の旧表土から掘り込まれている。一方、Ⅳ期の鷹ノ道遺跡（静岡市教育委員会1996）では、盛土が残されているものが多く検出されたが、埋葬施設の多くは、盛土上面から掘り込まれていることが確認される。このうち2号墓では、埋葬施設の上部を覆う盛土も確認されている。盛土下部に形成する埋葬施設から盛土を形成して上部から掘り込む埋葬施設への変化が想定されるが、手越向山遺跡の復元例は、部分的な盛土ながら後者にあたると考えられる。

　静岡清水平野で丘陵斜面に構築される弥生中期の方形周溝墓の確実な例としては、手越向山遺跡の方形

周溝墓が初例と考えられる。一方、静岡清水平野の弥生後期前葉の集落では、墓域が見つかっておらず、この時期の方形周溝墓の所在は不明である。関連して、賤機丘陵の先端部に位置する賤機山古墳下層で装着状態と考えられる銅釧を出土した弥生後期の土器を伴う墓坑があり（静岡市教育委員会1992c）、この時期、墓域が集落の近傍から離れた丘陵部などに移動している可能性が考えられる。手越向山遺跡の方形周溝墓の立地は、そうした動きが、中期の末頃に遡って始まる可能性も示していると考えられる。

4．まとめ

　手越向山遺跡の方形周溝墓について、斜面によって失われたとみられる部分も含めて復元を試みたが、周溝のほかに盛土と削り出しによって墳丘を構築していることが考えられた。斜面側の見かけの高さは2mほどになるが、山側は細い北溝で区画するのみのような形になり、斜面を利用した低地側からの景観を意識した構築といえるであろう。北西隅に陸橋部を残す、一隅のみが切れるとみられる平面形態は、四隅切れの形態が作り続けられた静岡清水平野の弥生中期方形周溝墓の特徴から見れば異質であり、類例は中期末頃になって現れると考えられる。手越向山遺跡では、方形周溝墓1基を単独で検出したが、この地域の方形周溝墓がほぼ例外なく群集することから、周辺に別の方形周溝墓が構築されていた可能性は高い。構築方法も含めてその立地はなおも特異であるが、不明なこの地域の後期前葉の墓域とも関連して、未だ明らかになっていない方形周溝墓の様相の一端をとらえた可能性が考えられる。

（篠原）

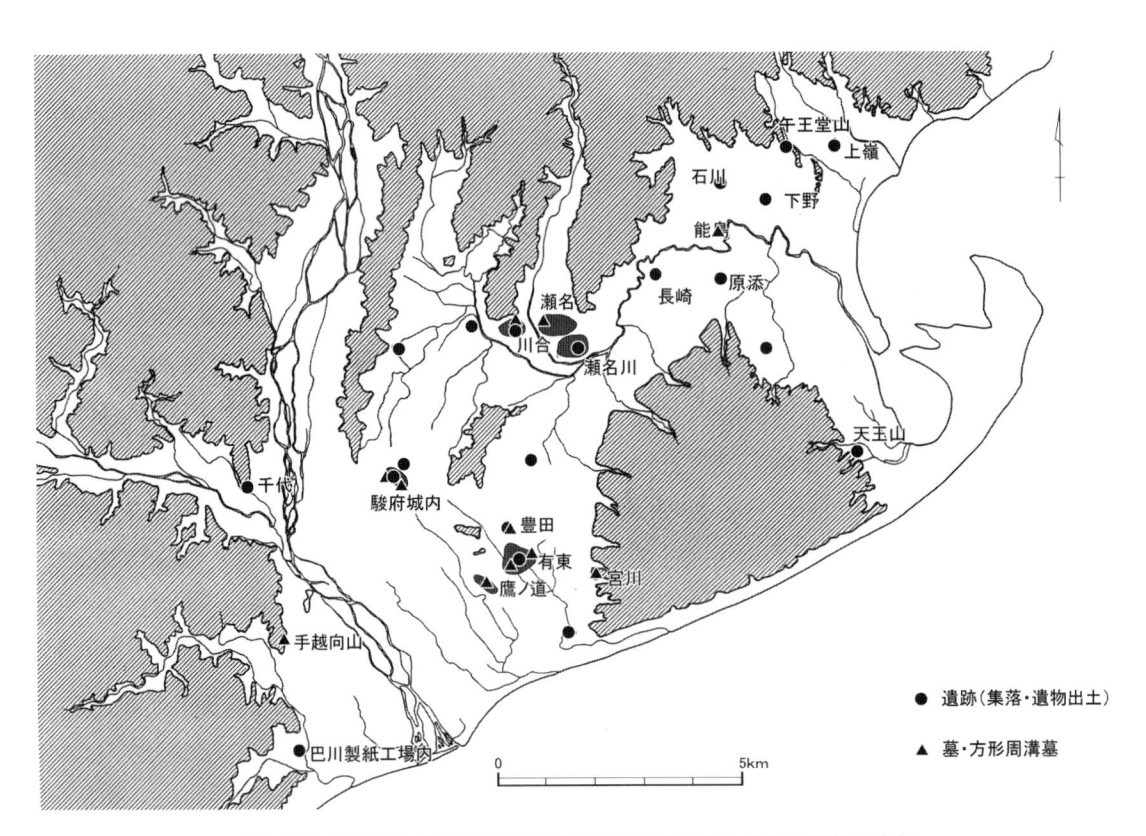

第53図　静岡清水平野弥生時代中期後半の主要遺跡と方形周溝墓の分布

第6章　調査の総括

　手越向山遺跡では、2006年から2010年にわたって5次に及ぶ調査を実施したが、狭い範囲の調査でありながら、弥生中期の方形周溝墓とその下層の畠状遺構という二つの大きな成果を得たと考えている。本書では、これらの調査内容および自然科学分析の成果の報告と関連する周辺の資料の検討を試みたが、残された課題も多い。それぞれの遺構の評価は、第5章でも述べたので、ここではその要点と現状での課題、遺跡全体の評価などを摘記して総括としたい。

　方形周溝墓について　手越向山遺跡の方形周溝墓は急傾斜地に立地する特異な構築方法をもつものであり、この地域の弥生中期に一般的な四隅の切れる方形周溝墓の形態とも異なっている。こうした傾斜地に方形周溝墓が造られるようになったことは、中期末頃の変動期を背景としていることも考えられ、立地や構築の技術的系譜については、さらに視野を広げて分析していくことが必要であろう。手越向山方形周溝墓の特異性は、第5章で述べたように、この地域で明らかになっていなかった方形周溝墓の様相の一端をとらえた可能性が考えられる。斜面地は、この地域で同種の遺構が存在することが想定されていなかった立地条件であり、今後の調査において留意されることも望まれる。

　畠状遺構について　手越向山遺跡の畠状遺構は、二度にわたってよく掻きまわされたことを示す覆土と下部に残されたその痕跡である溝状遺構を確認したもので、これが当時の畠である可能性は極めて高い。未だにその確証を得ない部分があるとすれば、それらの痕跡の特徴は、畠の作土を形成する過程で生じたと考えられるものがほとんどであって、そこで栽培がおこなわれたことを示す畝立てなどの構造や栽培された作物の痕跡がほとんど得られていないこと、また、作土と考えた覆土の特徴が現状では特に同時期の類例の中での検証が困難であることなどが挙げられる。前者については、覆土の水洗選別によってアワ－キビ1点などが得られているが、混入の可能性も含めて慎重に検討すべきであり、さらに残された覆土の水洗選別と炭化物の同定作業を進める必要がある。後者については、さらに後の時期を含めた畠遺構との比較を進めるとともに、同時期の類例を待つ必要がある。これに関して、松田順一郎氏に依頼しておこなった、土壌の微細構造の検討などの分析は、きわめて有効であると考えられる。今後の調査の中でも同種の分析が積極的におこなわれることを期待したい。

　この畠状遺構が、丸子式土器の時期に伴うものであるとすれば、大型の石鍬を伴うその文化内容をよく説明するものになる。西山遺跡の同種の遺構の可能性があるものと居住域が伴う例や瀬名遺跡6区23a層などの低地部の状況を含めてさらに検討が必要であろう。時期的には、静岡清水平野で本格的な農耕集落の形成が開始される直前段階であると考えられる。丸子式土器の様相からは、この時期に広がりを見せる平沢式土器との関係のほか、伊勢湾地域など遠隔地との交渉も推定できる。一方、大型の打製石斧を含む石器組成は、それ以前の伝統的な生業の延長を示唆するものである。畠状遺構の技術的な系譜がどのように求められるかは、今後の重要な課題の一つであろう。

　斜面に立地する遺跡としての手越向山遺跡　手越向山遺跡は傾斜が24°前後の急斜面といえる立地にある。これまで、このような急斜面に位置する遺跡は、古墳や横穴、窯跡などを除いて、考古学的な調査の対象になることは少なかったと考えられる。今回の調査では、方形周溝墓と畠状遺構という、これまで

急斜面に立地するとは考えにくかった種類の遺構を検出した。調査と報告を終えてみると、こうした遺構の立地には少なからず利点があったものと考えられる。

方形周溝墓については、水平を意識した構築によって、山側での掘削が少なくても斜面下方側での盛土とその見かけの高さを際立たせることになる。斜面の向きや周辺の植生にもよると考えられるが、この方形周溝墓程度の墳墓の場合、丘陵頂部や低地の平坦地に構築されるよりも低地部のより広い範囲から目認されると考えられる。手越向山遺跡の方形周溝墓もそうした生活域からの景観を意識したものである可能性が高い。

畠状遺構については、作物育成のための条件、特に日照や土壌条件が関係しているものとみられる。手越向山遺跡周辺は南向きの斜面で日当りが良く、冬でも北西の風を避けられ、穏やかな環境が保たれている。現在、佐渡山周辺は、植林のほか蜜柑や茶の栽培が盛んであるが、手越向山遺跡の調査地点のような条件の地点を中心に畑作がおこなわれている。手越向山周辺は黒ボク土壌が堆積するが、現在の畑作はこれにさまざまな改良を加えて耕作土を作って作付がおこなわれている。土壌学や作物学からの検討が必要であるが、畠状遺構で確認された黒ボク土に基盤層の砂質土を混ぜる造作もこうした土壌改良と共通の目的があった可能性が高い。県内の弥生時代の斜面地の遺跡群として、愛鷹山南麓の弥生後期の遺跡群が知られている。これに伴って多く発見されている畠状遺構が主に天地返し痕を示すとするなら、畠作は見た目以上に広範囲で継続的におこなわれていた可能性がある。周辺は、旧石器時代や縄文時代の遺跡としても知られており、各種の生業を含めて傾斜地に利用価値があったことが示されるであろう。

このほか、セイゾウ山遺跡で発見された石剣と未完成品の可能性がある大型石鏃などは丘陵部での祭祀遺跡の可能性を示唆する。居住地としての利便性の低さや現代の常識的な土地利用の観点、調査の技術的な問題などから、斜面地は考古学的な調査の対象になりにくい。手越向山遺跡の調査は、これまで明らかになっていなかった、弥生時代の斜面地利用のあり方のいくつかを示したとも評価できるが、考古学の対象としての遺跡の考え方にも一石を投じることになろう。

結語に代えて

手越向山遺跡の第1次から5次にわたる調査の内容をここに何とかまとめることができたと考えている。残された課題も多く、さらに作業や分析を進めて、別にまとめて報告する必要があるが、今後の課題とせざるを得ない。面積としては小さな調査であるが、年月は5年以上にわたった。その間、考古学研究室の調査とはいえ、滝沢誠先生をはじめ学生諸君には多大な協力を得た。また、編者の都合で様々な負担をおかけした。ここに謝意を表するとともにお詫び申し上げたい。また、現地の調査から本書をまとめるにいたるまで例言に示したように多くの方々のご協力をいただいた。とくに、現地の中西利夫氏には、調査の端緒からご理解とご協力をいただき、またご心配もおかけした。こうした方々に深く謝意を表して一つの区切りとしたい。

(篠原)

参考文献

石川日出志 1996「東日本弥生中期広域編年の概略」『YAY！弥生土器を語る会 20 回到達記念論文集』

石川日出志 2001「関東地方弥生時代中期中葉の社会変動」『駿台史学』第 113 号

植木雅博 2007「弥生中期「羽根倉型壺」についての覚書」『埼玉の弥生時代』六一書房

大澤和夫 1936「考古三篇」『静岡県郷土研究』6

小郡市教育委員会 2004『三沢蓬ヶ浦遺跡 3 地点』小郡市文化財調査報告書第 194 集

静岡県 1992『静岡県史資料編 3 考古三』ぎょうせい

静岡県教育委員会 2001『静岡県の前方後円墳—個別報告編—』静岡県文化財報告書第 55 集

静岡県埋蔵文化財調査研究所 1988『原川遺跡Ⅰ』静岡県埋蔵文化財調査研究所調査報告第 17 集

静岡県埋蔵文化財調査研究所 1989『能島遺跡（本文編）』静岡県埋蔵文化財調査研究所調査報告第 19 集

静岡県埋蔵文化財調査研究所 1990『川合遺跡（遺構編）本文編』静岡県埋蔵文化財調査研究所調査報告第 25 集

静岡県埋蔵文化財調査研究所 1992『瀬名遺跡Ⅰ（遺構編Ⅰ）』静岡県埋蔵文化財調査研究所調査報告第 40 集

静岡県埋蔵文化財調査研究所 1995『川合遺跡（八反田地区Ⅱ）』静岡県埋蔵文化財調査研究所調査報告第 63 集

静岡県埋蔵文化財調査研究所 1997『北神馬土手遺跡他Ⅰ（遺構編本文）』静岡県埋蔵文化財調査研究所調査報告第 74 集

静岡市 1931『静岡市史第一巻』

静岡市登呂博物館 1984『向敷地～手越地区遺跡分布調査第 2 次調査報告』静岡市立登呂博物館調査研究資料第 1 集

静岡市教育委員会 1984『佐渡山 2 号墳　発掘調査報告書』

静岡市教育委員会 1985『駿河　西山遺跡』

静岡市教育委員会 1986『駿河　楠ヶ沢古墳群』

静岡市教育委員会 1992a『平城遺跡・平城古墳群』静岡市埋蔵文化財調査報告 27

静岡市教育委員会 1992b『猿郷 1 号墳』静岡市埋蔵文化財調査報告 28

静岡市教育委員会 1992c『国指定史跡賤機山古墳—平成 3 年度保存整備事業発掘調査概報—』静岡市埋蔵文化財調査報告 29

静岡市教育委員会 1995『平城遺跡・平城古墳群 2』静岡市埋蔵文化財調査報告 33

静岡市教育委員会 1996『鷹ノ道遺跡』静岡市埋蔵文化財調査報告 35

静岡市教育委員会 1996『宗小路古墳群現地見学会資料』

静岡市教育委員会 1997『有東遺跡第 16 次発掘調査報告書』静岡市埋蔵文化財調査報告 39

静岡市教育委員会 2008『清水天王山遺跡第 4 次-5 次発掘報告』

静岡大学人文学部社会学科考古学研究室 2006『佐渡山周辺の考古学』

静岡大学人文学部社会学科考古学研究室 2008『佐渡山周辺の考古学Ⅱ　静岡市手越向山遺跡（第 1 次・第 2 次）発掘調査概要報告書』

静岡大学人文学部社会学科考古学研究室 2009『佐渡山周辺の考古学Ⅲ　静岡市手越向山遺跡（第 3 次・第 4 次）発掘調査概要報告書』

定森秀夫・杉山真司・中村豊・中原計・上中央子 2008「西日本における初期農耕集落の様相—徳島市庄・蔵本遺跡 2006 年度調査成果から—」『日本考古学協会第 74 回総会研究発表要旨』日本考古学協会

佐藤甲二 1998「畑跡の畝間と耕作痕について—仙台市域の考古学的事例から—」『人類誌集報 1998』東京都立大学

佐藤由紀男 1987「静岡市丸子セイゾウ山遺跡・佐渡遺跡出土土器の再検討」『静岡県博物館協会研究紀要』第 10 号

佐藤由紀男 1991「条痕紋土器研究に関する覚書」『東日本における稲作の受容』第 1 回東日本埋蔵文化財研究会

佐藤由紀男 1994「長頸壺の出現とその意義」『向坂鋼二先生還暦記念論集　地域と考古学』

佐藤由紀男・萩野谷正宏・篠原和大 2002「遠江・駿河地域」『弥生土器の様式と編年 東海編』木耳社

設楽博己 2005「東日本農耕文化の形成と北方文化」『稲作伝来　先史日本を復元する 4』岩波書店

昭和女子大学人間文化学部歴史文化学科・中屋敷遺跡発掘調査団 2008『神奈川県足柄上郡大井町中屋敷遺跡発掘調査報告書』

篠原和大 2005「静岡清水平野における弥生遺跡の立地と農耕の成立」『中部弥生時代研究会第 10 回例会発表要旨集』
篠原和大 2006「静岡清水平野における弥生農耕の展開過程」『第 6 回考古学研究会東海例会　東海地域における弥生農耕の展開過程』
篠原和大 2008「本州中部地域における農耕形成の一つのモデル―静岡清水平野を事例として―」『日本考古学協会 2008 年度愛知大会研究発表資料集』日本考古学協会 2008 年度愛知大会実行委員会
篠原和大・五味奈々子・川崎志乃・佐々木由香・松田順一郎・松田隆二 2010「弥生時代前半期の畠状遺構と検出炭化種子類について―静岡県手越向山遺跡の調査・分析成果から―」『日本考古学協会第 76 回総会研究発表要旨』日本考古学協会
杉原荘介 1962「駿河丸子及び佐渡出土の丸子式土器に就いて」『考古学集刊』第 4 冊 No.4
高瀬克範 2004「炭化種子研究の課題」『中部弥生時代研究会第 9 回例会発表要旨集』
田辺昭三 1990「丸子遺跡」『静岡県史資料編 1 考古一』
谷口肇 1993「条痕紋系土器の東方への伝播と変容」『翔古論聚―久保哲三先生追悼論文集』
谷口肇 1996「条痕壺覚書」『YAY！弥生土器を語る会 20 回到達記念論文集』
寺沢薫 2000『日本の歴史 02 王権誕生』講談社
豊川市教育委員会 1993『麻生田大橋遺跡発掘調査報告書』
中山誠二 1999「日本列島における稲作の受容―稲作開始期の重層性と画期―」『食糧生産社会の考古学』朝倉書店
中山誠二 2010『植物考古学と日本の農耕の起源』同成社
浜松市教育委員会 1986『浜松市半田山遺跡（Ⅳ）発掘調査報告書』
浜松市文化協会 1990『都田地区発掘調査報告書―テクノポリス用地内遺跡群の緊急発掘調査―』
浜松市文化協会 1997『下滝遺跡群―浜松市半田土地区画整理事業に伴う埋蔵文化財発掘調査報告書』
富士川町教育委員会 1975『駿河山王』
富士宮市教育委員会 1989『渋沢遺跡』富士宮市文化財調査報告書第 13 集
松井一明 1995「弥生時代の石鏃について（上）」『弥生文化博物館研究報告』第 4 集　大阪府立弥生文化博物館
松井一明 1998「静岡県における方形周溝墓の埋葬主体部について―木棺を中心として―」『静岡県考古学研究』30
三重県埋蔵文化財センター 2004『筋違遺跡発掘調査報告第 1 分冊』三重県埋蔵文化財調査報告 115-19
三木文雄 1939「静岡市向敷地古墳の発掘」『考古学雑誌』29 巻 12 号
三ケ日町教育委員会 1985『引佐郡三ヶ日町殿畑遺跡』
宮本一夫 2000「縄文農耕と縄文社会」『古代史の論点①環境と食料生産』小学館
安本博 1939「静岡市丸子区細工所セイゾウ山遺蹟と遺物に就いて」『静岡県郷土研究』12
安本博・加藤明秀 1938「安倍川西岸に於ける先史原始時代の遺蹟遺物について」『静岡県郷土研究』11
山梨県教育委員会 1997『油田遺跡』山梨県埋蔵文化財センター調査報告書第 130 集
山梨県教育委員会 1999『十五所遺跡』山梨県埋蔵文化財センター調査報告書第 158 集
渡辺外 2007「平沢型壺考」『埼玉の弥生時代』六一書房

附編1附編1　手越向山遺跡（第2次調査）における自然科学分析

株式会社古環境研究所

Ⅰ．プラント・オパール分析

1．はじめに

　植物珪酸体は、植物の細胞内に珪酸（SiO_2）が蓄積したもので、植物が枯れたあともガラス質の微化石（プラント・オパール）となって土壌中に半永久的に残っている。プラント・オパール分析は、この微化石を遺跡土壌などから検出して同定・定量する方法であり、イネをはじめとするイネ科栽培植物の同定および古植生・古環境の推定などに応用されている（杉山，2000）。

　手越向山遺跡の発掘調査では、弥生時代中期後半の方形周溝墓が検出された。周溝墓は斜面を削って整地され、盛土を行って構築されている。この盛土の下層は黒色を呈し、地山との境界には凹凸があり地山ブロックの混入もみられることから、耕作の痕跡の可能性が示唆された。ここでは、プラント・オパール分析から当該層における農耕の可能性について検討する。

2．試料

　分析試料は、弥生時代中期後半の方形周溝墓の盛土より採取された試料1（a6層：暗褐色土）、方形周溝墓盛土下部より採取された試料2（e2層：黒色土）の2点である（資料1の採取地点は第39図S07a、資料2は同図S07b）。なお、a6層は弥生時代中期後半に周辺の地山を含んだ層を削って盛られた層と考えられ、e2層は周溝墓築造前の堆積層で、耕作土の可能性が想定されている。

3．分析方法

　プラント・オパールの抽出と定量は、プラント・オパール定量分析法（藤原，1976）をもとに、次の手順で行った。

　1）試料を105℃で24時間乾燥（絶乾）
　2）試料約1gに直径約40μmのガラスビーズを約0.02g添加（電子分析天秤により0.1mgの精度で秤量）
　3）電気炉灰化法（550℃・6時間）による脱有機物処理
　4）超音波水中照射（300W・42KHz・10分間）による分散
　5）沈底法による20μm以下の微粒子除去
　6）封入剤（オイキット）中に分散してプレパラート作成
　7）検鏡・計数

　検鏡は、おもにイネ科植物の機動細胞（葉身にのみ形成される）に由来するプラント・オパールを同定の対象とし、400倍の偏光顕微鏡下で行った。計数は、ガラスビーズ個数が400以上になるまで行った。これはほぼプレパラート1枚分の精査に相当する。

　検鏡結果は、計数値を試料1g中のプラント・オパール個数（試料1gあたりのガラスビーズ個数に、計数されたプラント・オパールとガラスビーズの個数の比率を乗じて求める）に換算して示した。また、おもな分類

群については、この値に試料の仮比重（1.0と仮定）と各植物の換算係数（機動細胞珪酸体1個あたりの植物体乾重，単位：10−5g）を乗じて、単位面積で層厚1cmあたりの植物体生産量を算出した。これにより、各植物の繁茂状況や植物間の占有割合などを具体的にとらえることができる。ヨシ属（ヨシ）の換算係数は6.31、ススキ属（ススキ）は1.24、ネザサ節は0.48、メダケ節は1.16、チマキザサ節は0.75である（杉山，2000）。

4．結果

分析試料から検出されたプラント・オパールは、ヨシ属、ススキ属型、シバ属、タケ亜科（メダケ節型、ネザサ節型、チマキザサ節型、その他）および未分類である。これらの分類群について定量を行い、その結果を表1、図1に示した。主要な分類群については顕微鏡写真を示す。以下に、プラント・オパールの検出状況を記す。

a6層では、ネザサ節型が非常に高い密度で検出されており、メダケ節型とススキ属型も比較的高い密度である。また、チマキザサ節型、ヨシ属およびシバ属がわずかであるが検出されている。

e2層では、a6層同様ネザサ節型が高密度であり、メダケ節型とススキ属型も比較的高い密度である。チマキザサ節型は低密度で検出されているが、ヨシ属とシバ属は検出されない。

5．考察

プラント・オパール分析で同定される分類群のうち栽培植物が含まれるものには、イネをはじめとしてムギ類、ヒエ属型（ヒエが含まれる）、エノコログサ属型（アワが含まれる）、キビ属型（キビが含まれる）、ジュズダマ属（ハトムギが含まれる）、オヒシバ属（シコクビエが含まれる）、モロコシ属型、トウモロコシ属型などがある。今回の分析では、これらの分類群はいずれの試料からも検出されなかった。イネ科栽培植物の中には未検討のものもあるため、その他の分類群の中にも栽培種に由来するものが含まれている可能性が考えられるが、現時点では5層においてイネ科の穀類が栽培されていた可能性を認めることはできない。なお、プラント・オパール分析で同定される分類群は主にイネ科植物に限定されるため、根菜類などの畑作物は分析の対象外となっている。したがって、イモ類、根菜類およびその他の野菜類が栽培されていた可能性については言及できない。

おもな分類群の推定生産量をみると、ネザサ節型が卓越しメダケ節型とススキ属型が随伴することから、e2層およびa6層の堆積当時の調査地は、メダケ属（ネザサ節やメダケ節）が繁茂する竹藪のような状態であったと考えられる。

（松田隆二）

参考文献

杉山真二・藤原宏志（1986）機動細胞珪酸体の形態によるタケ亜科植物の同定−古環境推定の基礎資料として−．考古学と自然科学，19，p.69-84．

杉山真二（2000）植物珪酸体（プラント・オパール）．考古学と植物学．同成社，p.189-213．

藤原宏志（1976）プラント・オパール分析法の基礎的研究(1)−数種イネ科栽培植物の珪酸体標本と定量分析法−．考古学と自然科学，9，p.15-29．

表1 手越向山遺跡のプラント・オパール分析結果

検出密度（単位：×100個/g）

第1トレンチ西側 A-A'セクション

分類群（和名・学名）／層位		a6	e2
イネ科	Gramineae (Grasses)		
ヨシ属	*Phragmites*	6	
ススキ属型	*Miscanthus type*	42	30
シバ属	*Zoysia*	6	
タケ亜科	Bambusoideae (Bamboo)		
メダケ節型	*Pleioblastus sect. Nipponocalamus*	48	54
ネザサ節型	*Pleioblastus sect. Nezasa*	363	418
チマキザサ節型	*Sasa sect. Sasa etc.*	6	6
その他	Others	60	60
未分類等	Unknown	133	161
プラント・オパール総数		664	729

おもな分類群の推定生産量（単位：kg/m²·cm）

ヨシ属	*Phragmites*	0.38	
ススキ属型	*Miscanthus type*	0.52	0.37
メダケ節型	*Pleioblastus sect. Nipponocalamus*	0.56	0.62
ネザサ節型	*Pleioblastus sect. Nezasa*	1.74	2.01
チマキザサ節型	*Sasa sect. Sasa etc.*	0.05	0.04

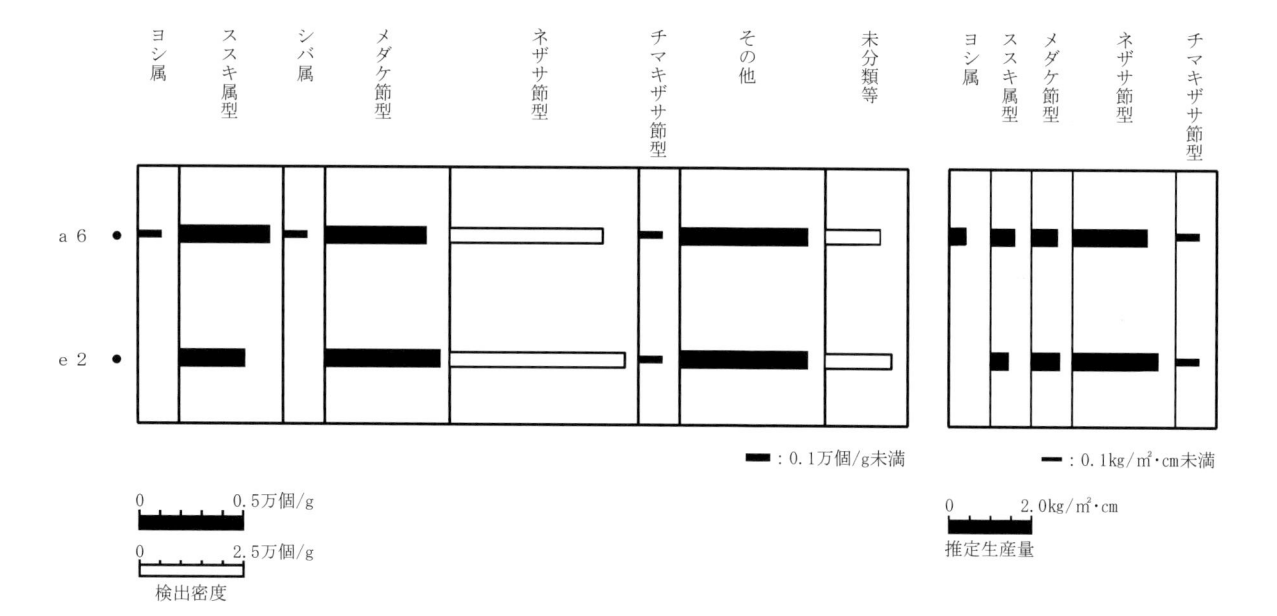

図1 手越向山遺跡のプラント・オパール分析結果

120　附編

プラント・オパールの顕微鏡写真

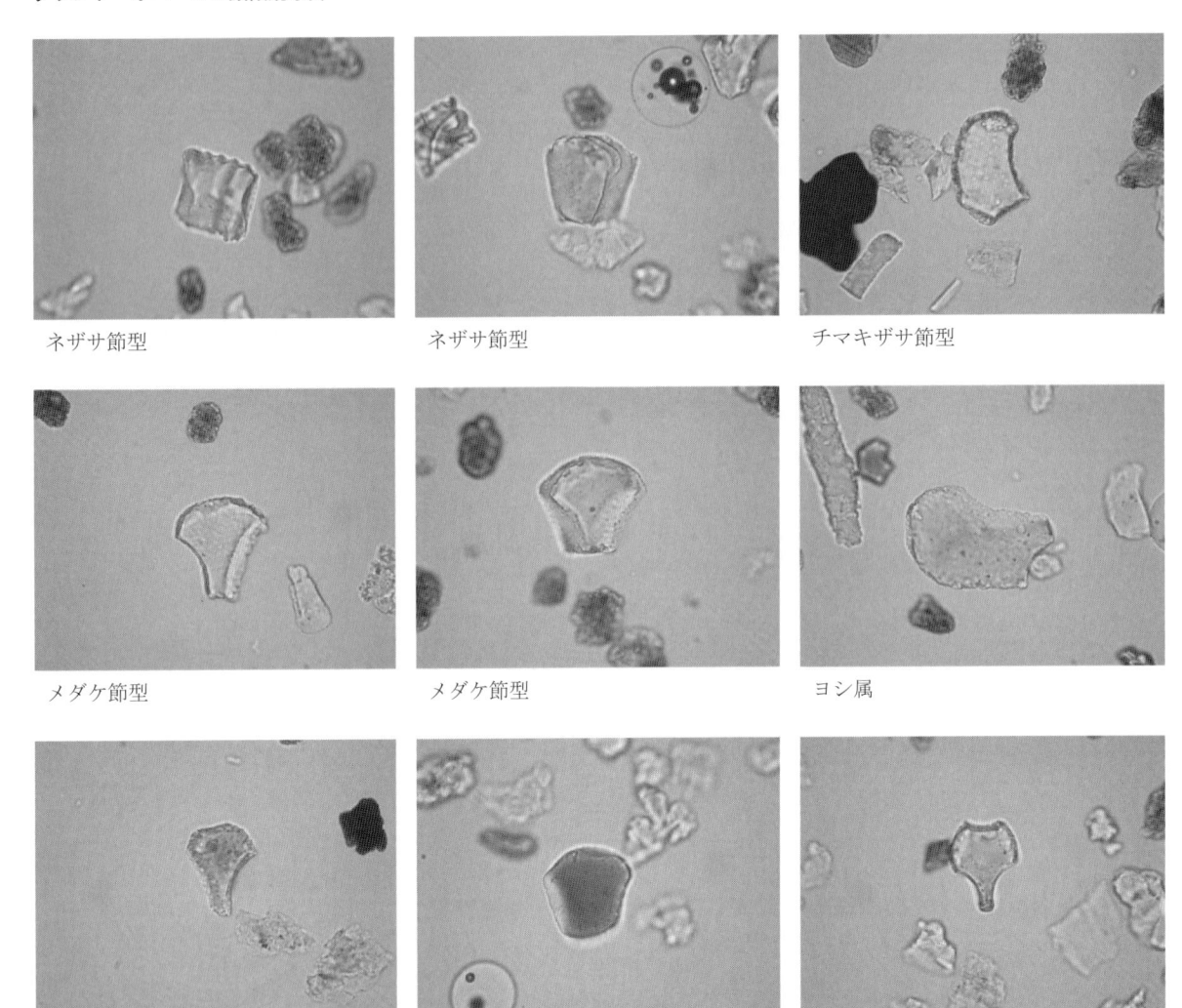

ネザサ節型	ネザサ節型	チマキザサ節型
メダケ節型	メダケ節型	ヨシ属
ススキ属型	ススキ属型	シバ属

Ⅱ．花粉分析

1．はじめに

　花粉分析は、一般に低湿地の堆積物を対象とした比較的広域な植生・環境の復原に応用されており、遺跡調査においては遺構内の堆積物などを対象とした局地的な植生の推定も試みられている。花粉などの植物遺体は、水成堆積物では保存状況が良好であるが、乾燥的な環境下の堆積物では分解されて残存していない場合もある。

2．試料

　分析試料は、弥生時代中期後半の周溝墓で第1トレンチ西側（第23図A-A'）セクション北側から採取されたa6層（試料1：方形周溝墓盛土、暗褐色土）、e2層（試料2：方形周溝墓墳丘下堆積土、黒色土）の計2点である。試料採取箇所を分析結果の模式柱状図に示す。これらは、プラント・オパール分析に用いられた

ものと同一試料である。

3．方法

花粉の分離抽出は、中村（1973）の方法をもとに、以下の手順で行った。

1）0.5％リン酸三ナトリウム（12水）溶液を加え15分間湯煎
2）水洗処理の後、0.5mmの篩で礫などの大きな粒子を取り除き、沈澱法で砂粒を除去
3）25％フッ化水素酸溶液を加えて30分放置
4）水洗処理の後、氷酢酸によって脱水し、アセトリシス処理（無水酢酸9：濃硫酸1のエルドマン氏液を加え1分間湯煎）を施す
5）再び氷酢酸を加えて水洗処理
6）沈渣に石炭酸フクシンを加えて染色し、グリセリンゼリーで封入してプレパラート作成
7）検鏡・計数

検鏡は、生物顕微鏡によって300～1000倍で行った。花粉の同定は、島倉（1973）および中村（1980）をアトラスとして、所有の現生標本との対比で行った。結果は同定レベルによって、科、亜科、属、亜属、節および種の階級で分類し、複数の分類群にまたがるものはハイフン（-）で結んで示す。イネ属については、中村（1974，1977）を参考にして、現生標本の表面模様・大きさ・孔・表層断面の特徴と対比して同定しているが、個体変化や類似種もあることからイネ属型とする。またこの処理を施すとクスノキ科の花粉は検出されない。

4．結果

(1) 分類群

出現した分類群は、樹木花粉14、樹木花粉と草本花粉を含むもの4、草本花粉9、シダ植物胞子2形態の計29である。これらの学名と和名および粒数を表2に示し、花粉数が200個以上計数できた試料は、周辺の植生を復元するために花粉総数を基数とする花粉ダイアグラムを図2に示す。主要な分類群は顕微鏡写真に示した。また、寄生虫卵についても観察したが検出されなかった。以下に出現した分類群を記載する。

〔樹木花粉〕

ツガ属、マツ属複維管束亜属、スギ、ヤナギ属、クマシデ属-アサダ、クリ、シイ属、コナラ属コナラ亜属、コナラ属アカガシ亜属、ニレ属-ケヤキ、キハダ属、ニシキギ科、カエデ属、トチノキ

〔樹木花粉と草本花粉を含むもの〕

クワ科-イラクサ科、マメ科、ウコギ科、ニワトコ属-ガマズミ属

〔草本花粉〕

イネ科、カヤツリグサ科、アブラナ科、ツリフネソウ属、セリ亜科、オオバコ属、タンポポ亜科、キク亜科、ヨモギ属

〔シダ植物胞子〕

単条溝胞子、三条溝胞子

(2) 花粉群集の特徴

1) 第1トレンチ西側（A-A'）セクション北側 a6 層（方形周溝墓盛土）

樹木花粉より草本花粉の占める割合が高く、草本花粉のヨモギ属、イネ科を主に、キク亜科、セリ亜科、タンポポ亜科など草本花粉が優占する。樹木花粉では、コナラ属コナラ亜属、コナラ属アカガシ亜属などが出現する。

2) 第1トレンチ西側（A-A'）セクション北側 e2 層（方形周溝墓墳丘下堆積土）

樹木花粉より草本花粉の占める割合が高く、草本花粉ではヨモギ属、イネ科を主に、キク亜科、セリ亜科、タンポポ亜科、カヤツリグサ科、アブラナ科が出現する。樹木花粉では、クリの増加が特徴的で、コナラ属コナラ亜属、コナラ属アカガシ亜属などが出現する。

5. 花粉分析から推定される植生と環境

a6 層（方形周溝墓盛土）では、ヨモギ属とイネ科を主にキク亜科、セリ亜科、タンポポ亜科など草本が生育するやや乾燥した環境が示唆され、周辺にはコナラ属アカガシ亜属、コナラ属コナラ亜属の森林の分布が示唆された。花粉群集は、e2 層（方形周溝墓墳丘下堆積土）と大きく変わらず、同様の環境およびさほど隔たりのない時期に形成されたことが推定される。

e2 層（方形周溝墓墳丘下堆積土）では、a6 層同様にヨモギ属とイネ科を主にキク亜科、セリ亜科、タンポポ亜科など草本が生育するやや乾燥した環境が示唆され、周辺にはコナラ属アカガシ亜属、コナラ属コナラ亜属の森林の分布が示唆される。軽微ではあるが、草本のカヤツリグサ科、アブラナ科、森林要素では二次林性のクリが増加し、人為作用の影響が示唆される。

6. まとめ

第1トレンチ西側（A-A'）セクション北側の a6 層（方形周溝墓盛土）と e2 層（方形周溝墓墳丘下堆積土）について花粉分析を行った。いずれも類似する花粉群集であり、ヨモギ属とイネ科を主とする草本が生育するやや乾燥した環境が示唆され、周辺でのコナラ属アカガシ亜属およびコナラ属コナラ亜属の森林の分布が示唆された。これら2試料はほぼ同じ花粉群集であることから、同様の環境およびさほど隔たりのない時期に形成された堆積物と考えられた。e2 層（方形周溝墓墳丘下堆積土）では、軽微であるがアブラナ科など草本の増加、二次林性であるクリの増加が認められ、人為作用の影響と考えられた。　　　　（金原正子）

参考文献

金原正明（1993）花粉分析法による古環境復原．新版古代の日本第10巻古代資料研究の方法，角川書店，p.248-262.

島倉巳三郎（1973）日本植物の花粉形態．大阪市立自然科学博物館収蔵目録第5集，60p.

中村純（1973）花粉分析．古今書院，p.82-110.

中村純（1974）イネ科花粉について、とくにイネ（Oryza sativa）を中心として．第四紀研究，13, p.187-193.

中村純（1977）稲作とイネ花粉．考古学と自然科学，第10号，p.21-30.

中村純（1980）日本産花粉の標徴．大阪自然史博物館収蔵目録第13集，91p.

表2 手越向山遺跡における花粉分析結果

分類群 学名	和名	第1トレンチ西側(A-A')セクション北側 方形周溝墓盛土 a6層（試料1）	方形周溝墓墳丘下 e2層（試料2）
Arboreal pollen	樹木花粉		
Tsuga	ツガ属		1
Pinus subgen. Diploxylon	マツ属複維管束亜属	2	
Cryptomeria japonica	スギ		5
Salix	ヤナギ属		1
Carpinus-Ostrya japonica	クマシデ属-アサダ		2
Castanea crenata	クリ	23	8
Castanopsis	シイ属		2
Quercus subgen. Lepidobalanus	コナラ属コナラ亜属	10	14
Quercus subgen. Cyclobalanopsis	コナラ属アカガシ亜属	8	16
Ulmus-Zelkova serrata	ニレ属-ケヤキ	2	4
Phellodendron	キハダ属		1
Celastraceae	ニシキギ科	2	1
Acer	カエデ属	1	1
Aesculus turbinata	トチノキ	4	3
Arboreal・Nonarboreal pollen	樹木・草本花粉		
Moraceae-Urticaceae	クワ科-イラクサ科	2	3
Leguminosae	マメ科	1	1
Araliaceae	ウコギ科		2
Sambucus-Viburnum	ニワトコ属-ガマズミ属	2	
Nonarboreal pollen	草本花粉		
Gramineae	イネ科	61	102
Cyperaceae	カヤツリグサ科	5	
Cruciferae	アブラナ科	6	2
Impatiens	ツリフネソウ属	1	1
Apioideae	セリ亜科	17	26
Plantago	オオバコ属	4	
Lactucoideae	タンポポ亜科	8	10
Asteroideae	キク亜科	18	28
Artemisia	ヨモギ属	72	122
Fern spore	シダ植物胞子		
Monolate type spore	単条溝胞子	5	6
Trilate type spore	三条溝胞子	3	5
Arboreal pollen	樹木花粉	52	59
Arboreal・Nonarboreal pollen	樹木・草本花粉	5	6
Nonarboreal pollen	草本花粉	192	291
Total pollen	花粉総数	249	356
Pollen frequencies of 1 cm³	試料1cm³中の花粉密度	1.7×10^3	3.7×10^3
Unknown pollen	未同定花粉	17	15
Fern spore	シダ植物胞子	8	11
Helminth eggs	寄生虫卵	(−)	(−)
Digestion rimeins	明らかな消化残渣	(−)	(−)
Charcoal fragments	微細炭化物	(++)	(++)

124　附編

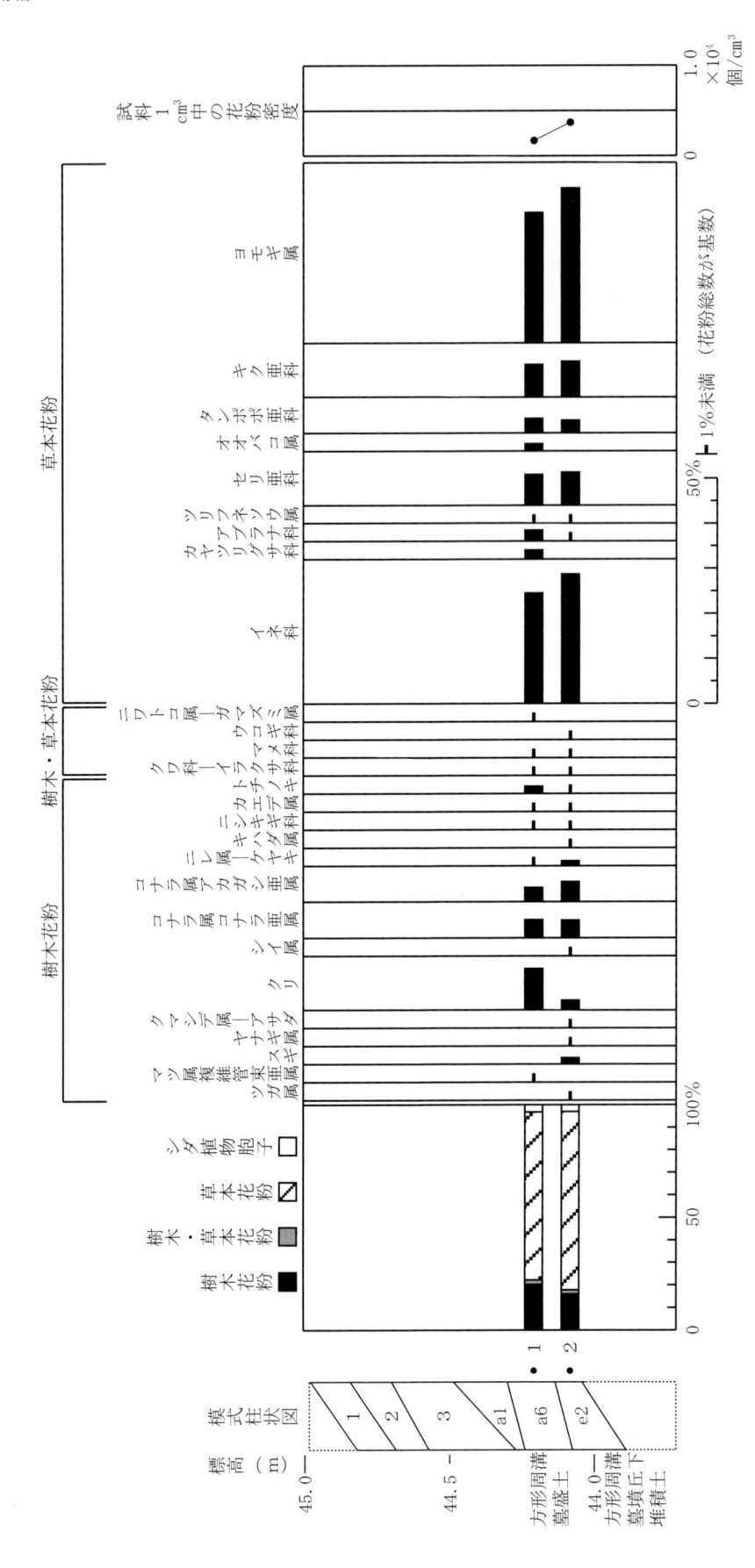

図2　手越向山遺跡の第1トレンチ西側（A-A'）セクション北側における花粉ダイアグラム

附編1　手越向山遺跡（第2次調査）における自然科学分析　125

手越向山遺跡の花粉・胞子

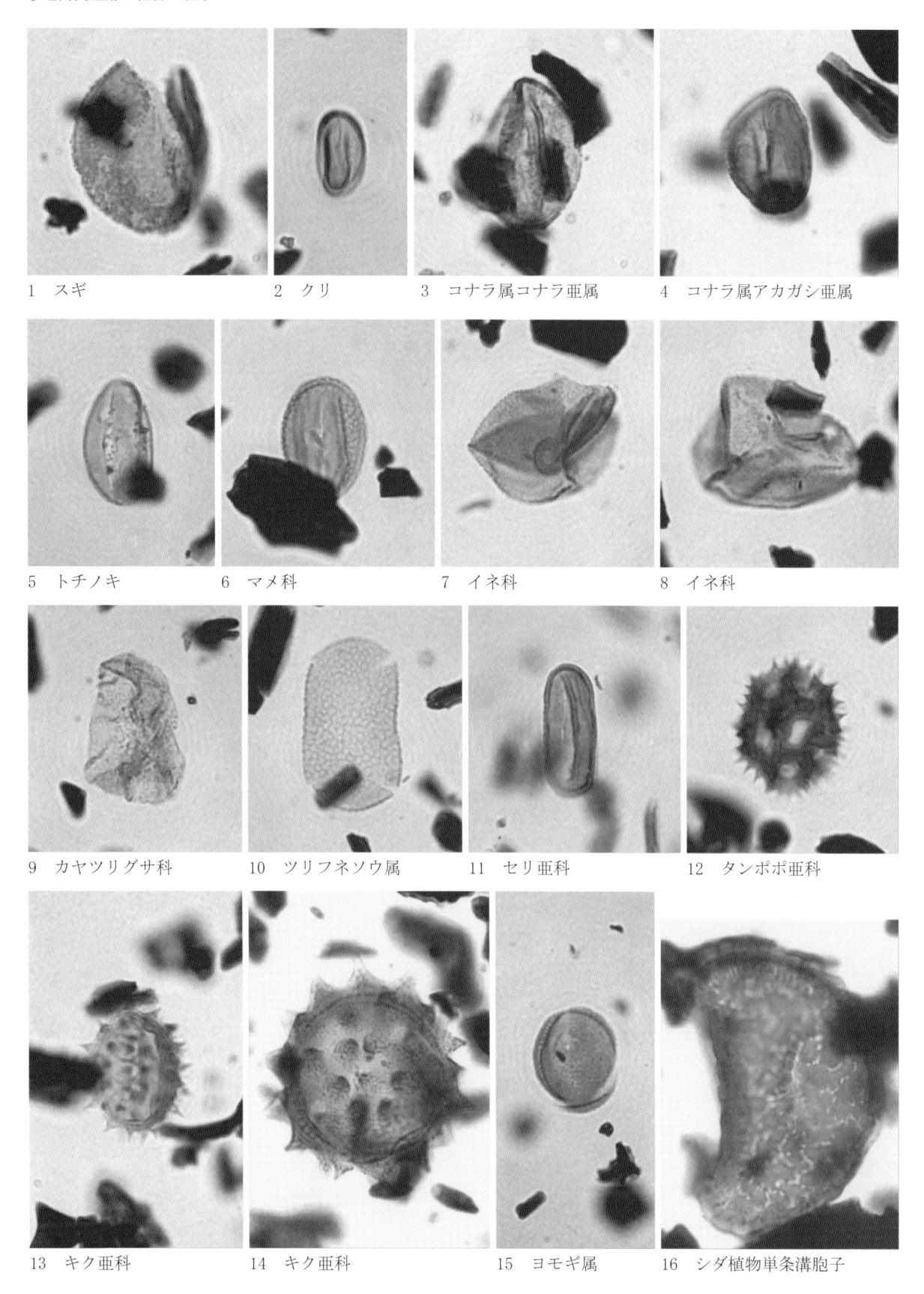

1　スギ　　2　クリ　　3　コナラ属コナラ亜属　　4　コナラ属アカガシ亜属

5　トチノキ　　6　マメ科　　7　イネ科　　8　イネ科

9　カヤツリグサ科　　10　ツリフネソウ属　　11　セリ亜科　　12　タンポポ亜科

13　キク亜科　　14　キク亜科　　15　ヨモギ属　　16　シダ植物単条溝胞子

10μm

Ⅲ．種実同定

1．はじめに
　植物の種子や果実は比較的強靱なものが多く、堆積物中に残存する。堆積物から種実を検出しその群集の構成や組成を調べ、過去の植生や群落の構成要素を明らかにし古環境の推定を行うことが可能である。また出土した単体試料等を同定し、栽培植物や固有の植生環境を調べることができる。

2．試料
　試料は、弥生時代中期後半の周溝墓で第1トレンチ西側（A-A'）セクション北側から採取されたa6層（方形周溝墓盛土、暗褐色土）、e2層（方形周溝墓墳丘下堆積土、黒色土）の計2点である。

3．方法
　試料（堆積物）に以下の物理処理を施して、抽出および同定を行う。
　1）試料500 cm³に水を加え放置し、泥化を行う。
　2）撹拌した後、沈んだ砂礫を除去しつつ、0.25 mmの篩で水洗選別を行う。
　3）残渣を双眼実体顕微鏡下で観察し、種実の同定計数を行う。
　試料を肉眼及び双眼実体顕微鏡で観察し、形態的特徴および現生標本との対比によって同定を行う。結果は同定レベルによって科、属、種の階級で示す。

4．結果
　1）第1トレンチ西側（A-A'）セクション北側a6層の試料1
　　種実は検出されず、植物片（根）等認められた。
　2）第1トレンチ西側（A-A'）セクション北側e2層の試料2
　　種実は検出されず、植物片（根）等認められた。

5．所見
　第1トレンチ西側（A-A'）セクション北側a6層とe2層では、いずれからも種実が検出されなかった。このことから、これら試料となった堆積層は種実の分解される乾燥か乾湿を繰り返す堆積環境であったことが考えられる。

（金原美奈子）

参考文献
南木睦彦（1993）葉・果実・種子．日本第四紀学会編，第四紀試料分析法，東京大学出版会, p.276-283.

附編2　手越向山遺跡（第4次調査）における自然科学分析

株式会社古環境研究所

1．はじめに

　手越向山遺跡は、静岡市駿河区手越向山に所在する。佐渡山東側斜面に位置し、近傍には弥生時代中期初頭（丸子式期）の遺跡として著名な佐渡遺跡がある。2007年度の発掘調査において、弥生時代中期後半の方形周溝墓が検出された。また、墳丘の下層に堆積する黒色層（弥生時代中期初頭？）からは畠状遺構が検出され、当時の畠の可能性が示唆された。そこで、当該遺構における農耕の可能性を検討することを目的に、プラント・オパール分析と花粉分析を実施することになった。

2．原理

　植物珪酸体は、植物の細胞内に珪酸（SiO_2）が蓄積したもので、植物が枯れたあともガラス質の微化石（プラント・オパール）となって土壌中に半永久的に残っている。プラント・オパール分析は、この微化石を遺跡土壌などから検出して同定・定量する方法であり、イネをはじめとするイネ科栽培植物の同定および古植生・古環境の推定などに応用されている（杉山，2000）。

　花粉分析は、一般に低湿地の堆積物を対象とした比較的広域な植生・環境の復原に応用されており、遺跡調査においては遺構内の堆積物などを対象とした局地的な植生の推定も試みられている。花粉などの植物遺体は、水成堆積物では保存状況が良好であるが、乾燥的な環境下の堆積物では分解されて残存していない場合もある。

3．試料

　調査対象は、弥生時代中期後半の方形周溝墓の下層で検出された畠状遺構である。分析試料は、東壁（第31図A-A'セクション）から採取されたe1層、間層、e2層の3点（第39図S08a1、S08a2、S08a3）、西壁（第31図B-B'セクション）から採取されたe1層、間層、e2層の3点（第39図S08b1、S08b2、S08b3）の計6点である。

4．分析方法

(1)　プラント・オパール分析

　プラント・オパールの抽出と定量は、プラント・オパール定量分析法（藤原，1976）をもとに、次の手順で行った。

　1）試料を105℃で24時間乾燥（絶乾）
　2）試料約1gに直径約40μmのガラスビーズを約0.02g添加（電子分析天秤により0.1mgの精度で秤量）
　3）電気炉灰化法（550℃・6時間）による脱有機物処理
　4）超音波水中照射（300W・42KHz・10分間）による分散
　5）沈底法による20μm以下の微粒子除去
　6）封入剤（オイキット）中に分散してプレパラート作成

7）検鏡・計数

　検鏡は、おもにイネ科植物の機動細胞（葉身にのみ形成される）に由来するプラント・オパールを同定の対象とし、400倍の偏光顕微鏡下で行った。計数は、ガラスビーズ個数が400以上になるまで行った。これはほぼプレパラート1枚分の精査に相当する。

　検鏡結果は、計数値を試料1g中のプラント・オパール個数（試料1gあたりのガラスビーズ個数に、計数されたプラント・オパールとガラスビーズの個数の比率を乗じて求める）に換算して示した。また、おもな分類群については、この値に試料の仮比重（1.0と仮定）と各植物の換算係数（機動細胞珪酸体1個あたりの植物体乾重，単位：10 − 5 g）を乗じて、単位面積で層厚1cmあたりの植物体生産量を算出した。これにより、各植物の繁茂状況や植物間の占有割合などを具体的にとらえることができる。ヨシ属（ヨシ）の換算係数は6.31、ススキ属（ススキ）は1.24、ネザサ節は0.48、メダケ節は1.16、チマキザサ節は0.75である（杉山，2000）。

(2) 花粉分析

　花粉の分離抽出は、中村（1973）の方法をもとに、以下の手順で行った。

1）試料から1 cm³を採量
2）0.5％リン酸三ナトリウム（12水）溶液を加え15分間湯煎
3）水洗処理の後、0.5 mmの篩で礫などの大きな粒子を取り除き、沈澱法で砂粒を除去
4）25％フッ化水素酸溶液を加えて30分放置
5）水洗処理の後、氷酢酸によって脱水し、アセトリシス処理（無水酢酸9：濃硫酸1のエルドマン氏液を加え1分間湯煎）を施す
6）再び氷酢酸を加えて水洗処理
7）沈渣に石炭酸フクシンを加えて染色し、グリセリンゼリーで封入してプレパラート作成
8）検鏡・計数

　検鏡は、生物顕微鏡によって300～1000倍で行った。花粉の同定は、島倉（1973）および中村（1980）をアトラスとして、所有の現生標本との対比で行った。結果は同定レベルによって、科、亜科、属、亜属、節および種の階級で分類し、複数の分類群にまたがるものはハイフン（−）で結んで示す。イネ属については、中村（1974，1977）を参考にして、現生標本の表面模様・大きさ・孔・表層断面の特徴と対比して同定しているが、個体変化や類似種もあることからイネ属型とする。また、この処理を施すとクスノキ科の花粉は検出されない。

5．結果

(1) プラント・オパール分析

　分析試料から検出されたプラント・オパールは、ススキ属型、タケ亜科（メダケ節型、ネザサ節型、チマキザサ節型、その他）および未分類である。これらの分類群について定量を行い、その結果を表1、図1に示した。主要な分類群については顕微鏡写真を示す。以下に、プラント・オパールの検出状況を記す。

1）東壁（A-A′セクション）

　e1層、間層、e2層は、ほぼ同様のプラント・オパール組成を示す。すなわち、ネザサ節型が非常に高

表1 手越向山遺跡のプラント・オパール分析結果

検出密度（単位：×100個/g）

分類群（和名・学名）/層位		A-A'セクション e1	A-A'セクション 間層	A-A'セクション e2	B-B'セクション e1	B-B'セクション 間層	B-B'セクション e2
イネ科	Gramineae (Grasses)						
ススキ属型	*Miscanthus* type	17	23	35	24	43	29
タケ亜科	Bambusoideae (Bamboo)						
メダケ節型	*Pleioblastus* sect. Nipponocalamus	70	58	52	59	92	69
ネザサ節型	*Pleioblastus* sect. Nezasa	233	228	208	273	307	260
チマキザサ節型	*Sasa* sect. Sasa etc.	41	18	23	36	18	35
その他	Others	17	18	23	18	12	23
未分類等	Unknown	175	152	144	172	184	197
プラント・オパール総数		553	497	485	582	656	613

おもな分類群の推定生産量（単位：kg/m^2·cm）

ススキ属型	*Miscanthus* type	0.22	0.29	0.43	0.29	0.53	0.36
メダケ節型	*Pleioblastus* sect. Nipponocalamus	0.81	0.68	0.60	0.69	1.07	0.81
ネザサ節型	*Pleioblastus* sect. Nezasa	1.12	1.09	1.00	1.31	1.47	1.25
チマキザサ節型	*Sasa* sect. Sasa etc.	0.31	0.13	0.17	0.27	0.14	0.26

プラント・オパールの顕微鏡写真

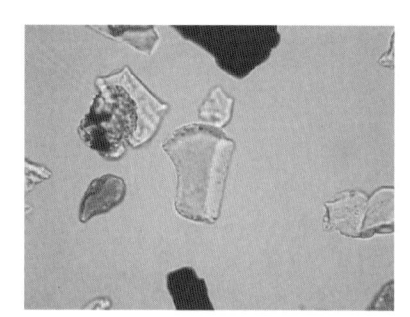

ススキ属型 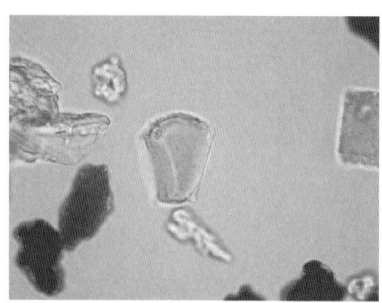　　ススキ属型 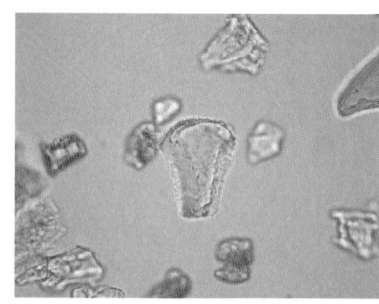　　メダケ節型

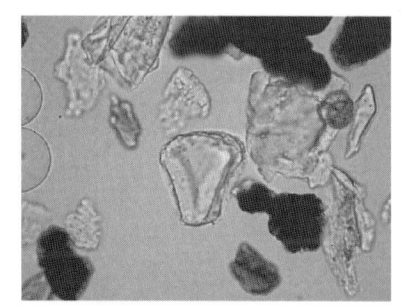

メダケ節型 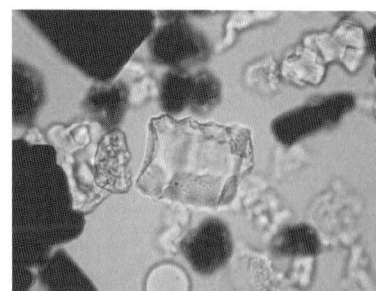　　ネザサ節型 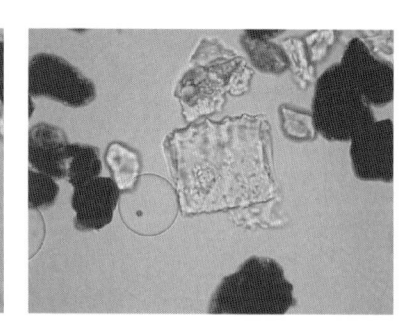　　ネザサ節型

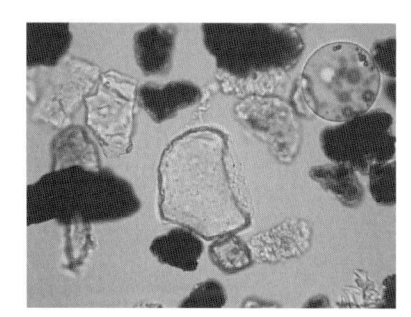

チマキザサ節型 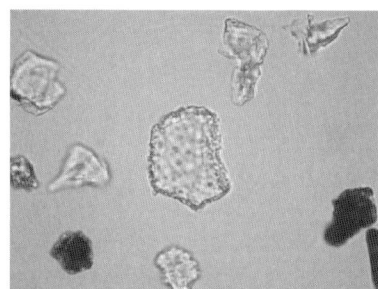　　チマキザサ節型 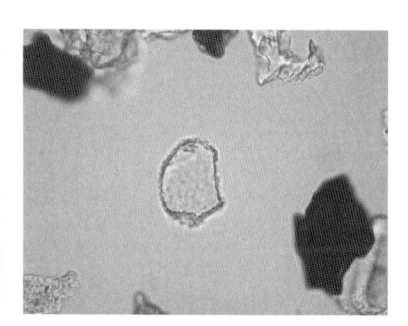　　タケ亜科

50μm

130　附編

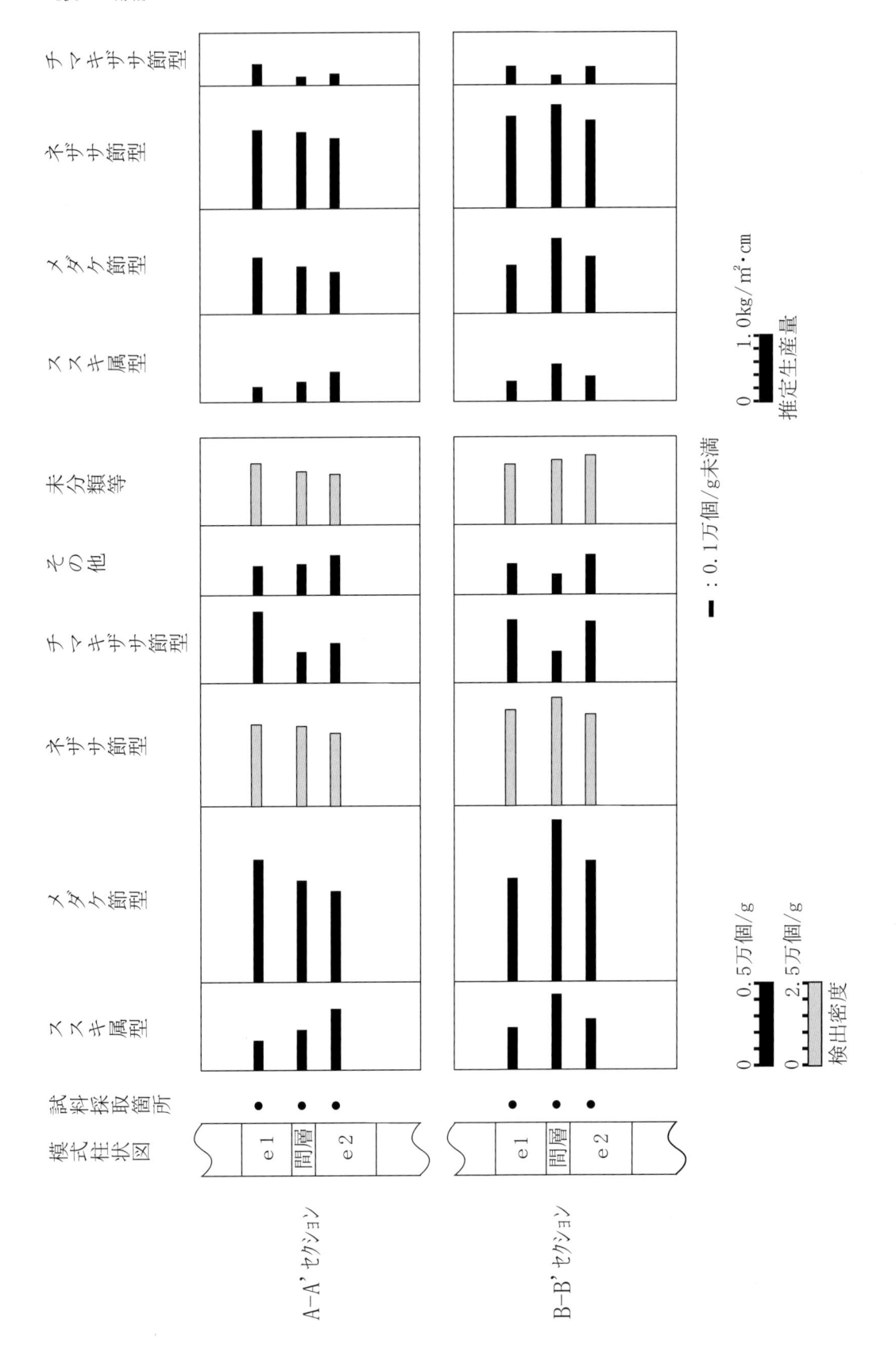

図1　手越向山遺跡のプラント・オパール分析結果

い密度で検出され、メダケ節型も比較的高い密度である。なお、e1層ではチマキザサ節型が、e2層ではススキ属型も比較的高い密度である。

２）西壁（B-B'セクション）

e1層、間層、e2層ともおおむね同様のプラント・オパール組成を示し、東壁（A-A'セクション）同様、ネザサ節型が高密度であり、メダケ節型も比較的高い密度である。間層ではススキ属型が、e1層とe2層ではチマキザサ節型が比較的高い密度である。

(2) 花粉分析

１）分類群

出現した分類群は、樹木花粉21、樹木花粉と草本花粉を含むもの5、草本花粉12、シダ植物胞子2形態の計40である。これらの学名と和名および粒数を表2に示す。また、花粉数が200個以上計数できた試料について、周辺の植生を復元するために花粉総数を基数とする花粉ダイアグラムを図2に示す。主要な分類群は顕微鏡写真に示した。また、寄生虫卵についても観察したが検出されなかった。以下に出現した分類群を記載する。

〔樹木花粉〕

マキ属、ツガ属、マツ属複維管束亜属、スギ、コウヤマキ、イチイ科－イヌガヤ科－ヒノキ科、ヤナギ属、ハンノキ属、ハシバミ属、クマシデ属－アサダ、クリ、シイ属、イヌブナ、コナラ属コナラ亜属、コナラ属アカガシ亜属、ニレ属－ケヤキ、エノキ属－ムクノキ、キハダ属、カエデ属、トチノキ、ブドウ属

〔樹木花粉と草本花粉を含むもの〕

クワ科－イラクサ科、バラ科、マメ科、ウコギ科、ニワトコ属－ガマズミ属

〔草本花粉〕

イネ科、カヤツリグサ科、タデ属、キンポウゲ属、アブラナ科、フウロソウ属、セリ亜科、シソ科、オミナエシ科、タンポポ亜科、キク亜科、ヨモギ属

〔シダ植物胞子〕

単条溝胞子、三条溝胞子

２）花粉群集の特徴

・東壁（A-A'セクション）

e2層からe1層は類似した出現傾向を示し、草本花粉の占める割合が高く、約80％を占める。イネ科とヨモギ属が優占し、キク亜科、セリ亜科、タンポポ亜科などが伴われる。樹木花粉ではスギ、コナラ属コナラ亜属、コナラ属アカガシ亜属などが低率に出現する。

・西壁（B-B'セクション）

e2層からe1層は、東壁同様類似した出現傾向を示す。すなわち、草本花粉の占める割合が高く、約80％を占める。イネ科とヨモギ属が優占し、キク亜科、タンポポ亜科、セリ亜科などが伴われる。樹木花粉ではスギ、コナラ属コナラ亜属、コナラ属アカガシ亜属などが低率に出現する。

6. 考察

(1) プラント・オパール分析から推定される農耕と環境

プラント・オパール分析で同定される分類群のうち栽培植物が含まれるものには、イネをはじめとしてムギ類、ヒエ属型（ヒエが含まれる）、エノコログサ属型（アワが含まれる）、キビ属型（キビが含まれる）、ジュズダマ属（ハトムギが含まれる）、オヒシバ属（シコクビエが含まれる）、モロコシ属型、トウモロコシ属型などがある。しかし、これらの分類群はe2層、間層、e1層のいずれからも検出されなかった。イネ科栽培植物の中には未検討のものもあるため、未分類としたものの中にも栽培種に由来するものが含まれている可能性が考えられるが、現時点ではこれらの層においてイネ科の雑穀類が栽培されていた可能性を積極的に肯定することはできない。なお、プラント・オパール分析で同定される分類群は主にイネ科草本植物に限定されるため、イモ類、根菜類およびその他の野菜類が栽培されていた可能性については言及できない。

おもな分類群の推定生産量をみると、ネザサ節型が卓越し続いてメダケ節型が多い。また、チマキザサ節型とススキ属型が随伴することから、e1層、間層およびe2層が堆積した当時の調査地は、メダケ属（ネザサ節やメダケ節）が繁茂していたと推定される。

(2) 花粉分析から推定される農耕、植生と環境

東壁（A-A'セクション）のe1層、間層、e2層、西壁（B-B'セクション）のe1層、間層、e2層は、いずれも同じ花粉組成を示す。集落域や農耕域といった人為干渉地の多様な環境に生育するイネ科、乾燥地を好むヨモギ属を主に、同様の畑地などの乾燥地に生育する耕地雑草のキク亜科、タンポポ亜科が検出され、乾燥した畑などの人為地の環境が示唆される。また、セリ亜科は湿地や溝などの清水があるところによく生育する。明らかな栽培植物は検出されなかったが、優占するイネ科の中には、花粉の形態では分類の出来ないオオムギ、コムギ、ヒエ、アワ、キビなどの雑穀が含まれることから、これらの栽培の可能性もあろう。周辺地域には、スギ林やコナラ属コナラ亜属、コナラ属アカガシ亜属などの広葉樹が分布していた。

7. まとめ

手越向山遺跡第4次調査において検出された畝状遺構について、プラント・オパール分析と花粉分析を行い、農耕の可能性について検討した。その結果、明らかな栽培植物のプラント・オパールおよび花粉は確認されず、ここで農耕が行われていたことを積極的に肯定することはできなかった。しかし、主要な穀類が含まれるイネ科、畑地などの乾燥地に生育する耕地雑草のキク亜科やタンポポ亜科、乾燥地を好むヨモギ属の花粉が検出され、さらにメダケ属（ネザサ節やメダケ節）のプラント・オパールが多産することから、畠を含む乾燥した人為干渉地の環境が推定され、雑穀類を作物とする畠作の可能性が示唆された。

（松田隆二・金原正子）

参考文献

金原正明（1993）花粉分析法による古環境復原．新版古代の日本第10巻古代資料研究の方法，角川書店，p.248-262.

島倉巳三郎（1973）日本植物の花粉形態．大阪市立自然科学博物館収蔵目録第5集，60p.

杉山真二・藤原宏志（1986）機動細胞珪酸体の形態によるタケ亜科植物の同定—古環境推定の基礎資料として—．考古学

と自然科学, 19, p.69-84.

杉山真二（2000）植物珪酸体（プラント・オパール）. 考古学と植物学. 同成社, p.189-213.

中村純（1967）花粉分析. 古今書院, p.82-110.

中村純（1974）イネ科花粉について、とくにイネ（Oryza sativa）を中心として. 第四紀研究, 13, p.187-193.

中村純（1977）稲作とイネ花粉. 考古学と自然科学, 第10号, p.21-30.

中村純（1980）日本産花粉の標徴. 大阪自然史博物館収蔵目録第13集, 91p.

藤原宏志（1976）プラント・オパール分析法の基礎的研究(1)―数種イネ科栽培植物の珪酸体標本と定量分析法―. 考古学と自然科学, 9, p.15-29.

表2 静岡市手越向山遺跡における花粉分析結果

分類群		東壁 (A-A')			西壁 (B-B')		
学名	和名	e1層	間層	e2層	e1層	間層	e2層
Arboreal pollen	樹木花粉						
Podocarpus	マキ属	1		1	2		2
Tsuga	ツガ属			1		2	2
Pinus subgen. Diploxylon	マツ属複維管束亜属			1	4	1	
Cryptomeria japonica	スギ	19	5	10	5	9	3
Sciadopitys verticillata	コウヤマキ					1	
Taxaceae-Cephalotaxaxeae-Cupressaceae	イチイ科-イヌガヤ科-ヒノキ科	2	1	1	2		5
Salix	ヤナギ属	1					
Alnus	ハンノキ属	1			1		
Corylus	ハシバミ属	1					
Carpinus-Ostrya japonica	クマシデ属-アサダ			1		1	1
Castanea crenata	クリ	5	4	2	3	1	6
Castanopsis	シイ属		1				
Fagus japonica	イヌブナ				1		
Quercus subgen. Lepidobalanus	コナラ属コナラ亜属	13	7	8	4	8	7
Quercus subgen. Cyclobalanopsis	コナラ属アカガシ亜属	22	8	9	4	11	15
Ulmus-Zelkova serrata	ニレ属-ケヤキ	4		3	1	4	2
Celtis-Aphananthe aspera	エノキ属-ムクノキ	2					
Phellodendron	キハダ属		1				1
Acer	カエデ属	1	1	1	1		
Aesculus turbinata	トチノキ	1	4	2	1	4	2
Vitis	ブドウ属	2	1	1	4		1
Arboreal・Nonarboreal pollen	樹木・草本花粉						
Moraceae-Urticaceae	クワ科-イラクサ科	5	1	2		2	2
Rosaceae	バラ科				1		
Leguminosae	マメ科	1	1	1	2	3	
Araliaceae	ウコギ科	1		1		2	5
Sambucus-Viburnum	ニワトコ属-ガマズミ属		2		1		1
Nonarboreal pollen	草本花粉						
Gramineae	イネ科	130	83	73	90	84	74
Cyperaceae	カヤツリグサ科	6	3			5	2
Polygonum	タデ属		1				
Ranunculus	キンポウゲ属		3	2			
Cruciferae	アブラナ科	4	1	1			4
Geranium	フウロソウ属						1
Apioideae	セリ亜科	21	9	20	10	11	5
Labiatae	シソ科	1					
Valerianaceae	オミナエシ科			4			
Lactucoideae	タンポポ亜科	5	5	11	20	9	13
Asteroideae	キク亜科	19	22	20	19	20	22
Artemisia	ヨモギ属	92	78	78	65	87	87
Fern spore	シダ植物胞子						
Monolate type spore	単条溝胞子	9	1	3	4	3	9
Trilate type spore	三条溝胞子	3	3	6	9	4	7
Arboreal pollen	樹木花粉	75	33	41	33	42	47
Arboreal・Nonarboreal pollen	樹木・草本花粉	7	4	4	4	7	8
Nonarboreal pollen	草本花粉	278	205	209	204	216	208
Total pollen	花粉総数	360	242	254	241	265	263
Pollen frequencies of 1 cm^3	試料1cm^{3}中の花粉密度	4.6×10^3	1.8×10^3	2.1×10^3	2.9×10^3	1.6×10^3	1.6×10^3
Unknown pollen	未同定花粉	13	12	14	12	12	15
Fern spore	シダ植物胞子	12	4	9	13	7	16
Helminth eggs	寄生虫卵	(−)	(−)	(−)	(−)	(−)	(−)
Digestion rimeins	明らかな消化残渣	(−)	(−)	(−)	(−)	(−)	(−)
Charcoal fragments	微細炭化物	(++)	(++)	(++)	(++)	(+++)	(+++)

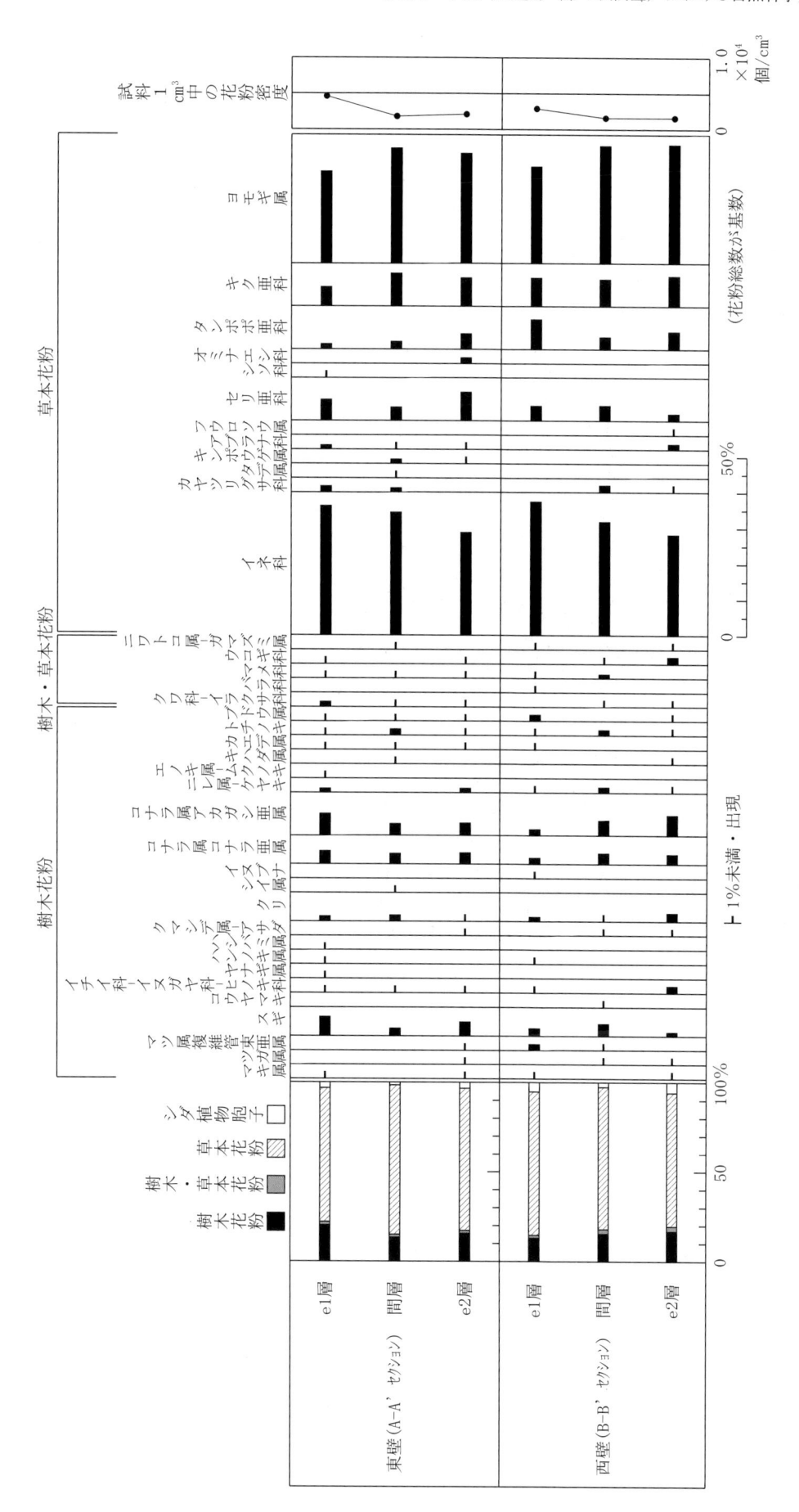

図 2 静岡市手越向山遺跡における花粉ダイアグラム

136　附編

静岡市手越向山遺跡の花粉・胞子

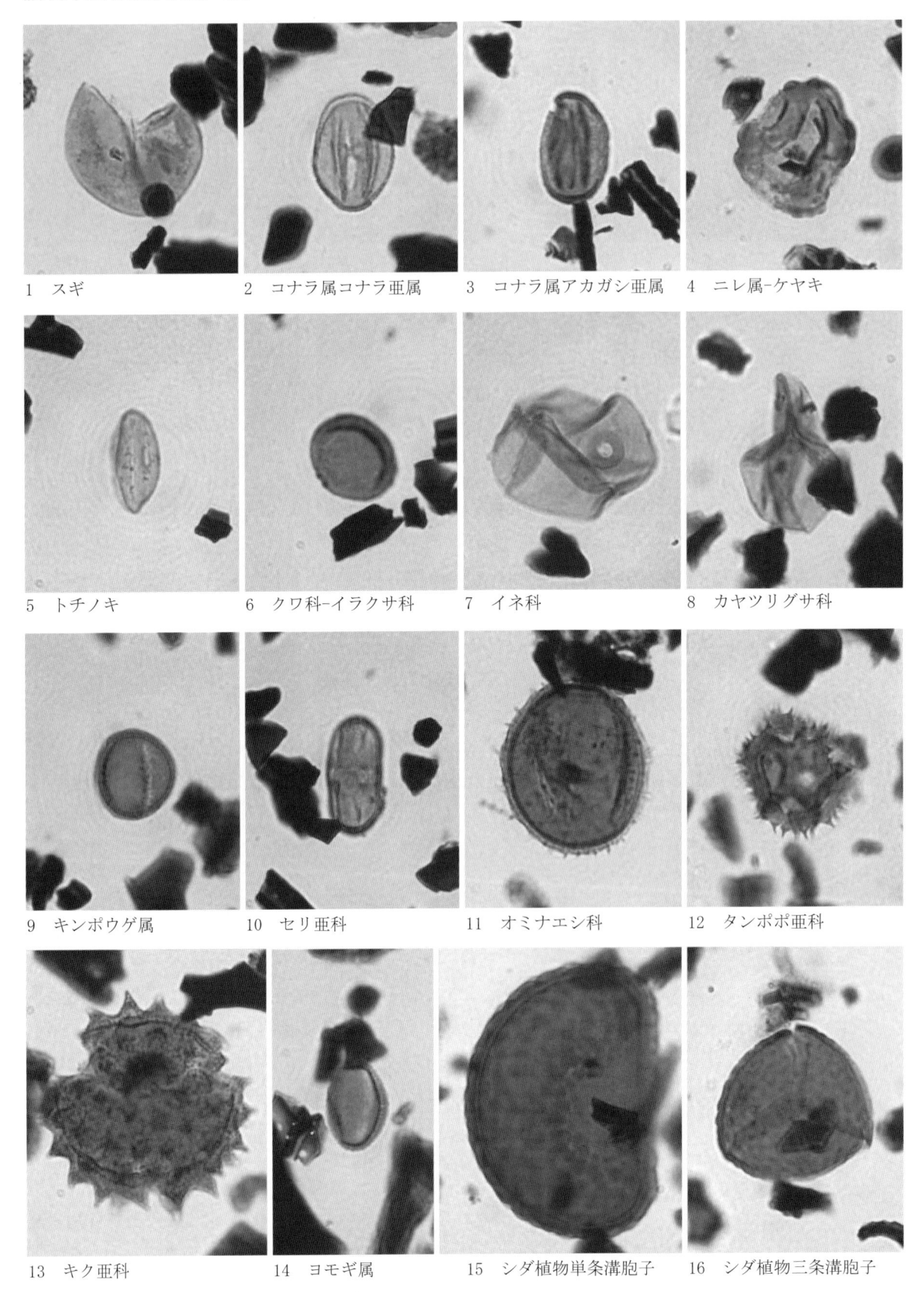

1　スギ
2　コナラ属コナラ亜属
3　コナラ属アカガシ亜属
4　ニレ属-ケヤキ
5　トチノキ
6　クワ科-イラクサ科
7　イネ科
8　カヤツリグサ科
9　キンポウゲ属
10　セリ亜科
11　オミナエシ科
12　タンポポ亜科
13　キク亜科
14　ヨモギ属
15　シダ植物単条溝胞子
16　シダ植物三条溝胞子

━━ 10μm

附編3　手越向山遺跡の畠状遺構から出土した炭化種実

佐々木由香・バンダリ スダルシャン（パレオ・ラボ）

1．はじめに

手越向山遺跡は静岡県静岡市に位置し、静岡清水平野西縁、安倍川西岸の佐渡山（標高102.8m）東斜面に立地する。遺跡からは弥生時代中期初頭の畑地の可能性が高い畠状遺構が検出された。ここでは畠状遺構から得られた炭化種実の同定を行い、当時栽培された種実や植生を検討した。

2．試料と方法

試料は弥生時代中期初頭（丸子式期）の畠状遺構の土壌70試料（試料No.1～45、53～78（No.76は除く））である。土壌はグリッドおよび遺構別に取り上げられた。

土壌の採取および水洗は、静岡大学人文学部考古学研究室によって行われた。水洗前の土壌重量を表に示した。水洗は土壌を乾燥後、2.0mmと1.0mm目の篩を用いて行い、浮遊物を同定試料とした（水洗方法の詳細は第4章2）を参照されたい）。炭化種実の抽出・同定・計数は肉眼および実体顕微鏡下で行った。計数の方法は、完形または一部が破損しても1個体とみなせるものは完形として数え、1個体に満たないものは破片とした。試料および残渣は静岡大学人文学部考古学研究室に保管されている。

3．結果

炭化種実を同定した結果、木本植物の針葉樹ではマツ属炭化葉の1分類群、広葉樹ではクワ属炭化核とキイチゴ属炭化核、ヒサカキ属炭化種子、ブドウ属炭化種子の4分類群、草本植物のタデ属炭化果実とゴマ近似種炭化種子、アワ-キビ炭化種子の3分類群の計8分類群が見いだされた。このほかに、科以下の同定ができなかった一群を不明炭化種実とし、AからNまでタイプ分けをした。状態が悪く、微細な破片であるため、識別点を欠く同定不能な一群を同定不能種実とした。植物以外には炭化した虫えいと子嚢菌が少量得られた。また、未炭化では木本植物のキイチゴ属核とヒサカキ属核、サンショウ属種子、ヤブガラシ種子、草本植物のイヌタデ果実とタニソバ果実、イシミカワ果実、ハコベ属種子、ヤマゴボウ属種子、エノキグサ属種子、カタバミ属種子、ナス属種子、ツユクサ種子、イネ籾・籾殻、エノコログサ果実、スゲ属果実、ホタルイ属果実、植物以外には未炭化の昆虫が少量得られたが、遺跡の立地から判断して弥生時代の未炭化種実や昆虫は残存しないため、これらは現生として扱った。同定結果をグリッド-遺構別にまとめたものを表1～3に示す（グリッドが不明な5試料はのぞく）。また全試料を付表1に示す。

以下に、炭化種実が得られた採取地点別の出土傾向を記載する（未炭化種実、不明種実、同定不能種実、虫えい、子嚢菌は除く）。

B3・B4グリッドA002a（試料No.14）：タデ属果実が1点得られた。

B4グリッド（試料No.31）：タデ属果実が1点得られた。

B6グリッドITB3（試料No.9）：アワ-キビ種子が1点得られた。

C3グリッドA003a（試料No.6）：キイチゴ属核とブドウ属種子の破片、タデ属果実が各1点得られた。

C3グリッドA004a（試料No.56）：クワ属核が1点得られた。

C4グリッドA004a（試料No.11）：マツ属葉破片とタデ属果実が各1点得られた。

C4グリッド（試料No.45）：ヒサカキ属種子が1点得られた。

C4グリッド（試料No.67）：タデ属果実が1点得られた。

C5グリッドA106（試料No.5）：タデ属果実が1点得られた。

C6グリッド（試料No.73）：キイチゴ属核とタデ属果実が各1点得られた。

C7グリッド（試料No.72）：タデ属果実が2点得られた。

D2グリッド（試料No.15）：ヒサカキ属種子とタデ属果実が各1点得られた。

D3・D4グリッドA006（試料No.66）：タデ属果実が1点得られた。

D3・D4グリッドA006（試料No.7）：タデ属果実が2点得られた。

D3・D4グリッド（試料No.16）：タデ属果実が1点得られた。

D4グリッド（試料No.63）：タデ属果実が1点得られた。

E4グリッド（試料No.32）：マツ属葉破片が1点得られた。

E4グリッドe4層上（試料No.36）：ゴマ近似種種子が1点得られた。

以下に、炭化種実の記載を行い、図版に写真を示して同定の根拠とする。

(1) マツ属　*Pinus* sp.　炭化葉　マツ科

　側面観は針形、断面形は半円形で、先端が片側に偏って尖る。基部は残存していない。残存長5.5mm、幅1.1mm。

(2) クワ属　*Morus* spp.　炭化核　クワ科

　側面観はいびつな広倒卵形または三角状倒卵形、断面形は卵形または三角形。背面は稜をなす。表面にはゆるやかな凹凸があり、厚くやや硬い。基部に嘴状の突起を持つ。長さ2.3mm、幅1.6mm。

(3) キイチゴ属　*Rubus* sp.　炭化核　バラ科

　上面観は幅広の両凸レンズ形、側面観は先端が湾曲した腎形。表面には不定形な多角形状の稜による網目模様がある。長さ1.7mm、幅0.9mm。

(4) ヒサカキ属　*Eurya* spp.　炭化種子　ツバキ科

　上面観は扁平、側面観はいびつな腎形ないし円形。凹孔をもつ多角形の網目が臍を中心に同心円状に並ぶ。臍から種子中央にかけて少し窪む。長さ1.0mm、幅1.4mm。

(5) ブドウ属　*Vitis* sp.　炭化種子　ブドウ科

　完形個体ならば上面観は楕円形、側面観は先端が尖る卵形。本来ならば背面の中央もしくは基部寄りに匙状の着点があるが、残存していない。腹面には縦方向の深い溝がある。種皮は薄く硬い。残存長2.7mm、残存幅1.7mm。

(6) タデ属　*Polygonum* sp.　炭化果実　タデ科

　上面観は円形に近い三角形、側面観は倒卵形。先端はやや突出する。表面は平滑で、強い光沢がある。長さ1.4mm、幅1.0mm。

(7) ゴマ近似種　cf. *Sesamum orientale* L.　炭化種子　ゴマ科

　上面観は扁平、側面観は倒卵形。表面は平滑。表面の遺存状態が悪いため、ゴマ近似種とした。長さ2.5mm、幅1.6mm。

(8) アワ-キビ　*Setaria italica* P.Beauv. - *Panicum miliaceum* L.　炭化種子　イネ科

　上面観は楕円形、側面観は円形に近い。上半分は発泡しており、本来の形状が不明である。腹面下端中

央の窪んだ位置に胚があるが、胚の部分は二股に割れており、形状が観察できない。全体形と胚の形状からアワもしくはキビとした。長さ1.5mm、幅1.3mm。

(9) 不明A　Unknown A　炭化種実

　上面観・側面観共に楕円形。表面は粗く、識別できる点は残存していなかった。下端は臍か。

(10) 不明B　Unknown B　炭化種実

　上面観は楕円形、側面観はいびつな三角形。全体形状はクワ属に似るが、残存状況が悪く、臍などが確認できなかった。

(11) 不明C　Unknown C　炭化種実

　上面観は円形、側面観は狭卵形。表面は粗く、状態が悪い。

(12) 不明D　Unknown D　炭化種実

　上面観は楕円形、側面観は長楕円形。表面は粗い。部分的に発泡し、元の形状が不明である。

(13) 不明E　Unknown E　炭化種実

　上面観は楕円形、側面観は一方が平坦で、もう一方がレンズ状。表面は粗い。

(14) 不明F　Unknown F　炭化種実

　上面観は円形、側面観は長楕円形。表面は平滑。臍などはみえなかった。

(15) 不明G　Unknown G　炭化種実

　破片で、上面観は狭楕円形、側面観は三角形〜円錐形。表面は平滑。形状はニワトコ属に近似するが、表面構造が異なり、科以下を同定する特徴が残存していなかった。残存長1.1mm、幅0.6mm。

(16) 不明H　Unknown H　炭化種実

　上面観は円形に近い楕円形、側面観は長卵形。表面は粗い。長さ2.5mm、幅1.6mm。

(17) 不明I　Unknown I　炭化種実

　非常に部分的な残存状態のため、種実かどうかもはっきりしない。表面はマメ科の表面構造に似て平滑だが、へそなどは残存していない。残存長2.7mm、残存幅2.6mm。

(18) 不明J　Unknown J　炭化種実

　上面観は楕円形、側面観は長楕円形。半割の状態と思われ、内部には2室がある。表面は粗く、残存が良くない。長さ2.5mm、幅1.8mm。

(19) 不明K　Unknown K　炭化種実

　上面観は楕円形、側面観は腎臓形。外形はキイチゴ属に類似するが、表面構造は欠落している。非常に表面が粗く、残存が悪い。長さ2.7mm、幅1.8mm。

(20) 不明L　Unknown L　炭化種実

　上面観は狭楕円形で、断面観は三角形。表面は平滑で光沢がある。残存が悪いが、タデ科の果実の可能性がある。長さ1.7mm、幅1.5mm。

(21) 不明M　Unknown M　炭化種実

　上面観は楕円で、側面観は楕円形。表面は平滑。長さ1.6mm、幅1.1mm。

(22) 不明N　Unknown N　炭化種実

　上面観は円形、側面観は両端がやや尖る長楕円形。両端の形状はオオムギに類似するが、腹面の溝や背面の胚など、識別できる部位は残存していなかった。表面は平滑。長さ3.4mm、幅2.5mm。

140　附編

(23)　虫えい　Gall

　上面観は円形で、上下は平坦な楕円形。表面は粗い。頂点部分は円形に凹む。長さ2.5 mm、幅2.7 mm。

(24)　子嚢菌　Ascomycetes　炭化子嚢

　球形で、表面は平滑。径1.0 mm程度。

4．考察

　全体的に炭化種実の残りは悪く、1つのグリッドから同定可能な種実が得られたとしても、数点しか見いだされなかった。採取地点ごとに同定できた炭化種実の量や種類数に差異はあまりみられず、炭化種実はわずかずつ散漫に産出した。弥生時代中期初頭の畠状遺構で栽培された可能性のある植物として、アワ-キビとゴマ近似種が各1点得られた。どちらも残存状況が非常悪く、1点の産出であるため、同定については今後、追加試料を待って慎重に検討する必要がある。そのほか、食用可能な木本植物として、クワ属とキイチゴ属、ブドウ属が得られた。クワ属には低木で栽培種のクワと高木で野生種のヤマグワなどががあるが、区別はできていない。キイチゴ属は低木で、ブドウ属はつる性植物であるが、これらの種実がどのようにして遺構内にもたらされたのかは不明である。マツ属やヒサカキ属は食用としないが、産出数が少ないことから、遺構周辺に生育していたものや、何らかの要因でもたらされたものが炭化したと考えられる。

　草本植物で見いだされたタデ属は、種によっては若芽を食用にするが、果実自体は利用しない。産出数が少なく、散漫に産出したことから、遺構周辺に生育していたものが偶発的に炭化したと考えられる。不明種実はAからNに分類したが、状態が悪く、科以下の同定が可能な識別点が残存していなかった。栽培植物に近い種実としては、不明N炭化種実がオオムギ種子の形状に類似するものの、識別点が残存していなかった。そのほかの不明炭化種実には栽培植物に近い種実は含まれていなかった。全体的に種実の残存状況が悪いことから、当時の種実の大多数は未炭化のままで分解されたか、あるいは火を受けたが大多数は灰になったか、不明または同定不能の種実となり、偶発的に数点が同定可能な炭化種実として残存したと考えられる。同定不能の炭化種実はほとんどのグリッドから得られた。

　基本的に遺構番号のない試料が畠状遺構覆土の上層で、遺構番号のあるものが下層である。調査の所見では、畠状遺構の覆土は、まず下層を、下面に溝が残る程度に撹拌し、その後上層に基盤層の砂質土を加えながらさらに撹拌して耕作土を作ったと考えられている。その後ほとんど上部からの撹拌等を受けておらず、作付けやこれにともなう耕起などがおこなわれたとすれば、上層のさらに上部に限られると考えられている。上層と下層にわけて、炭化種実の産出状況をみると、上層からは、マツ属が1点とヒサカキ属が2点、キイチゴ属が1点、タデ属が8点、ゴマ近似種が1点、下層からはマツ属1点とクワ属1点、キイチゴ属1点とブドウ属1点、タデ属が6点、アワ-キビが1点得られており、同定された種実の種類や量に明確な違いはみられなかった。

　なお、遺構内からは現生種実と考えられる未炭化の種実が混入しており、炭化種実の時期についても慎重に検討する必要がある。

附編 3 手越向山遺跡の畑状遺構から出土した炭化種実　141

表 1　手越向山遺跡出土の大型植物遺体（括弧は破片を示す）

種別	分類群	グリッド	B3・B4	B4・C4	B4	B5	B5・B6	B6	B6	B6	B7	B7	B7	B7・B8	B8・B9	B9	B9
		遺構番号	A002a	A002b		A102	A104	1TB2	1TB3		1T03	1T04		1T02	B00A	B002	B00B
		試料No.	14	12	31.70	3	78	10	9	65	4	60	68	18.55	37	24	44
		水洗重量(kg)	6.28	5.28	11.26		5	1.78	2.54	4.46	0.18	5.36	1.72	11.50	3.10	6.86	2.36
草本植物	タデ属	炭化果実	1		1												
	アワ・キビ	炭化種子							1								
不明	不明 D	炭化種実			(1)												
	不明 E	炭化種実														(1)	
	不明 G	炭化種実													(1)		
	不明 I	炭化種実												(1)			
	不明 K	炭化種実										1					
	同定不能	炭化種実		(12)	(8)		(1)	(21)	(4)	(3)	(1)	(5)	(3)	(34)	(3)	(6)	(1)
その他	虫えい	炭化	2(1)	1(2)	(5)	(2)	(3)		2		(1)	2(1)	(1)	5(9)		(3)	1
	子嚢菌	炭化子嚢	++	++	++	++		++	+	+	+	+		++	+	++	
現生植物	キイチゴ属	核										1					
	ヒサカキ属	核										1					
	イヌタデ	果実			1												
	ナス属	種子										1					

+：1-9，++：10-19

表 2　手越向山遺跡出土の大型植物遺体（括弧は破片を示す）

種別	分類群	グリッド	C3	C3	C3	C4	C4	C5	C5・C6	C6	C6	C6	C6	C6	C6
		遺構番号	A003a	A004a		A004a		A106	A105	1TB4	1TB5	1TB5・1TB6	1TB6	A203	
		試料No.	6	56	34,38, 74,75	11,27	2,41, 45,67	5,13, 19	29	39	21	59	8	54	33,73
		水洗重量(kg)	4.20	3.26	24.40	13.58	27.1	13.16	5.60	4.32	1.08	1.18	1.38	1.38	13.64
木本植物	マツ属	炭化葉				(1)									
	クワ属	炭化核		1											1
	キイチゴ属	炭化核	1												
	ヒサカキ属	炭化種子					1								
	ブドウ属	炭化種子	(1)												
草本植物	タデ属	炭化果実	1			1	1	1							1
不明	不明 D	炭化種実								(1)					
	同定不能	炭化種実	(10)	(6)	(18)	(11)	(26)	(43)	(4)	(1)	(3)	(2)	(5)	(1)	(16)
その他	虫えい	炭化		(1)	4(6)	2	1(10)	2(3)	2(2)	1(1)		1	1		6(3)
	子嚢菌	炭化子嚢	+		++	+++	+++	+++	+		+		+		++
現生植物	キイチゴ属	核				2		5							
	ヒサカキ属	核					(2)	1							
	イヌタデ	果実				5(1)		19	15						
	タニソバ	果実					2								
	イシミカワ	果実				1									
	ハコベ属	種子										1			
	ヤマゴボウ属	種子				2(1)		1	1						
	エノキグサ属	種子					(1)								
	ナス属	種子			1	2		37	1						
	イネ	籾				2									
	エノコログサ属	果実				1									
現生その他	昆虫	未炭化				+		+							+

+：1-9，++：10-19，+++：20-49

表3 手越向山遺跡出土の大型植物遺体（括弧は破片を示す）

種別	分類群		グリッド	C7	C7	C7	C8	C9	C9·C10	D2	D3	D3	D3·D4	D3·D4	D4	D9	B4·C4	E4	E4
			遺構番号	1T06	1T07			B002	B002			A006	A006			炭化物集中	A002b		e4層上
			試料No.	42	17,62	25,28,43, 69,72	1	20,30	22	15	35,57	58	7,66,71	16	26,63	61	12	32	36
			水洗重量(kg)	1.74	16.16	21.08		15.94	2.40	6.00	10.02	6.06	19.92	9.02	17.54	6.12	5.28	6.36	7.12
木本植物	マツ属	炭化葉																(1)	
	ヒサカキ属	炭化種子									1								
草本植物	タデ属	炭化果実				2				1			3	1	1				
	ゴマ近似種	炭化種子																	1
不明	不明A	炭化種実					(1)												
	不明B	炭化種実			1														
	不明C	炭化種実						1											
	不明D	炭化種実				(1)		(1)	(1)										(1)
	不明F	炭化種実						(1)											
	不明J	炭化種実									1								
	不明L	炭化種実														1			
	不明M	炭化種実														3(1)			
	不明N	炭化種実				1													
	同定不能	炭化種実		(2)	(7)	(10)	(8)	(23)	(2)	(1)	(22)	(5)	(37)	(4)	(5)	(35)	(12)	(12)	(9)
その他	虫えい	炭化		4(6)	4(9)	(3)	1(6)	(2)	1(2)	1(3)	1(2)	4(4)	2(4)	2(15)	4(6)	1(2)	(4)	1(2)
	子嚢菌	炭化子嚢		++	+++		++	+	++	++	+	++	++	+++	++	++	++	++
現生植物	キイチゴ属	核		1	1						1				4				
	ヒサカキ属	核			1								1						
	サンショウ属	種子			(1)														
	ヤブカラシ	種子																1	
	イヌタデ	果実								2(1)	6	15		31		1			
	タニソバ	果実												1					1
	ハコベ属	種子											1						
	ヤマゴボウ属	種子			1									1				2	2
	エノキグサ属	種子										1		1	2				
	カタバミ属	種子													2				
	ナス属	種子								14	4(1)	21		5	4				3
	ツユクサ	種子								1				4					
	イネ	籾												(1)					
	エノコログサ属	果実						1											
	スゲ属	果実												7					
	ホタルイ属	果実							1										
現生その他	昆虫	未炭化									+							+	+

+：1-9, ++：10-19, +++：20-49

附編 3　手越向山遺跡の畠状遺構から出土した炭化種実　143

付表 1　手越向山遺跡出土の大型植物遺体一覧（括弧は破片を示す）

分類群		グリッド	B3·B4	B4·C4	B4	B4	B5	B5·B6	B6	B6	B6	B7	B7	B7	B7·B8	B7·B8	B8·B9	B9	B9	C3	C3	C3	C3	C3	C4	C4	C4
		遺構番号	A002a	A002b			A102	A104	1TB3	1TB2		1T03	1T04		1T02	1T02	B00A	B002	B00B	A003a	A004a				A004a	A004a	
		試料 No.	14	12	31	70	3	78	9	10	65	4	60	68	55	18	37	24	44	6	56	34	38	74	75	11	27	2
		水洗重量(kg)	6.28	5.28	8.60	2.66		5	2.54	1.78	4.46	0.18	5.36	1.72	6.96	4.54	3.10	6.86	2.36	4.20	3.26	8.48	6.36	3.86	5.7	4.22	9.36	
	炭化素																											
マツ属	炭化核																				1					(1)		
キイチゴ属	炭化種子																			1								
ブドウ属	炭化果実		1		1				1										(1)		1					1		
タデ属	炭化種子																											
アワーキビ																											
不明 D	炭化種実			(1)																								
不明 E	炭化種実																	(1)										
不明 G	炭化果実															(1)												
不明 I	炭化種実										1																
不明 K	炭化種実																											
同定不能			(12)	(1)	(7)	(1)	(3)	(4)	(21)	(3)	(1)	(5)	(3)	(26)	(8)	(3)	(6)	(1)	(10)	(4)	(2)	(10)	(2)		(9)	(3)	(12)
虫えい	炭化		2(1)	1(2)	(4)	(1)	(2)	(3)	2		(1)	2(1)		3(7)	2(2)		(3)	1	+	2(1)	(4)		2(1)		++	2	(4)
子嚢菌	炭化子嚢		++	++	++	+	++	+	+	++	+	+		++	+	+	++				+	+	+		++	++	++
キイチゴ属	核											1														(2)	
ヒサカキ属	果実			1															1	1			1					
イヌタデ	果実																						5(1)			1	
イシミカワ	種子																			1				1(1)			
ヤマゴボウ属	種子												1											1			
ナス属	籾																			2							
イネ	果実																				+						
エノコログサ属																						1					
未炭化																											
昆虫																											

+: 1-9, ++: 10-19

144　附編

付表 1　手越向山遺跡出土の大型植物遺体一覧（括弧は破片を示す）（つづき）

分類群		グリッド	C4	C4	C4	C4	C5	C5	C5	C5	C5·C6	C6	C6	C6	C6	C6	C6	C7	C7	C7	C7	C7	C7	C7	C8	C9	C9	C9·C10
		遺構番号					A106	A105	A105	A105	A105	1TB6	1TB5	1TB4	1TB5·1TB6	A203			1T07	1T07	1T06						B002	B002	B002
		試料No.	41	45	67		5	13	19	29		8	21	39	59	54	33	73	17	62	42	25	28	43	69	72	1	20	30	22
		水洗重量(kg)	8.44	9.58	9.08		4.12	6.58	2.46	5.60		1.38	1.08	4.32	1.18	1.38	6.60	7.04	8.52	7.64	1.74	3.22	4.96	6.80	1.64	4.46		6.36	9.58	2.40
キイチゴ属	炭化核			1																										
ヒサカキ属	炭化種子															1														
タブ属	炭化果実				1		1										1									2				
ゴマ近似種	炭化種子																													
アワ―キビ	炭化種子																													
不明A	炭化種実																		1							(1)	1			
不明B	炭化種実																													
不明C	炭化種実												(1)								(1)						1	(1)	(1)	(1)
不明D	炭化種実																													
不明F	炭化種実																													
同定不能			(6)	(5)	(3)		(12)	(10)	(21)	(4)	(2)	(5)	(3)	(1)	(2)	(1)	(10)	(6)	(7)		(2)	(4)	(2)	(2)	(2)	(3)	(13)	(8)	(10)	(2)
虫えい	炭化		1(2)	(1)	(3)			1(2)	1(1)	2(2)		1		1(1)	1		4(1)	2(2)	(1)	4(5)				2(2)	1(3)	(4)			1(6)	(2)
子嚢菌	炭化子嚢		+	+	++		+	++	+	+		+	+				++		++	+		++	+	+	+	+		+	+	+
キイチゴ属	核				5																					1				
ヒサカキ属	核				1																					1				
サンショウ属	種子																					(1)								
イヌタデ	果実		1		17	15																		1						
タニソバ	果実				2																									
ヤマゴボウ属	種子				1																									
エノキグサ属	種子				(1)			1	1																					
ナス属	果実			15	22																							1		
エノコログサ属	果実																													
ホタルイ属	未炭化																													1
昆虫			+														+													

+ : 1-9,　++ : 10-19

附表1 手越向山遺跡出土の大型植物遺体一覧（括弧は破片を示す）（つづき）

分類群		グリッド	D2	D3 A006	D3	D3	D3·D4 A006	D3·D4 A006	D3·D4 A006	D3·D4	D4	D4	D9 炭化物集中	E4	E4 e4層上					
		遺構番号																		
		試料No.	15	58	35	57	7	66	71	16	26	63	61	32	36	23	40	53	77	64
		試料重量(kg)	6.00	6.06	7.60	2.42	6.14	8.62	5.16	9.02	6.66	10.88	6.12	6.36	7.12	6.92	3.14	9.24	2.26	7.78
		水洗重量(kg)																		
マツ属	炭化葉													(1)						
マツ属	炭化果実						2	1		1		1								
ゴマ近似種	炭化種子																			
不明D	炭化種実			1													1			
不明H	炭化種実													(1)			1			
不明J	炭化種実												1							
不明L	炭化種実												3(1)							
不明M	炭化種実																			
同定不能	炭化種実		(1)	(5)	(13)	(9)	(16)	(11)	(10)	(4)	(5)		(35)	(12)	(9)	(6)	(4)	(14)		(1)
虫えい	炭化		(2)	1(2)	1(3)		2(1)	2(3)		2(4)	1(7)	1(8)	4(6)	(4)	1(2)	2	3(1)	2(4)	(10)	3(5)
子嚢菌	炭化子嚢			+	++	+	++	+		++	+++		++	++	++	++	+	++		+
キイチゴ属	核								1				4							2
ヒサカキ属	種子											1		1						
ヤブカラシ	種子																			
イヌタデ	果実		(1)	6			1	14			4	27			1				1	
タニソバ	果実											1								
ハコベ属	種子								1											
ヤマゴボウ属	種子										1	1	2	2	2					2
エノキグサ属	種子							1					2							
カタバミ属	種子			4(1)	14	1							2							
ナス属	種子							16	5			5	4		3	1		2		3
ツユクサ	種子							4												
イネ	籾殻											(1)								
スゲ属	果実							7												
昆虫	未炭化				+								++	+	++	++	+	++		

+: 1-9, ++: 10-19

附編 4　畑地作土と推定される堆積物の微細堆積相

松田順一郎（史跡　鴻池新田会所管理事務所）

はじめに

　手越向山遺跡は静岡平野西縁に隣接する基盤岩丘陵の一つ、佐渡山（標高 102.8 m）の北東約 180 m、標高 42～46 m、傾斜 20～25°の崩積斜面に位置する。2008 年に行われた静岡大学考古学研究室による第 4 次発掘調査では、弥生時代中期後半に築造された方形周溝墓の盛土層（図 1 b の a6 層）の直下で、下位層準の非火山灰性黒ボク土（近藤ほか 1973）や、黄褐色の礫まじり砂質泥からなる崩積堆積物がよく混じり合った擾乱堆積物（図 1 b の e1、e1′、e2 層）がみとめられた。さらにその下底では崩積堆積物の上面を斜面コンターラインに平行して階段状にたがいに隣接して掘り込まれた溝列が検出された（図 1 a）。擾乱堆積物を畑地作土、溝を芯土上の耕起痕跡と解釈できることから、これらは「畠状遺構」と呼ばれ、その形成時期は弥生時代中期初頭（II 期）丸子式期と推定された（篠原 2008）。ここでは、畑地跡と推定される遺構の堆積物について行った微細堆積相あるいは土壌微細形態の検討結果を示す。

現地での観察結果

　現地観察の結果として以下のことが知られた。(1) 遺構分布領域の周縁部と擾乱堆積物の上面は、方形周溝墓築造時に削平されており、方形周溝墓の築造過程とは調和的でない。(2) 擾乱堆積物の下底付近（図 1 b の e2 層）には目視で明瞭な、長径数 cm 以上の偽礫が含まれるが、全体としてよく撹拌・混合され、母材となった堆積物と土壌の初生の構造が、通常の盛土より破壊されている。また、上部ほどその特徴がいちじるしい。(3) 擾乱堆積物には粗孔隙が上下の堆積物より多くみとめられ、畑地の粒団や破砕された堆積物の微小な偽礫の間隙（パッキング孔隙）と考えられる。(4) 斜面上側の溝の底が削られて散らばった偽礫（図 1 b の e1′ 層）が、斜面下側の擾乱堆積物に載るように挟まっており、斜面を昇るように階段状の掘り返しが上位の堆積物（e1 層）をともなった状態でいく度かくりかえされたと考えられる。このような横うね傾斜畑はごく一般的であり、これらのことを根拠に問題の遺構を畑地跡と推測することは妥当と思われる。

試料と観察・分析方法

　上述の観察結果のうち、とくに(2)(3)についてさらに物的な裏付けを得るため以下の不撹乱試料を観察した。(1) 調査地の断面 B で、方形周溝墓盛土下部（a6 層）、作土と考えられる擾乱堆積物（e1 層）、その下底の基盤堆積物の偽礫層（e1′ 層）、基盤の崩積堆積物（5 層）の 4 層準にかかる柱状不撹乱試料。(2) 調査地南部で灰黄色の基盤堆積物偽礫層に覆われた黒ボク土壌堆積物（図 1 b の 4 層）。断面 A では 4 層堆積物のブロック試料、断面 E では上位の偽礫層（e4 層）を含む柱状試料。採取位置を図示していないが比較試料として、(3) 調査地南辺付近に部分的に分布する人為的に攪乱されていない黒ボク土壌 A 層上部堆積物の不撹乱試料、(4) 調査地近傍の黒ボク土壌を耕起した現代の畑地作土の不撹乱試料を得た。これらの試料のうち(2)の断面 E からの試料、(4)の試料は静岡大学考古学研究室の篠原和大氏よりご提供いただいた。さらに同氏からは粒度分析、有機炭素量比測定のため(1)の南隣で採取されていた柱状試料から堆積物を分けていただいた（図 1 b、断面 B の矢印）。不撹乱試料からは一部を切り取り、樹脂（カナダバル

サム、シアノアクリレート瞬間接着剤）を含浸し、ガラス板に貼り付けた後、研磨して薄片を作成し、検鏡した。(1)の試料からは薄片とともに、研磨スラブ（図1c）を作成した。

　現代の根成孔隙と棲管が試料のいたるところに分布し、新鮮な根や生きた土壌動物が試料調整中にも現れた。そのため肉眼で確かめられる幅数mm以上の現代の孔隙ができる限り少なくなるように薄片を作成した。ただし、新しい根系が古い孔隙をなぞって発達することも多く、新しい面状孔隙が古い団粒の輪郭に沿って生じ、すでに生じていたパッキング孔隙と重複することもあり、記載と解釈はそのつど検討を要した。

　粒度分析は、粒径2mm以上の礫を除去した試料でピペット法によりシルトと粘土の含有比を求め、その後同じ試料から試験篩で砂を分けて量比を求めた。砂はいちじるしく風化しており、分析中に砕けるため、一括して扱った。なお、砂は2〜1/16 mm、シルトは1/16〜1/256 mm、粘土は1/256 mm以細と区分する。有機炭素量比を示す灼熱損量は、恒温乾燥器で40℃、24時間乾燥した試料約5gを、電気炉で430℃、24時間焼き、1/1000 g精度で秤量して求めた。

観察結果

　不撹乱試料から作成した薄片の画像を図2〜8に示す。検鏡範囲で特徴的な微細堆積相、土壌微細形態

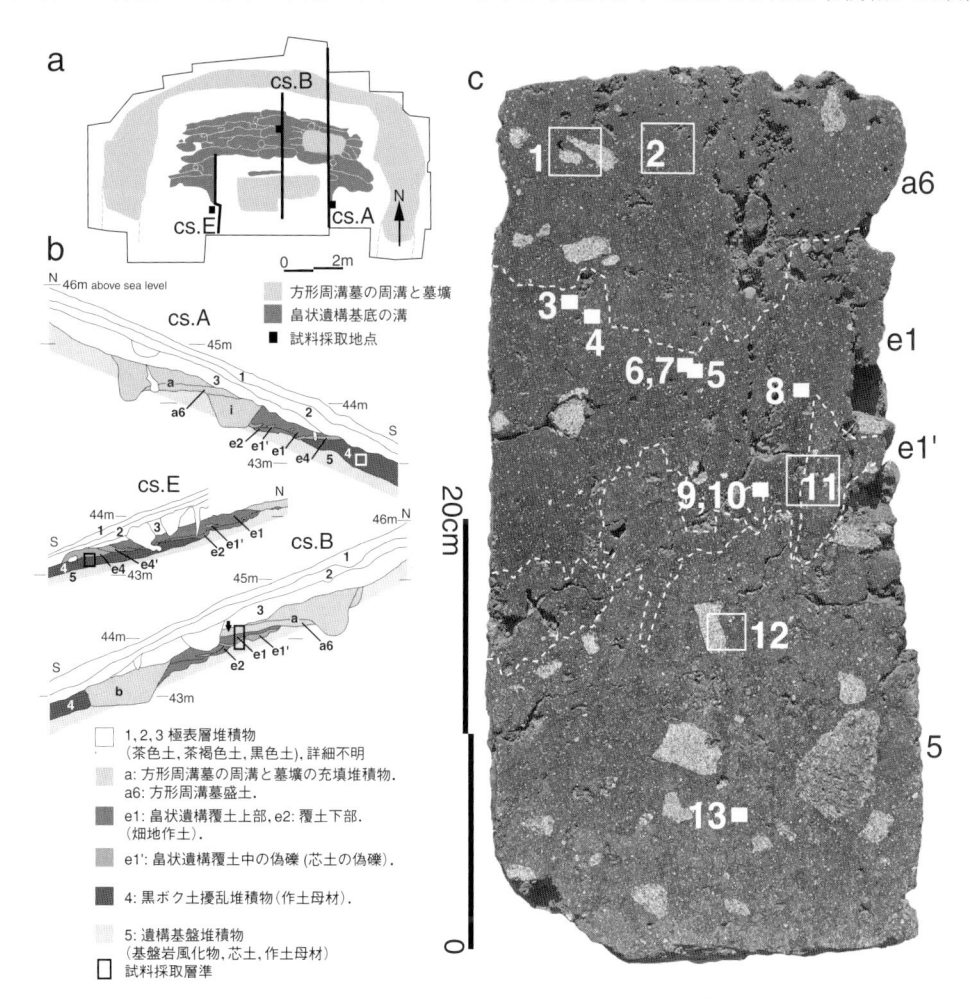

図1 堆積物の不撹乱試料採取位置と研磨スラブ。a：発調査地の遺構、断面位置、試料採取位置。b：断面A、B、Eにおける試料採取層準。c：断面Bで採取した不撹乱試料の研磨スラブ。写真中に示す枠と四角印の番号は、同層準の薄片写真番号（図2〜4、7）を示す。

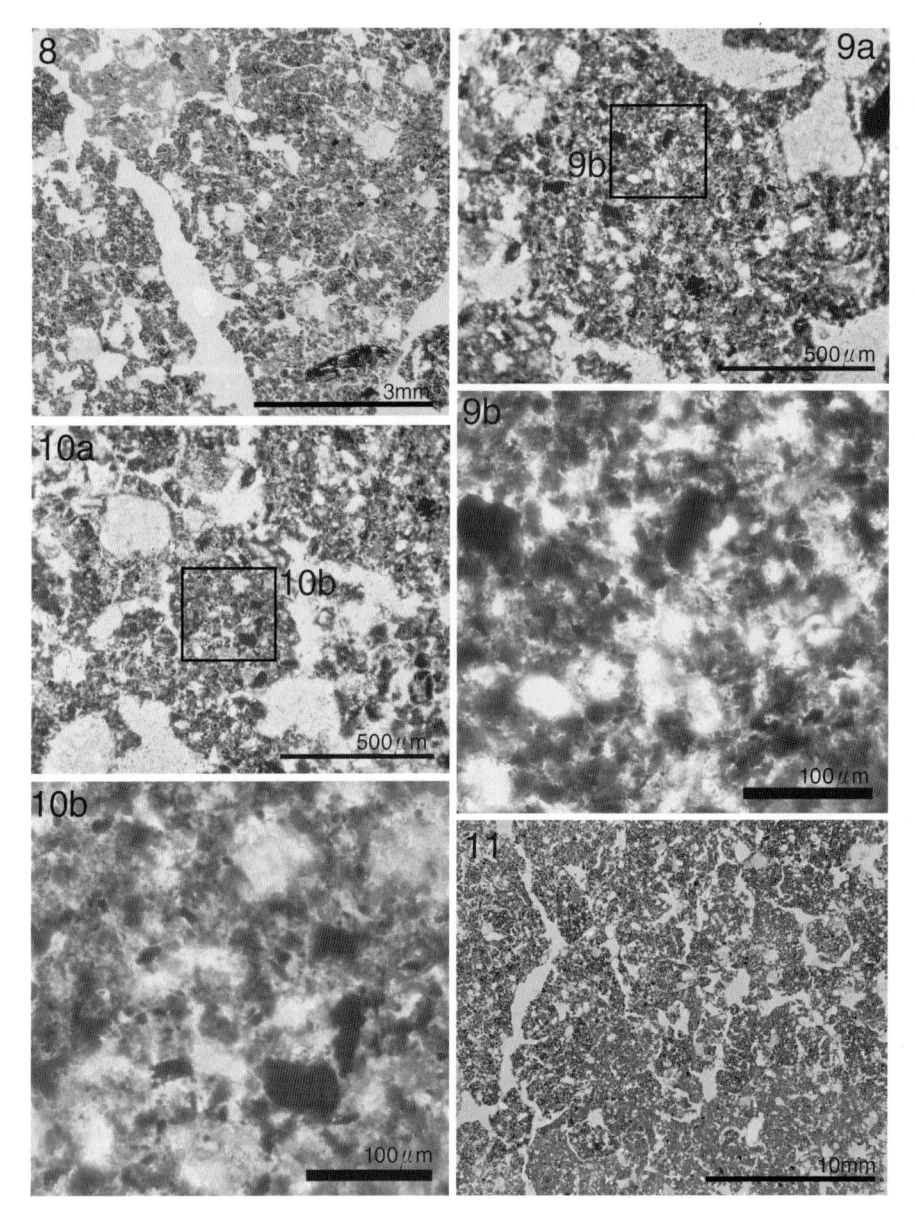

図4 畑地作土と推定される e1 層下部（8〜10b）、e1′層堆積物（11）の薄片写真。8：面状孔隙、チャネルによって画された長径数 100μm の粒団とともに、より細粒の長径 100μm 前後の微小粒団と微小な偽礫がみとめられる。画面左上部の明るい領域は、下位の灰黄色を呈する遺構の基盤堆積物の偽礫で、全体としては不整形だが、内部の植物片や砂・シルト粒子の配向から、亜角〜亜円状、長径約 700μm の偽礫が集合し、さらに塑性変形したように見える。基盤堆積物の偽礫はこれ以外の場所にも点在する。9a：数 10μm 以下の微小な粒団と偽礫からなる長径約 800μm、円状の粗大粒団。輪郭の左下部はチャネル、チャンバーに画され、上部から右下部にかけては基盤堆積物がほとんど混じらず、50μm 前後の微小粒団からなる3つの粗大粒団が接している。長径数 10μm の黒色の粒子は分解の進んだ植物片が多い。9b：画面最上部が 9a の粗大粒団の最上部にあたる。とくに明瞭な輪郭をなす構造はない。主として非晶質有機質細粒物質（粘土）からなる 20〜30μm の微小粒団がごく狭い複合パッキング孔隙をはさんで分布する。白く写った部分のほとんどは極細粒砂〜粗粒砂、シルト粒子である。10a、b：写真 9a の範囲と右上部が重なり、左下に隣接する領域。新しいチャネルで一部が失われているが、長径数 100μm の粗大粒団であったと思われる。拡大写真 10b では腐植量の異なる微小粒団が混じり、長径約 10〜60μm の集合をなすように見えるが、輪郭は不整形である。おおむね雑然と多様な大きさの微小粒団が混じっている。白く写った斑状の部分は鉱物粒子である。11：e1′層堆積物と遺構基盤堆積物の境界。画面下部 1/3 ほどの明るい部分が灰黄色の基盤堆積物。中ほどから上部にかけてその偽礫が散布している。偽礫はやや暗い色調を呈し、残存する基盤堆積物の上位層準で土壌生成の影響をより強く受けた B 層堆積物に由来すると考えられる。

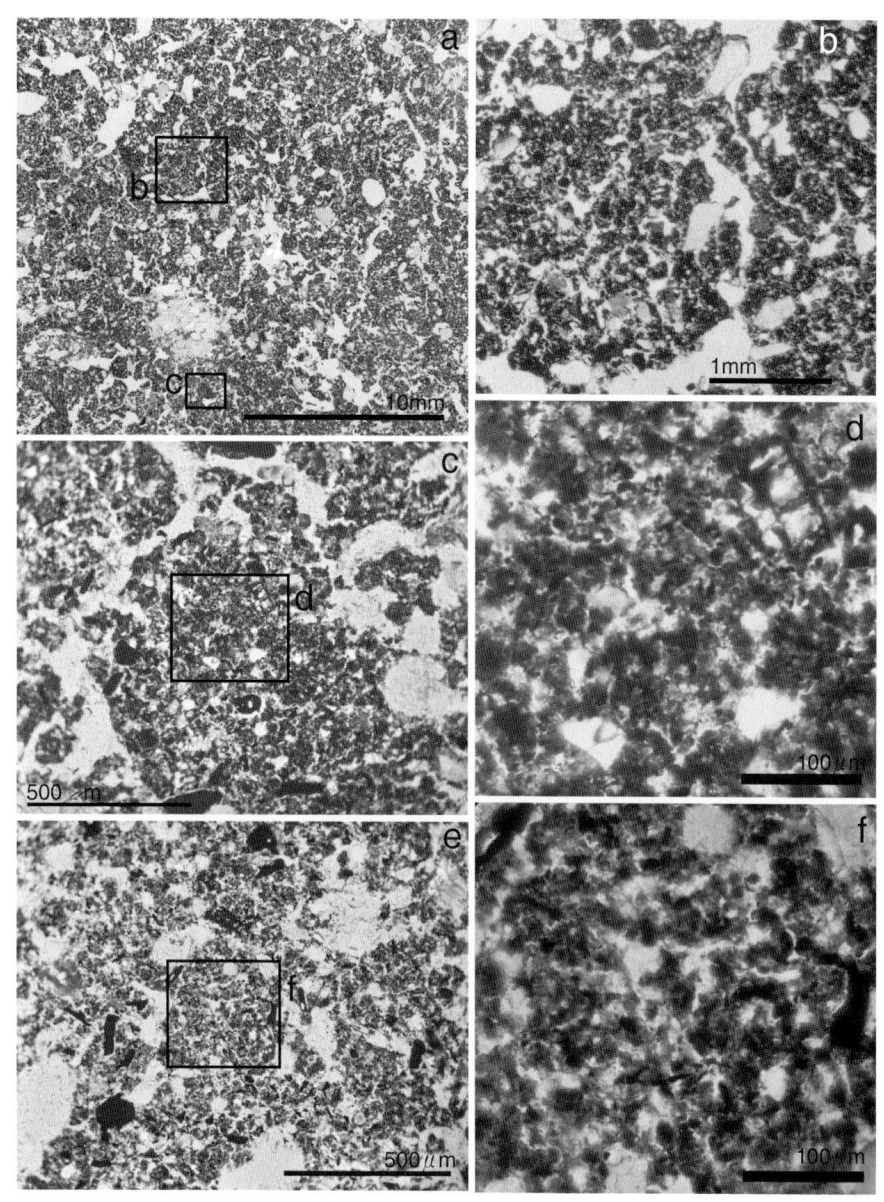

附編 4　畑地作土と推定される堆積物の微細堆積相　151

図 5　調査地南辺で採取した人為的な擾乱を受けていない黒ボク土壌 A 層上部の薄片写真。a：肉眼でも識別できる長径数 100μm～約 2mm の粒団からなる小粒状構造が見られる。粒団は幅の狭いチャネル、面状孔隙で画されている。円～角状のさまざまな輪郭をなすが、全般的に球形度は高く、ペダリティーは中程度か強い。中央部から右寄り下部にかけて見られるように、パッキング孔隙は幅広いチャネルの孔壁に生じている。幅 1mm を越すチャネルは少ない。細礫、極粗粒砂以細の砂にほか、試料には含まれないが、中礫サイズの岩片も混じる。b：写真 a の部分拡大写真。中央部右寄りを縦断するチャネルに隔てられた粗大粒団の拡大写真。孔隙で画された長径数 10～500μm の粒団が識別される。大きな粒団はより小さな粒団の集合体である。微小粒団間にも幅狭く、短い分節のチャネルと面状孔隙がみとめられる。微小粒団のかなり黒いものには酸化鉄が沈着している。それらの周辺の透明鉱物粒子もほとんど赤褐色を呈する。c、d：写真 a の中の粗大粒団の拡大写真。長径約 120μm 以下の微小粒団からなる。それらの厚みが小さい部分が明るく写るので輪郭が識別できる。輪郭に沿って幅の狭いチャネルが分布する。微小粒団を構成する最小単位の物質は長径約 20μm の斑状をなす腐植に富む非晶質細粒物質（粘土）で、亜角～円状の比較的整った形状の粒団間に、形状不明確あるいは不整形なものが分布する。それぞれの微小粒団は密に詰まっているが、形状は識別しやすい。また、全体に粗大～微小粒団最小単位までの異なるスケール間での構造の相似性があり、それぞれのスケールにおける粒団の大きさは比較的よくそろっている。e、f：粗大粒団の形状が不明瞭な部分だが、微小粒団の特徴は写真 c、d と同様である。黒ボク土壌試料中には植物片も多く含まれる。

自然の黒ボク土壌ではおもに腐植と粘土からなる長径30〜50μmで円状の微小粒団が卓越することが知られている（河井 1969）。そのパッキングパターンはランダムに散在、密に充填の両方があるらしい（Aurousseau et al. 1985）。図5に示したように、本遺跡では後者の構造が見られ、長径約2mmまでの小粒状粗大粒団からなる比較的均質な巨視的構造が見られる。粗大粒団の内部は微小粒団が均質に集合する。畑地作土と推定された堆積物ではこのような粒団の構造は破壊されて見られない。いっぽう、e1層と調査地近傍の現代の畑地作土（図6）とを比較すると、粒団の粒径組成、形状、二次粒団内部の微小粒団の分布パターンはよく似ている。e1層ではあきらかに孔隙は少ないが、埋没後の圧密によると考えられる。耕起後数か月間で、粒団間の孔隙が堆積物の充填と圧密によって縮小し、構造が壁状に変化するという例（Mackie-Dawson et al. 1989）もある。しかし同例でも多様な大きさの角〜亜角状の粒団間で複合パッキング

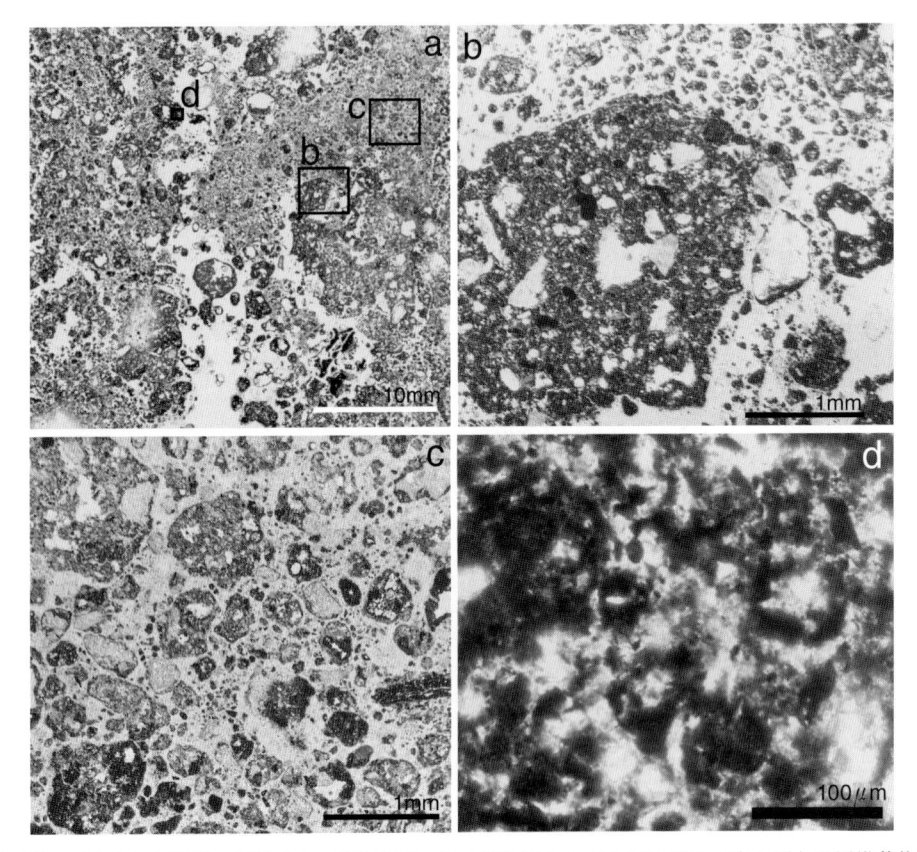

図6 調査地近傍で採取された現代の畑地作土の薄片写真。この畑地作土はおもに黒ボク土壌A層とB層堆積物からなるが、より明るい灰黄色を呈するB層下部〜C層の基盤崩積堆積物も混在する。a：長径10mm以下で、数100μmまでの多様な粒径の粒団がみとめられる。画面では粒団の粒度組成、淘汰度、人為的な角状の偽礫の量、母材の種類が異なる部分がパッチ状に分布する。粒団の球形度は高いが、輪郭はなめらかなものばかりでなく、角、亜角状のものも多くみとめられる。長径3mm以下の粒団の円磨度が高い。粒団の構成物質として、おもに黒褐色、暗灰褐色、灰黄色の砂質粘土が識別される。画面左下に見られるような粗大な植物片は少ない。複合パッキング孔隙が大きな領域を占めるが、薄片作成時に含浸した樹脂が粒団間に介入し、支持構造をこわした可能性がある。画面中央を最大幅10mmのチャネルが縦断し、崩落した粒団が散らばっている。b：比較的大きな粒団の拡大写真。左側面は壊れて角ばった輪郭をなす。内部は見かけの壁状（塊状）だが、細粒部分の明暗や微小孔隙の分布パターンから数100μm以下の微小粒団の集合である。黒色粒子のうちおよそ半分は植物片か腐植で他は鉱物粒子である。c：比較的小さな粒団の散布状態。含浸された樹脂で支持構造がかなり失われた。長径250μm以上の粗大粒団の内部には、200μmに細のいくつかの微小粒団を明瞭に見ることができる。相対的に細かい粒団は、自然状態の土壌生成中に形成され、形状を維持してきたものが多く、それらの集合と破壊がくりかえされたと考えられる。d：黒ボク土壌A層堆積物に由来すると思われる粗大粒団中の微小粒団。粒団は有機物を多く含む非晶質細粒物質からなり、長径10μm未満、40μmまでの様ざまな粒径で、形状も不整形で多様。腐植の分布が不均等で、大きく集合する部分がある。分解の進んだ植物片とみなせるものもある。シルトサイズの鉱物粒子と混ざり合い、微小粒団間の孔隙は詰まりぎみの複合パッキング孔隙で、チャネルがわずかに見られる。

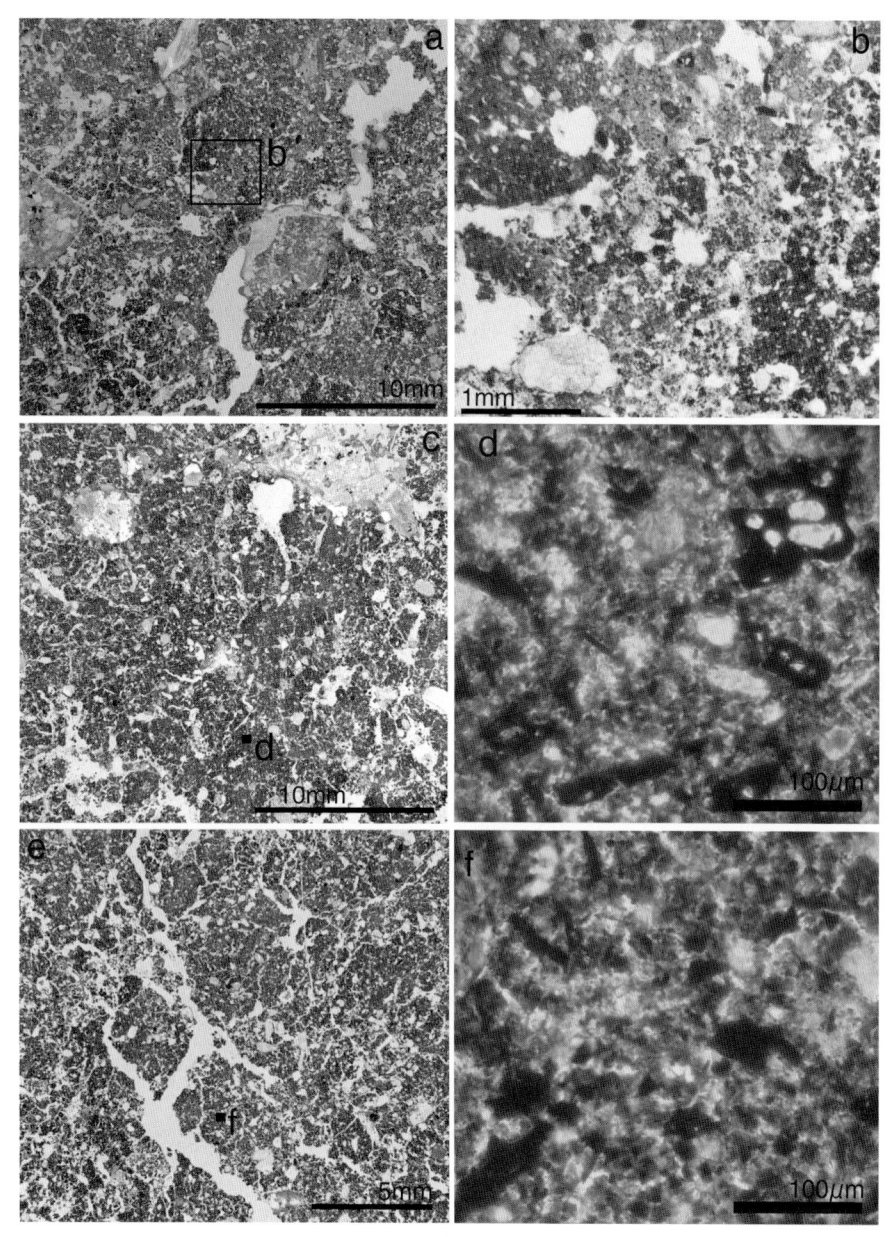

附編 4　畑地作土と推定される堆積物の微細堆積相　153

図 7　畑地作土と推定される擾乱堆積物下底に分布する偽礫層（a、b。断面 E の e4 層）、調査地南部で遺構の基盤をなす黒ボク土壌 A 層下部（c〜f。断面 A、E の 4 層中・下部）の薄片写真。a：e4 層堆積物。現代のチャネルや面状孔隙に分断されているが、おそらく長径 1 mm 以上の角〜亜角状の偽礫が集合する。下位に分布する黒色〜ごく暗褐色（写真では暗灰色）の黒ボク土壌 A 層堆積物が、初生の粒団として分散している部分もあるが、比較的明瞭な輪郭の偽礫として分布し、それらの間を灰黄色（写真では明るい灰色）を呈する黒ボク土壌 B 層、C 層堆積物が埋めるパターンが見られる。b：a の部分拡大写真。偽礫としての分布パターンは拡大しても同様だが、黒ボク土壌 A 層堆積物の粗大粒団と微小粒団が識別できる。灰黄色の B 層堆積物は、長径 100〜300 μm の粒団に分かれるようである。極粗粒砂〜粗粒シルトサイズまでの鉱物粒子が多く含まれる。c：断面 E の e4 層直下に分布する黒ボク土壌（4 層）A 層下部の堆積物。新しい面状孔隙やチャネルによっても古い粒団が画されているはずで、長径数 mm 以下の粗大粒団の発達が示唆される。ただし孔隙に挟まれた物質部分は見かけ上ほぼ均質で壁状である。比較的大きな孔隙や孔隙が密集する部分は酸化鉄が沈着して暗色を呈し、その他の部分も全体的に黄色みがかっている。暗色部分には上位堆積物によって充填された根成孔隙とも思える帯状の部分がある。d：c の部分拡大写真。シルト粒子がひじょうに多い。黒色の植物片に富む。粘土と腐植からなる非晶質物質は、ごく狭いパッキング孔隙とチャネルで画され、10〜50 μm の微小粒団からなる構造をなす。それらのいくつかが集合・癒着したように見えるところもあるが、ほとんどの領域ではほぼ等長で不整形なものが詰まり気味に分布する。微小粒団の中心部分が有機物に富む黒色〜暗褐色を呈するものが多いが、より明るい黄橙色を呈し、有機物を少し含む、あるいはほとんど含まないものもあり、まだらな印象を受ける。A 層上部に比べ、粒団の輪郭が不鮮明で詰まりぎみな印象を受ける。写真 e、f の断面 A 南部に分布する 4 層堆積物も同じ特徴を示す。

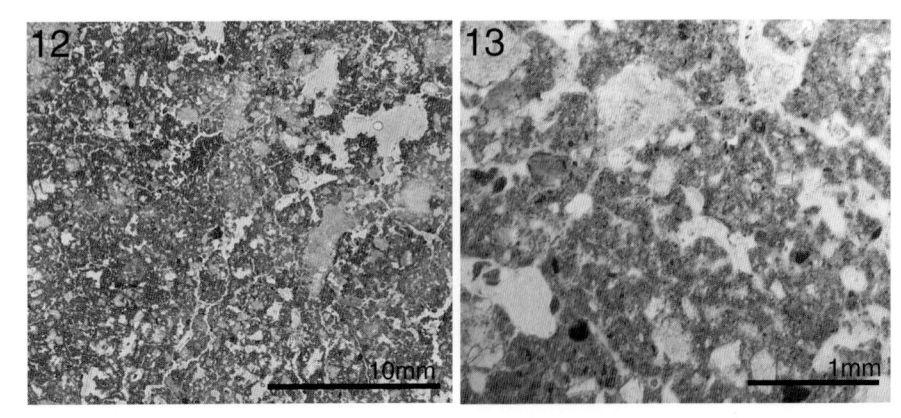

図8 断面 B の遺構基盤をなす堆積物の薄片写真。12：遺構基底の偽礫層（e1′層）直下の堆積物。やや暗い灰色の部分は有機物をより多く含むような褐色を呈し、明るい部分は灰黄色。暗色部分には角状の偽礫がみとめられるが、角～円状の2～5 mmを単位とする、灰黄色部分に比べて細かい粒団が分布する。それらは数 mm スケールで細かく分岐・連結した面状孔隙と狭いパッキング孔隙をともなう。幅1～3 mm の短いチャネル、チャンバーがみとめられるが、現代のものと思われる。図5に示したような黒ボク土壌の粒団は左上部に2、3 mm の角状あるいは不整形の偽礫と他所にもいくらか散見される。これらは、上位の擾乱堆積物（e1、e1′層）が地表をなした時期と、より古く黒ボク土壌生成の時期に下層土として根系や棲管を充填するかたちで生じたと考えられる。有機物に富む物質が増え構造が変化した土壌層位 B 層に相当する。13：写真12の層準より約10 cm下位の基盤堆積物（5層）の薄片写真。人為的に生じた偽礫はみとめられない。色調は鮮やかな灰黄色を呈し、上位層準からの土壌生成の影響は少ないが、比較的連続したチャネルと面状孔隙で区分される亜角～亜円状の粗大粒団と、厚みの小さい非晶質部分やごく微細なチャネルで区分される。ペダリティーは弱いが、より細分できる長径 250 μm 前後の粗大および微小粒団が識別される。粗粒砂～極細粒砂が多く混じる。植物片は上位層準に比べて少ないが、有機物の含有比は見かけによらず高い（表2参照）。ただし粘土の移動・集積の痕跡はみとめられない。

表1 畑地跡を構成する堆積物の砂・シルト・粘土の含有比（%）

試料	砂	シルト	粘土
5（a6層）	17.12	54.57	28.31
4（e1層）	21.49	53.27	25.23
3（e1～e1′層）	18.02	37.35	44.63
2（e1′～e2層）	16.10	47.99	35.92
1（5層）	16.36	57.52	26.12

表2 畑地跡を構成する堆積物の有機炭素量比（灼熱損量による、%）

試料	灼熱損量
5（a6層）	26.78
4（e1層）	28.74
3（e1～e1′層）	29.17
2（e1′～e2層）	22.44
1（5層）	19.97
loc.C（黒ボク土 A 層）	27.15

試料	灼熱損量
薄片8（e1′層）	24.68
薄片9、10（e1′層）	20.59
e2層	22.19
5層	18.71

孔隙をなし、圧密が生じても孔壁は接合しないようである。孔隙の多い e1 層上部の孔隙にその傾向がいちじるしい。

　調査区南部で偽礫層に覆われ遺構の基盤をなす4層中・下部は、未擾乱の黒ボク土壌 A 層下部に相当する堆積物からなる。微細形態は基本的には図5に示した上部と同様だが、粗粒シルト粒子に富み、巨視的には壁状な印象を与える。遺構の基盤堆積物（図8）は、黄褐色か灰黄色を呈し、遺構直下では、黒ボク土壌生成時かそれ以前の B 層をなし、有機物に富む泥質堆積物あるいはその偽礫で充填された根成孔隙が多い。長径 500～250 μm の粒団の集合が角塊状構造をなす。長径1 mm 以下の黒色粒子の多くは、基盤の粗面玄武岩に含まれる磁鉄鉱で、植物遺体や炭はわずかである。

　粒度分析の結果（表1）をみると、畑地作土と推定される e1 層の上部では、下部に比べて砂の量比が相対的に高い。またシルトの量比もかなり高い。e1 層下部では、粘土とシルトの量比はともに高く、砂は低い。これらのシルトの量比については、下位の遺構基盤層（5層）、黒ボク土壌 A 層下部堆積物（4層）と調査地南辺の A 層上部堆積物の高いシルトの量比が、それらを母材とする上位の擾乱堆積物に反映したと考えられる。いっぱんに畑地では、降雨による面状侵食によって、無機栄養分、有機物、粘土が選択的に侵食される。シルトロームの畑地で、面状侵食によって粘土が失われ、砂とシルトの量比がいちじる

しく増加した実験例がある（山崎 1972）。このことも、e1 層堆積物の畑地作土らしい特徴である。

　灼熱損量による有機炭素含有比の測定結果（表2）では、5層堆積物や、もっとも上位の方形周溝墓盛土も含め、全般に18〜29％という高い値を示し、試料間の差があまり明瞭ではない。各試料について統計学的な有意差を確かめられる測定数が必要であったが、この簡単な結果でみると、5層堆積物は含有比がもっとも低い。作土だが初期の耕起後あまり撹拌されていないと推定される e2 層堆積物は次に低い。人為的な偽礫が集まる方形周溝墓盛土（a6層）と作土中に挟まれると考えられる e1′ 層堆積物はより高く、e1′〜e1 層堆積物はもっとも高い含有比を示し、黒ボク土壌 A 層上部堆積物よりも高い。いっぱんに畑地作土ではすでに述べたように有機物は侵食されたり、分解されて減少する傾向がある。荒川・東（1995）も同様の測定値を示しているが、青山（2010）によれば、マクロ団粒（粗大粒団）の発達と不耕起によって有機物が保持、増加するらしい。また埋没畑地作土の場合、放棄された半裸地から植生が回復し土壌動物の活動が活発になれば、有機物も増加する。このようなことから、相対的に上位層準で有機物が多いことは e1、e2 層堆積物を作土と推定する妨げにはならない。

　土壌微細形態のみで畑地を同定することは困難な場合が多い（Carter and Davidson 1998）。そのため Goldberg and Macphail（2006）は、畝立てや芯土の耕起痕跡のようなマクロな構造（遺構）に加え、畑地の半裸地化と擾乱にともなうシルト混じりの粘土被膜（dusty clay）による孔隙の充填、ミミズを主とする動物の活発な活動痕跡、施肥にともなう化学的特性、作物や耕作地にともなう雑草などの花粉化石と植物遺存体などの証拠が求められると指摘した。しかし、作土の母材、耕地形態、耕作行動様式、耕作期間、作物とその利用部位などがきわめて多様なため、それらの証拠が良好に得られることはまれである。むしろ母材となる土壌の層位と微細形態が破壊され、それらを構成する堆積物が細かく一様に混合されるとともに、二次粒団が発達することははるかに一般的な畑地土壌の特徴と考えられる。この点で e1 層堆積物が作土であった可能性はひじょうに高い。

謝辞

　発掘現場でご助力いただき、試料を提供していただいた篠原和大氏をはじめとする静岡大学考古学研究室の方々、分析にあたってご助言いただいた静岡市教育委員会の岡村渉氏にお礼申しあげます。

参考文献

青山正和（2010）「土壌団粒─形成・崩壊のドラマと有機物利用」．農山漁村文化協会，pp. 95-116.

荒川祐介・東照雄（1995）嬬恋村の黒ボク土傾斜侵食畑における耕作・管理に伴う土壌物理性と微細形態の変化．「日本土壌肥料学雑誌」，66-2，116-126.

河井完示（1969）火山灰土壌（アンド土壌）の微細形態に関する研究．「農業技術研究所報告．B，土壌肥料」．20，77-154.

近藤鳴雄・縣富美夫・鈴木正・加藤芳朗・浜田竜之介（1973）土壌図．「土地分類基本調査　静岡・住吉」．静岡県農地部農地企画課，pp. 21-22.

篠原和大（2008）本州中部地域における農耕形成の一つのモデル─静岡清水平野を事例として─．「日本考古学協会2008年度愛知大会研究発表資料集」．pp. 291-303.

山崎不二夫（1972）「農地工学　下」．東京大学出版会，pp. 481-483.

Aurousseau, P., Curmi, P., and Bresson, L.M. (1985) Microscopy of the Cambic Horizon. In Douglas, L.A. and Thompson, M.L. (eds.) *Soil Micromorphology and Soil Classification*. SSSA Special Publication 15, Soil Science Society of America, pp. 56-57.

Carter, S.P. and Davidson, D.A. (1998) An evaluation of the contribution of soil micromorphology to the study of ancient arable agriculture. *Geoarchaeology*, 13-6, 535-547.

Goldberg, P. and Macpail, R.I. (2006) *Practical and Theoretical Geoarchaeology*. Blackwell, pp. 204-207.

Mackie-Dawson, L.A., Mullins, C.E., Goss, M.J., Court, M.N., and FitzPatrick, E.A. (1989) Seasonal changes in the structure of clay soil in relation to soil management and crop type. I. Effectsof crop rotation at Cruden Bay, NE Scotland. *European Journal of Soil Science*, 40-2, 269-281.

図　版

第 1 次調査　図版 1

1. 第 1 次調査風景(西から)

2. 手越向山遺跡調査前の調査地点状況(2006 年 6 月、西から)

図版2　第1次調査

1. 調査地点状況（調査前、南西から）

2. 調査地点状況（調査前、北西から）

第1次調査　図版3

1. 第1トレンチ遺構確認状況（南から）
2. 第1トレンチ全景（調査後、南から） 
3. 第1トレンチSX01確認状況（西から） 
4. 第1トレンチSX03完掘状況（南西から） 
5. 第1トレンチ北側遺構（南西から）

図版4　第1次調査

1. 第1トレンチ西壁セクション北（東から）

2. 第1トレンチ西壁セクション南（東から）

第1次調査　図版5

1. 第1トレンチ北側（南西から）

2. 第1トレンチ西壁セクション北（東から）

3. 第1トレンチ西壁セクション南（東から）

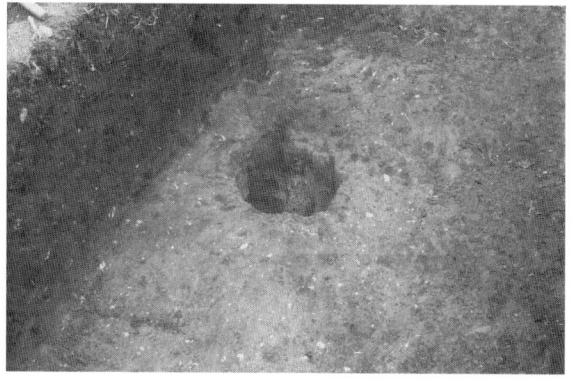

4. 第1トレンチ SP01 セクション（東から）

5. 第1トレンチ SP01 完掘状況（南から）

図版6　第1次調査

1. 第2トレンチ遺構確認状況（南から）
2. 第2トレンチ全景（南から） 
3. 第2トレンチSP02確認状況（南から） 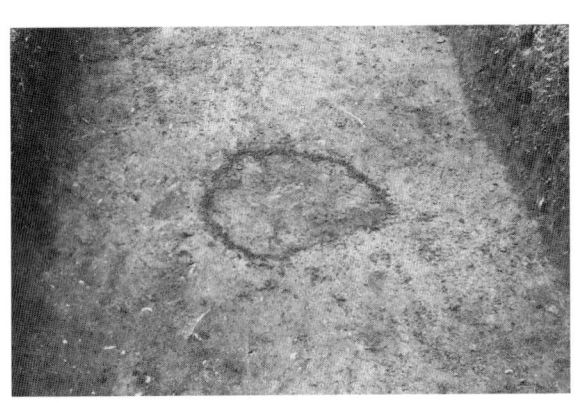 
5. 第2トレンチSP03断面（西から）
4. 第2トレンチSP02完掘状況（西から）
6. 第2トレンチSP03完掘状況（西から）

第1次調査　図版7

1. 第2トレンチ西壁セクション全景（北東から）

2. 第2トレンチ西壁セクション中（北東から）

図版8　第2次調査

1. 第2次調査区遠景（遺構確認時、南から）

2. B区遺構検出状況（南から）

1. A区遺構検出状況（南から）

2. A区遺構検出状況（西から）

図版 12　第 2 次調査

1. 方形周溝墓西溝遺物出土状況（北東から）

2. 方形周溝墓西溝遺物出土状況（東から）

第 2 次調査　図版 13

1. 方形周溝墓北溝・西溝状況（南から）

2. 方形周溝墓北西コーナー付近状況（西から）

図版 14　第 2 次調査

1. 方形周溝墓西溝状況（南から）

2. 方形周溝墓東溝・北溝状況（東から）

3. 方形周溝墓東溝状況（南から）

1. 第1主体部検出状況（南から）

2. 第1主体部検出状況（西から）

図版 16　第 2 次調査

1. 第 1 主体部南北断面（東から）

2. 第 1 主体部棺痕検出状況（南から）

第 2 次調査　図版 17

1. A区主体部棺痕検出状況（近景、南から）

2. 第1主体部棺内東西セクション（南から）

3. 第1主体部東西セクション（南から）

4. 第1主体部棺内完掘状況（南から）

5. 第1主体部棺内完掘状況（南から）

図版18　第2次調査

1. A区主体部棺内完掘状況（南から）

2. 第1主体部棺内完掘状況（西から）

3. A区SX04検出状況（西から）

4. A区SX04完掘状況（西から）

第 2 次調査　図版 19

1. 第 1 トレンチ西壁土層(サンプル採取前)状況(東から)

2. 第 1 トレンチ西壁土層サンプル採取状況(東から)

図版20 第3次調査

1. 第3次調査区遠景（南から）

2. 第3次調査区全景（南から）

第 3 次調査　図版 21

1. 第 1 主体部棺外調査状況（南から）

3. 第 1 主体部棺外調査状況（西から）

2. 第 1 主体部西側セクション（東から）

4. 第 1 主体部茶色土残存状況（東から）

5. 第 1 主体部完掘状況（南から）

図版 22　第３次調査

1. 第１主体部完掘状況（南から）

2. 第１主体部完掘状況（南西から）

3. 第１主体部完掘状況（東から）

第 3 次調査　図版 23

1. 第 2 主体部（SX01、南から）

2. 第 2 主体部確認状況（東から）

3. 第 2 主体部東西セクション（南から）

図版 24　第 3 次調査

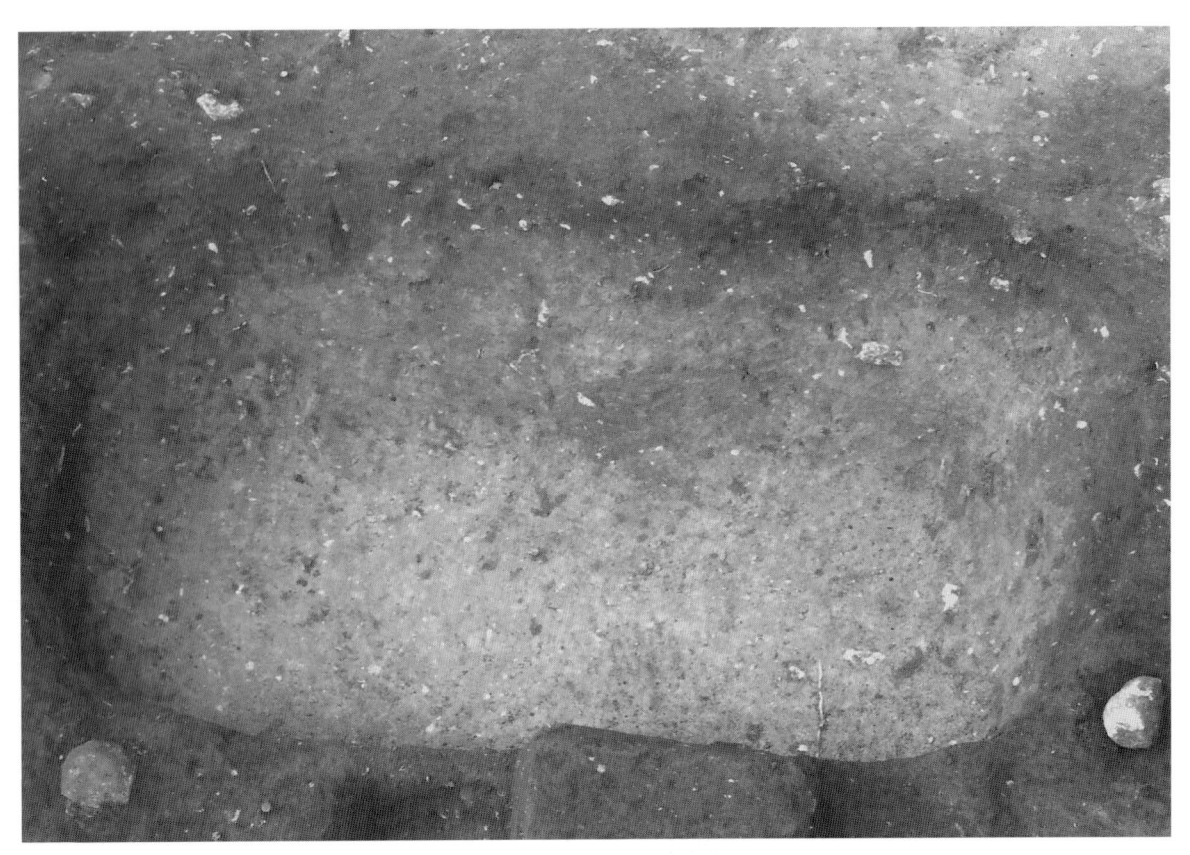

1. 第 2 主体部完掘状況（南から）

2. 第 2 主体部完掘状況（東から）

1. 第1トレンチ西壁セクション（南東から）

2. 第1トレンチ東壁セクション（南西から）

図版26　第3次調査

1. A区畠状遺構検出状況(西から)

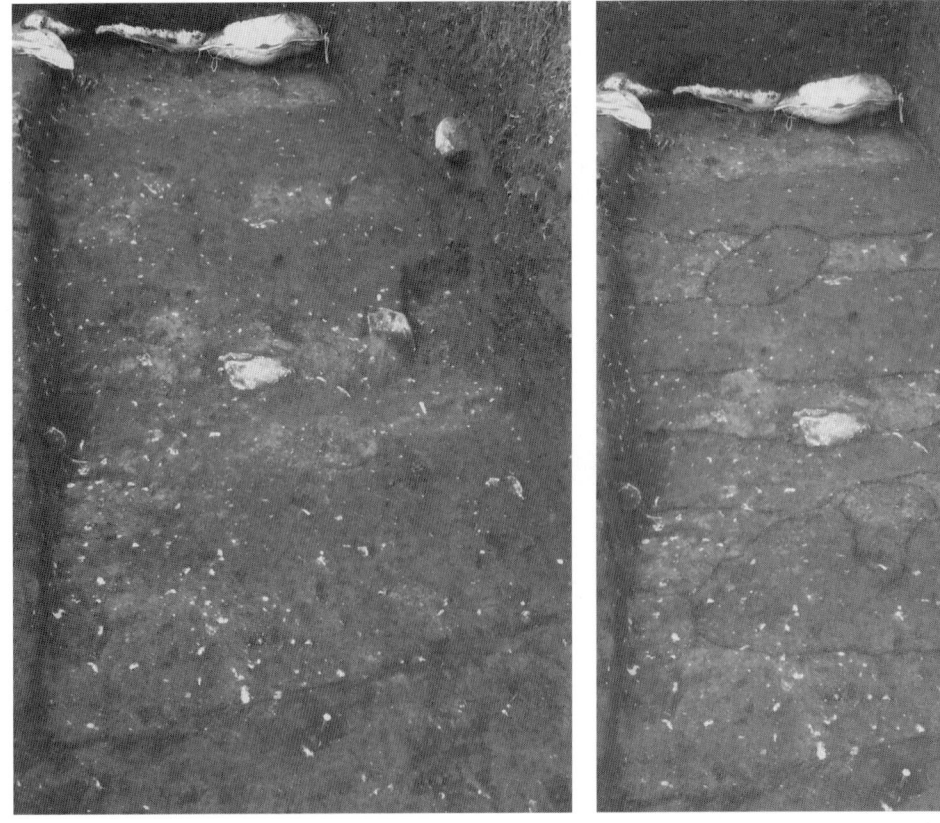

2. A区畠状遺構検出状況(南西から)

3. A区畠状遺構検出状況(南西から)

1. A区畠状遺構サブトレンチ完掘状況(西から)

2. A区畠状遺構サブトレンチ完掘状況(南から)

図版 28　第 4 次調査

1. 第 4 次調査区全景（南から）

2. 土層剥ぎ取り標本作成風景（北西から）

1. 方形周溝墓全景・畠状遺構検出状況

2. 方形周溝墓西溝完掘状況（南から）

3. 方形周溝墓東溝完掘状況（南から）

図版30　第4次調査

1. 東溝南端セクション（北から）

2. A′区3層下面検出状況（南から）

3. A′区土器出土状況（南から）

4. A′区3″層上面検出状況（南から）

第 4 次調査　図版 31

1. A区西壁セクション（東から）

2. A区西壁セクション（東から）

3. A区西壁セクション（東から）

図版 32　第 4 次調査

1. A区東壁セクション（西から）

2. A区東壁セクション北（西から）

3. A区東壁セクション中央（西から）

4. A区東壁セクション南（西から）

第4次調査　図版33

1. 第1トレンチ東壁セクション（西から）

2. A区 e1′層検出状況（南東から）

図版34　第4次調査

1. A区 e1′層検出状況（南から）

2. A区 e1′層検出状況（東から）

1. 第1トレンチ e1′層検出状況（南西から）

2. 第1トレンチ e1′層検出状況（西から）

図版 36　第 4 次調査

1. 畠状遺構下部溝状遺構確認状況（南から）

2. 畠状遺構下部溝状遺構確認状況（東から）

第4次調査　図版37

1. 畠状遺構下部溝状遺構完掘状況（南から）

2. 畠状遺構下部溝状遺構完掘状況（東から）

図版38　第4次調査

1. 畠状遺構下部溝状遺構完掘状況(南から)

2. A'区南側 e4層上面検出(南から)

4. A'区南側 e4層上面検出(東から)

3. A'区南側 e4層下層検出(南から)

5. A'区南側 e4層下層検出(東から)

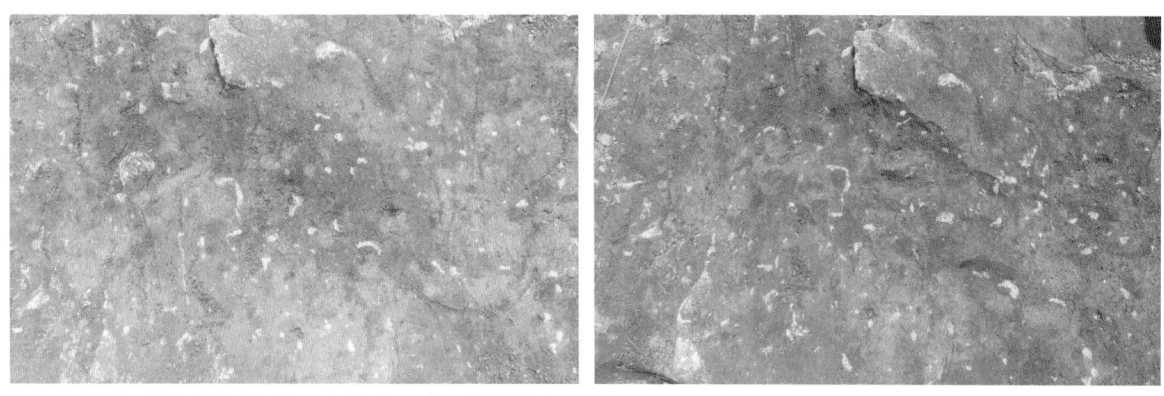

1. B-5グリッド付近掘削痕(左：確認状況、右：完掘状況)

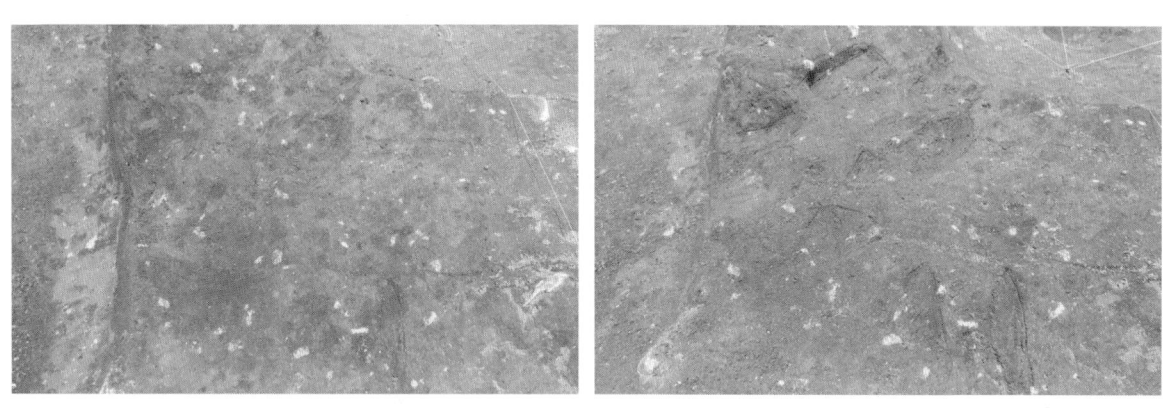

2. C-7グリッド付近掘削痕(左：確認状況、右：完掘状況)

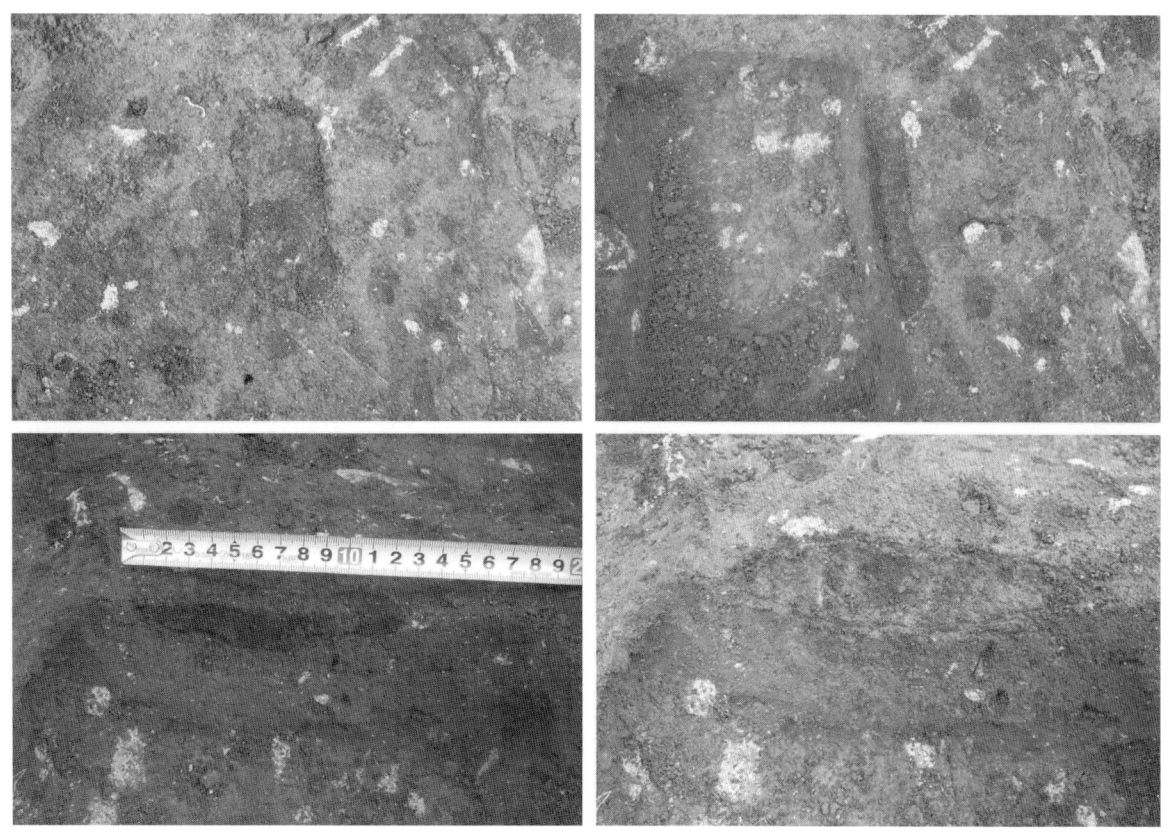

3. C-5グリッド付近掘削痕(左上：確認状況、右上：半裁状況、左下：縦断面、右下：完掘状況)

図版40　第5次調査

1. 調査前状況(南から)
2. 第2トレンチ北壁セクション(南から) 
3. 第2トレンチ完掘状況(南から) 
4. 第3トレンチ完掘状況(南から) 
5. 第2トレンチ東壁セクション(西から) 
6. SX05  
　　(上：調査状況、下：完掘状況)

手越向山遺跡出土遺物　図版 41

第 27 図 1

1. 方形周溝墓出土壺形土器

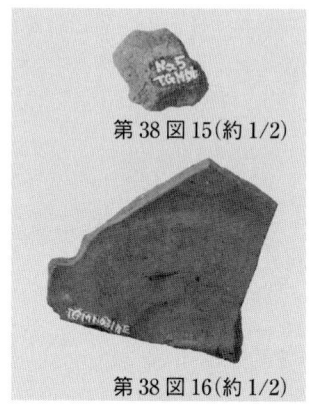

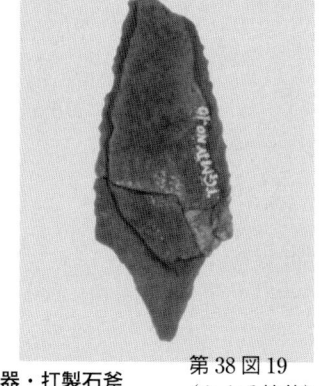

第 38 図 15（約 1/2）

第 38 図 16（約 1/2）

第 38 図 18
（約 1/2）

2. 土師器・須恵器・有舌尖頭器・打製石斧

第 38 図 19
（およそ等倍）

図版 42　手越向山遺跡出土遺物

1. 手越向山遺跡出土土器（表　約1/2）

2. 手越向山遺跡出土土器（裏　約1/2）

佐渡山周辺の弥生石器　図版 43

第 44 図 1　　2　　第 44 図 6

1. 佐渡山周辺の弥生石器①（表　約 1/3）

2. 佐渡山周辺の弥生石器①（裏　約 1/3）

図版 44　佐渡山周辺の弥生石器

1. 佐渡山周辺の弥生石器②（表　約1/3）

2. 佐渡山周辺の弥生石器②（裏　約1/3）

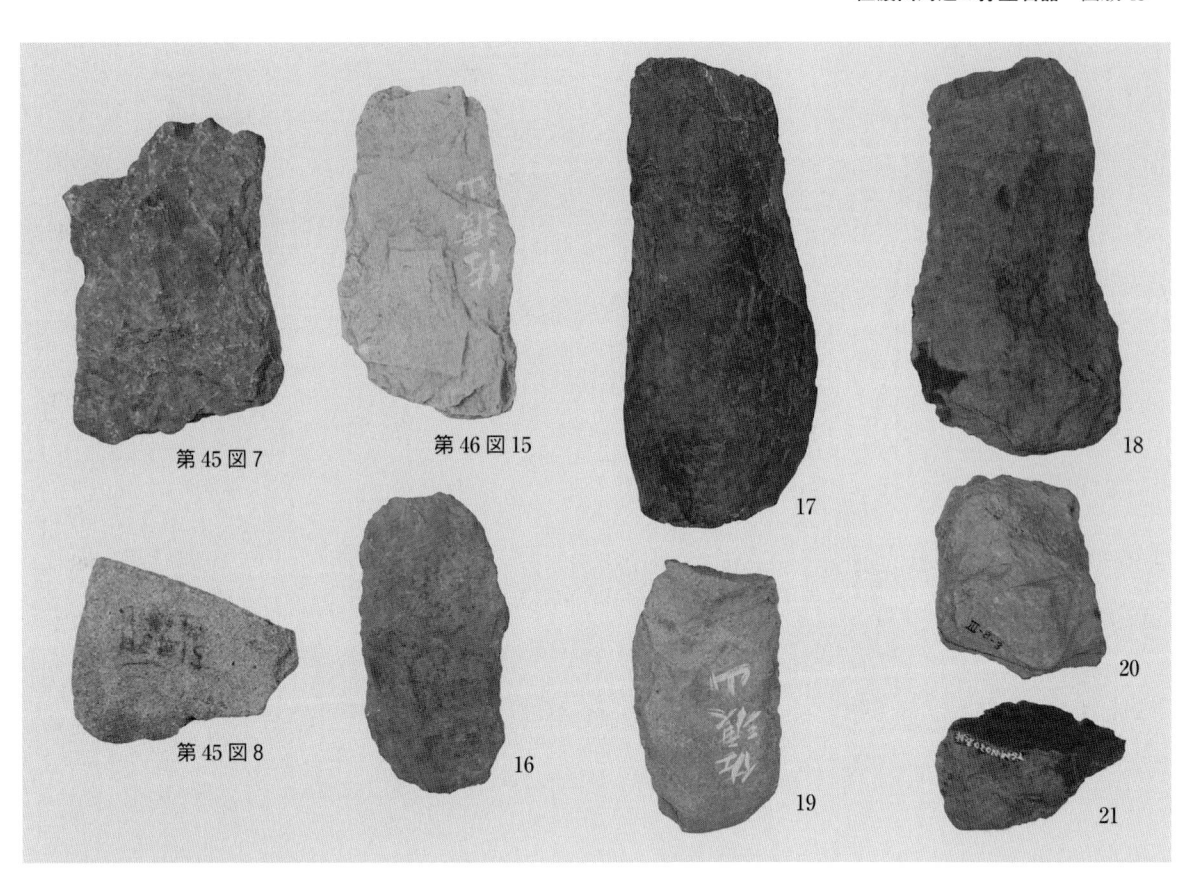

佐渡山周辺の弥生石器　図版 45

第 45 図 7　　第 46 図 15　　17　　18
　　　　　　　　　　　　　　　　　　20
第 45 図 8　　16　　19　　21

1. 佐渡山周辺の弥生石器③（表　約 1/3）

2. 佐渡山周辺の弥生石器③（裏　約 1/3）

図版 46　佐渡山周辺の弥生石器

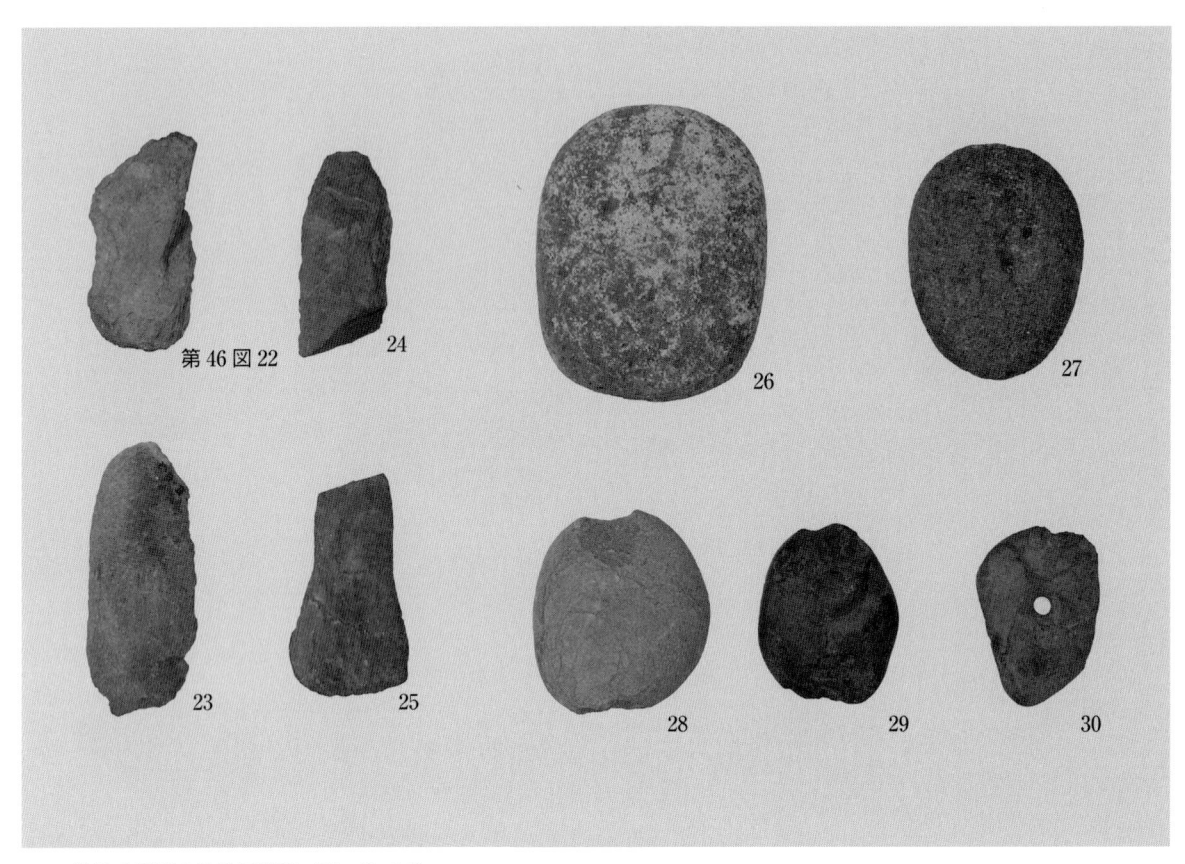

1. 佐渡山周辺の弥生石器④（表　約 1/3）

2. 佐渡山周辺の弥生石器④（裏　約 1/3）

報告書抄録

ふ り が な	てごしむこうやまいせきのけんきゅう								
書　　　名	手越向山遺跡の研究								
副　書　名	(静岡大学人文学部研究叢書26)								
シリーズ名	静岡大学考古学研究報告								
シリーズ番号	第2冊								
編著者名	篠原和大（編集）、五味奈々子、石川恭平、稲垣自由、平林大樹、古牧直久、八木麻里江、明石寛子、岩田香織、北川実由司、木村真人、芹澤千恵、杉山裕子、真鍋一生、岡野美緒、川崎志乃、松田隆二、金原正子、金原美奈子、松田順一郎、佐々木由香、バンダリ スダルシャン								
編集機関	静岡大学人文学部考古学研究室								
所在地	〒422-8059　静岡県静岡市駿河区大谷836								
発行年月日	西暦2011年4月30日								

ふりがな 所収遺跡	所在地	コード		北緯 ° ′ ″	東経 ° ′ ″	調査期間	調査面積	調査原因
		市町村	遺跡番号					
てごしむこうやまいせき 手越向山遺跡	しずおかけんしずおかしするが くてごしむこうやま 静岡県静岡市駿河区手越向山45の23	静岡市	B30	日本測地系 34°56′53″	日本測地系 138°21′37″	1次 20060801～ 200608013	28.5 m²	学術調査
						2次 20070801～ 20070828	43.5 m²	
						3次 20080303～ 20080314	27 m²	
						4次 20080804～ 20080905	62 m²	
						5次 20100901～ 20100912	6.5 m²	

所収遺跡名	種別	主な時代	主な遺構	主な遺物	特記事項
手越向山遺跡	墓	弥生時代中期後半	方形周溝墓（主体部2、盛土、周溝（北溝、東溝、西溝））	弥生土器壺（中期後半） 弥生土器（中期前葉～後半破片少量）	弥生時代中期後半の方形周溝墓下層から弥生時代中期前葉頃の畠である可能性の高い遺構を検出した。
	散布地	弥生時代中期前葉頃	畠状遺構（黒色土覆土と並行する多数の小溝など）		

静岡大学人文学部研究叢書26
手越向山遺跡の研究
東海東部における弥生時代中期畠状遺構・方形周溝墓の調査　　静岡大学考古学研究報告第2冊

2011年4月30日　初版発行

著編者　静岡大学人文学部考古学研究室
　　　　篠原　和大

発行者　八木　環一

発行所　株式会社　六一書房
　　　　〒101-0051　東京都千代田区神田神保町2-2-22
　　　　TEL 03-5213-6161　　FAX 03-5213-6160　　振替 00160-7-35346
　　　　http://www.book61.co.jp　　E-mail info@book61.co.jp

印　刷　株式会社　三陽社

ISBN 978-4-947743-98-5 C3021　　©静岡大学人文学部考古学研究室 2011　　Printed in Japan